NF文庫
ノンフィクション

智将小沢治三郎

沈黙の提督 その戦術と人格

生出 寿

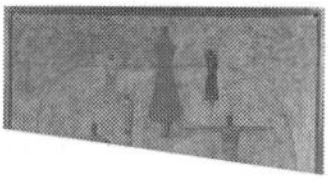

潮書房光人社

まえがき

　太平洋戦争の開戦時、小沢治三郎《おざわじさぶろう》中将は仏印（現在のベトナム）を基地とする南遣艦隊の司令長官であった。陸軍の第二十五軍司令官山下奉文《やましたともゆき》中将、第十六軍司令官今村均中将らと協同して、ハワイ作戦以上に重要なマレー半島、英領、蘭領東インド（現在のインドネシア）など南方要地、資源地の攻略作戦を、ほとんどパーフェクトに遂行し、陸軍の各指揮官、参謀たちを驚嘆させた。

　故小沢治三郎の十三回忌に当たる昭和五十三年の十一月九日に、東京の東郷神社となりの水交会で、「小沢提督を偲《しの》ぶ会」がひらかれた。百人ちかい人があつまったが、そのなかには、ほかの提督のばあいはほとんど姿をみせない旧海軍の下士官、兵が三十人以上参加したほか、元第二十五軍参謀副長の馬奈木敬信中将、同高級参謀の池谷半二郎少将、同作戦参謀の朝枝繁春中佐など十人ちかい旧陸軍将校たちも参加して、小沢を偲んでいた。小沢は、士官から差別されがちだった海軍の下士官、兵たちにも敬愛されたが、海軍とは犬猿の仲だった陸軍の将校たちからも敬愛されためずらしく幅のひろい人物であった。

その小沢が、昭和十九年六月に、第一機動艦隊司令長官として、スプルーアンス大将の米大機動部隊と戦ったマリアナ沖海戦では無残に完敗し、日本の海上航空兵力を潰滅《かいめつ》させた。小沢にたいする評価は、名将から凡将あるいは愚将に転落した。それは、ハワイ・マレー沖海戦に勝って、世紀の名将と称《たた》えられた連合艦隊司令長官の山本五十六《やまもといそろく》大将が、ミッドウェー海戦で惨敗し、凡将あるいは愚将に転落したのと似ていた。

昭和十九年十月のフィリピン沖海戦では、敗軍の将の小沢はひきつづき第一機動艦隊司令長官であったが、航空兵力の僅少《きんしょう》な四隻の空母部隊をひきいて、フィリピン北東海面に出撃した。この無用になった空母部隊を囮《おとり》にして、ハルゼー大将の米主力機動部隊を自分にひきつけ、その間に戦艦大和《やまと》、武蔵《むさし》以下三十九隻の栗田艦隊を、フィリピン中部のレイテ湾にいる米攻略部隊に突入させようというのであった。

囮作戦は見事に成功し、釣られたハルゼーの米主力機動部隊は、フィリピン中部からフィリピン北東へ移動した。だが、栗田艦隊はそれが判《わか》らず、レイテ島を目前にして、湾内に突入しきれず、ひき返してしまった。

連合艦隊の総力を挙げた乾坤一擲《けんこんいってき》の大作戦も、こうして失敗に終わった。その中で、小沢の捨身の囮作戦成功は、日本海軍の救いの一つとして残り、小沢はふたたび名将となった。

昭和二十年の五月、海相米内光政《よないみつまさ》大将の推薦によって、小沢は中将のまま、連合艦隊司令長官になった。しかしその任務は、もはや対米英戦に勝つことではなく、米内を助け、海軍部隊を統制して、終戦を実現することであった。終戦まぎわに、軍令部総長の豊田副武《とよだそえむ》大将と軍令部次長の大西瀧治郎《おおにしたきじろう》中将は、本土決戦をつよく主張し、海軍の統制は乱れるかに見えた。しかし、米内、小沢がこれを抑え、また厚木航空隊の反乱を鎮めて、終戦を実現させ、日本を壊滅から救った。

小沢はマリアナ沖海戦で大敗したが、総合的には非凡な指揮官で、これ以上の司令長官は、当時の日本海軍にはいなかった。

明治海軍の兵術家佐藤鉄太郎中将から、「戦《いくさ》は人格なり」と聞いた小沢は、自分もそれを信じたようである。その人格と戦を追うことにしたい。

智将小沢治三郎——目次

智将小沢治三郎

沈黙の提督 その戦術と人格

国運を担う南遣艦隊司令長官

海軍大学校長小沢治三郎中将は、昭和十六年十月十八日に南遣艦隊司令長官に親補された。二日まえには対米・英・蘭戦の決定ができない近衛《このえ》文麿《ふみまろ》内閣が総辞職し、この日は陸軍大将の東条英機《とうじょうひでき》内閣が成立した日であった。海軍大臣は、のちに「東条の副官」「東条の腰巾着《こしぎんちゃく》」と陰口をたたかれる嶋田繁太郎《しまだしげたろう》大将で、外務大臣が、のちに米内海相とともにポツダム宣言受諾をつよく主張する東郷茂徳《とうごうしげのり》である。

天皇は東条新首相にたいし、

「国策の大本を決定するについては、九月六日の決定にとらわれることなく、内外の情勢をさらに深く検討して慎重な考慮を加えるように」

と内意をしめした。九月六日の御前会議で、「外交交渉により十月上旬ごろに至るもなおわが要求を貫徹しえざる場合においては、直ちに対米（英・蘭）開戦を決意す」という「帝国国策遂行要領」を決定したが、それを白紙にもどし、対米交渉をまとめ、戦争を回避せよ、ということである。

しかし、東条を先頭とする陸軍は、南北仏印および中国大陸から撤兵する意志がまったくなく、天皇のことばもききめがなく、対米・英・蘭戦は不可避の情勢であった。

そのうえ、海軍最高首脳の一人、軍令部総長の永野修身《ながのおさみ》大将と、前軍令部総長で海軍首脳人事を左右する伏見宮博恭《ふしみのみやひろやす》王元帥が強硬な早期開戦論者であった。いまなら海軍に必要な燃料が二年分あるが、時がたつにしたがい、減ってゆくというのである。それに新海相の嶋田が伏見宮のいちばんの気に入りで、伏見宮のいうことはなんでもきく人物であった。

『嶋田繁太郎備忘録』には、つぎのようなことが書いてある。

「陛下の御決意。

十月九日（注・昭和十六年）、伏見宮博恭王殿下（注・天皇に）拝謁、時局に就《つ》き、『米国とは一戦避け難く存ず、戦うとせば早き程有利に之《これ》有り。即刻にも御前会議を開かれ度《たい》』

旨奏上せられし際に、陛下には、

『今は其《そ》の時機にあらず、尚《なお》外交交渉により尽すべき段あり。然《しか》し、結局一戦避け難からんか』

との御言葉を拝せらる。

十一月五日、御前会議終了後に即刻御裁可あらせられしことは既に長き間の御熟慮、御決意の結果と拝せられ、恐懼《きょうく》に堪えず」

嶋田が、伏見宮から、天皇に拝謁したときの話を聞いたのは十月二十七日であった。嶋田の日記には、こうある。

「十月二十七日　月　快晴

東京帰着、帰宅。

午後一時より二時、伏見宮に参殿。大臣就任後に、初めて博恭王殿下に拝謁。殿下の御所懐を拝聴し、時局に大義名分の切要を言上す。

二時十五分より五時三十分、宮中にて連絡会議」

この日伏見宮は、嶋田に、

「速に開戦せざれば戦機を失す。此《この》戦争は長期戦となるべく、我より和平を希求するとも米は応ぜざるべし。結局、如何《いか》にして最小限の犠牲にて和平を行い得べきかが問題なり」

と、早期開戦を強調した。嶋田は、

「日支事変四年余に及びたる今日、新に新鋭の大国を敵とし長期戦を行わんには真の挙国一致を必要とし、之が為《ため》には大義名分を明かにし、全国民の敵愾心《てきがいしん》を昂揚《こうよう》せざる可《べ》からず。無名の師にて此大戦は行うべからずと存ず。作戦上、若干の不利は忍びても此大局の利益の為には、外交上の手段を尽したる上、国民に了解せしむる要あり」

とこたえた。即座に賛成をしなかったとはいうものの、伏見宮の意向にあわせる返事をしたのであった。

『備忘録』の最後に、十一月五日の御前会議で、天皇が裁可したと書いているが、それは、

「帝国は現下の危局を打開して自存自衛を完《まっと》うし　大東亜の新秩序を建設する為　対米英蘭戦争を決意し左記措置を採る

㈠　武力発動の時機を十二月初頭と定め　陸海軍は作戦準備を完整す」

という「帝国国策遂行要領」を裁可したということである。

十月二十七日の日記の最後に、「宮中にて連絡会議」とあるのは、大本営政府連絡会議のことで、出席者が東条首相兼陸相、嶋田海相、東郷外相、賀屋興宣《かやおきのり》蔵相、鈴木貞一企画院総裁、陸軍大将杉山元《すぎやまはじめ》参謀総長、永野軍令部総長などである。

嶋田が開戦賛成の決意をしたのは十月三十一日の夜であった。

昭和三十二年二月に作製された財団法人水交会の『元海軍大将嶋田繁太郎談話集録』には、つぎのように書いてある。

「十一月一日の連絡会議はいよいよ和戦を決する重大会議である。さすがに前夜は責任の重大さを痛感しておちおち眠れない。（中略）累次の連絡会議に臨んでだんだん軍令部総長や陸軍側の説明を聞いてみると情況まことに止むをえざるようだ。あのご聡明《そうめい》な伏見宮殿下でさえすでに諦《あきら》めておられるように拝する。ここで私が反対して海軍大臣を辞めれば内閣はつぶれるであろう。そして適当な後任者をうることがきわめて困難で、この逼迫《ひっぱく》した時機に国家としてまことに大きな損失だ。また大臣就任のさいの伏見宮の思召《おぼしめ》しにも反することになり、恐懼に堪えない。いろいろ考えてようやく決心がつき、会議に臨んだ次第だ」

嶋田はドイツが英ソに勝ち、日本が対米・英・蘭戦に勝つと確信したのではなかった。伏見宮と永野が積極開戦論者であり、とくに伏見宮が強硬なので、自分も開戦に賛成した方がよいというようである。天皇よりも伏見宮の方が自分にとって大事だということでもあろう。

嶋田の『備忘録』には、

「十一月五日、御前会議終了後に即刻御裁可あらせられしことは既に長き間の御熟慮、御決意の結果と拝せられ、恐懼に堪えず」

と書いてある。

しかし、陸海軍最高首脳全員がそろって開戦すべしといっているのに、天皇がそれでも「戦争はやめよ」といえるわけがない。嶋田は自分が天皇の意に背いたことを夕ナに上げ、「既に長き間の御熟慮、御決意の結果と拝せられ」と、すべてを天皇の責任とし、おまけに「恐懼に堪えず」と体裁のいいことをいっている。

海軍の開戦にたいする直接責任者は、こうして嶋田海相、永野軍令部総長となったが、陰の強力な責任者が伏見宮であった。

もしこの三人が、天皇の意に沿い、十月六日の海軍首脳会議でいったん意見の一致をみたとおり、「撤兵問題のため日米戦うは愚の骨頂なり。外交により事態を解決すべし」（及川《おいかわ》海相、沢本次官、岡軍務局長、永野軍令部総長、伊藤次長など）として、東条を先頭とする陸軍に断乎《だんこ》反対するようであったら、戦争は起こらなかったにちがいない。海軍がやらなければ、陸軍だけで対米・英・蘭戦をやれるわけがないからである。

『嶋田繁太郎談話集録』のなかに、「大臣就任のさいの伏見宮の思召しにも反することになり、恐懼に堪えない」とあるのは、つぎのような事情であった。

嶋田の日記の十月十七日には、

「(前略)七時(注・横鎮長官)邸を出て、自動車にて八時二十分、海軍省着。大臣官邸にて、及川(注・古志郎《こしろう》大将)前大臣より、

『本夕、東条陸軍中将(注・首相就任時に大将となる)に大命降下し、九月六日御前会議決定事項を白紙に返し再研究の聖慮と、海軍は東条を助くべく優諚《ゆうじょう》を拝したる事。最近の政情を聴き、海軍大臣を引受られ度』

との話あり。

極力辞退し、十時帰宅」

とある。十月十八日には、

「十月十八日　土　雨

午前八時、宅を出て大臣官邸に至り、及川前大臣と話し、同三十分、永野軍令部総長よりも大臣就任を説かれ、事情引受るの止むなきを認め内諾し、九時十五分、伏見宮博恭王殿下に奉謁。殿下よりも畏《かしこ》き御言葉《おことば》を拝し、就任を決意す」

とある。

「伏見宮の思召し」というのは、「殿下よりも畏き御言葉を拝し」ということである。その内容についてはなにも書かれていないが、伏見宮が嶋田を頼りにしているということ、そして伏見宮の意に沿うようにやってもらいたいということであろう。

しかし、理由は別として、どうしても戦争となったとき、日本にとって、対米・英・蘭の緒戦で最も重要なのは、マレー半島、英、蘭領東インドの、石油その他の諸資源地をいちはやく攻略確保することであった。そのために陸軍は、最精鋭の山下第二十五軍や今村第十六軍をそれに当てた。その陸軍と協同して、きわめて困難な海上作戦を指揮する南遣艦隊司令長官にえらばれたのが小沢であった。えらんだのは、山本五十六連合艦隊司令長官である。

南遣艦隊司令長官に親補された小沢は、まず海軍省に出頭した。それについて嶋田は、日記につぎのように書いている。

「十月二十二日　水　晴曇

（中略）正午、南遣艦隊長官小沢中将を官邸にて総長と共に招待。

小沢長官に、注意希望を話す。

三時、小沢長官の赴任出発を見送る」

翌二十三日、小沢は九州佐伯《さえき》湾に在泊中の連合艦隊旗艦長門《ながと》に山本五十六を訪ねた。挨拶《あいさつ》が終わると山本は、とたんに、

「なぜ井上（注・成美《しげよし》中将、第四艦隊司令長官）を海軍大臣にしなかったのかなあ。井上なら東条と堂々とわたりあえるのに」

と、いかにも残念そうにいった。

山本は、小沢と井上が兵学校同期で、井上は軍政家、小沢は実戦家だが、二人とも山本と

意見が合うので、思っていたことを口にしたようである。しかしそれは無理な話であった。嶋田と山本は兵学校第三十二期で、井上と小沢は第三十七期である。この時期では井上は若すぎて、海軍次官ならまだしも、海軍大臣になれるはずがなかった。また、周囲の情況からすれば、海軍次官にもなれるものではなかった。伏見宮、永野、及川の三人は、対米戦絶対反対の塊みたいで、なにかというと自分らにタテつく井上をうけいれるはずがなかったからである。それを山本は百も承知のはずであった。しかし、小沢の顔を見たとたんにそういったのは、溜《たま》っていたものを吐き出せるいい相手がきたと思ったからであろう。

小沢は山本に、人事局長から聞いた経緯だけを話したらしい。だいたい小沢は、政治については、生涯、まったくといっていいくらい口出しをしなかった。勅命によって戦い、勅命によって鉾《ほこ》を納める軍人がいいと思っていたようである。親しい仲間や家族には、「政治のことは井上にまかせておけばいい」といっていたという。

昭和四十三年九月二十九日、私は、兵学校同期の四人と、横須賀《よこすか》長井の自宅に、元兵学校長の井上元大将を訪ねた。そのとき小沢について聞くと、井上はこうこたえた。

「小沢は捨身の戦法をとる豪胆な名提督でした」

口の悪い井上が、人をこれほど誉《ほ》めたのは、あとにも先にもないのではないかと思えるほどであった。

山本は、無口な小沢を相手に、いい話し相手ができたとばかり、さかんによもやま話をした。ところが、これからはじまるであろう戦のことはひと言も話さなかった。

「ときに」

と、むっつり小沢が口をひらいた。

「南遣艦隊について、何か心得ておくべきことはありませんか」

山本は、

「まあ適当にやってもらおう」

といっただけであった。

山本と小沢のつき合いは、小沢が遠洋航海の練習艦宗谷乗組みの少尉候補生、山本が海軍大尉の候補生指導官であった明治四十二年からつづいていた。さいきんの約二年間は、山本が連合艦隊司令長官、小沢がその部下の第一航空戦隊司令官、ついで第三戦隊司令官で、以心伝心の間柄になっていたようである。

小沢は山本の一言から安宅《あたか》の関の義経と弁慶を思い浮かべ、今後すべて自分の考えどおりやろうと肚《はら》を決めた。

小沢は、十月二十四日、南部仏印のサイゴンに在泊中の南遣艦隊旗艦の軽巡洋艦香椎《かしい》に着任した。香椎は、鹿島、香取とおなじく、もともとは少尉候補生、兵学校など各校生徒、その他の練習艦として建造されたものであった。

南遣艦隊がはじめて編成されたのは、陸海軍が南部仏印に進駐した直後の昭和十六年七月二十八日で、陸軍と協同してこの方面の警備に当たるという、艦隊といっても軽い任務の小規模な部隊である。兵力は、香椎のほかに海防艦占守《しむしゅ》、水上偵察機六機、飛行場設営隊、第十一特別根拠地隊だけであった。

小沢のまえの南遣艦隊司令長官は、兵学校で小沢の三期上で、侍従武官をつとめた紳士の平田昇中将であった。連合艦隊司令部は、開戦まえに、同艦隊を南方部隊総指揮官の第二艦隊司令長官近藤信竹《こんどうのぶたけ》中将（兵学校第三十五期）の指揮下に入れたいと考えていた。だが、平田が近藤より先任なので、それができなかった。それより、陸海協同の複雑困難なマレー・蘭印攻略作戦の指揮を、戦場向きではない平田にとらせるのが無理であった。

こうして、山本によって小沢南遣艦隊司令長官の登場となったが、これで二つの難点が解消されたばかりか、万全の陣容がととのった。

平田は、海相となった嶋田の後任として、横須賀鎮守府司令長官に親補された。栄転であった。

大本営海軍部（軍令部）と連合艦隊は、対米・英・蘭戦を期して、南遣艦隊に、第七戦隊（重巡熊野《くまの》・鈴谷・最上《もがみ》・三隈）、第三水雷戦隊（軽巡川内・駆逐艦十四隻）、第四潜水戦隊（軽巡鬼怒・伊号潜水艦六隻）、第五潜水戦隊（軽巡由良・伊号潜水艦六隻）、第十二航空戦隊（特設水上機母艦神川丸・山陽丸）、機雷敷設艦（辰宮丸・長沙丸）、第九特別根拠地隊（相良《さがら》丸・第一掃海隊・第十一駆潜隊）、工作艦朝日、病院船朝日丸・室戸などの大量の艦船を増派することにしたほか、陸上部隊の第十特別根拠地隊（通信隊・陸戦隊一個中隊）も派遣することにした。さらに特筆すべきは、第二十二航空戦隊（元山空・美幌《びほろ》空の中攻隊。のちにプリンス・オブ・ウエルズ、レパルスを撃沈する）を派遣することであった。

この六十隻ちかい艦船、百数十機の航空部隊は、機密保持のため、ばらばらに、開戦一週間ほどまえまでに現地に到着する。

小沢は、これらの寄せ集め部隊を、一回の訓練もやらず、困難視されるマレー・シンガポール方面作戦に、手足のようにつかおうというのであった。

思案の末小沢は、陣頭に立って采配《さいはい》をふるう必要があるとして、山本連合艦隊司令長官に、実戦的で全軍の士気をふるいたたせる旗艦用重巡をさらに一隻増派してくれるように要請電報を打った。さらに、十一月十日の陸軍大学校における陸海軍最高協定に出席する南遣艦隊参謀長沢田虎夫《さわだとらお》少将と作戦参謀寺崎隆治中佐に、その実現を山本につよく要請するように指示した。

兵学校を首席で卒業し、伏見宮軍令部総長の次長をしていたとき、伏見宮の意向に沿い、昭和十五年七月、陸軍の北部仏印武力進駐に同調し、同年九月、日独伊三国同盟に賛成した近藤第二艦隊司令長官は、小沢の要請にたいして、

「香椎かサイゴンの陸上に在って指揮すればよい」

と、人間関係を軽視する事務官僚のような態度をしめした。しかし、小沢の「やる気」を察した山本は、

「小沢のいうことはもっともである」

と、時をうつさず、重巡鳥海《ちょうかい》の派遣を決定した。人間関係を察することについては、山本は慧眼《けいがん》な指揮官のようである。

ついで小沢は、さらに山本に、つぎの要請をした。

「有力なイギリス艦隊を撃滅するため、さらに陸上基地航空兵力一隊（中攻隊）を増勢せられたい」

十一月初旬の情報によると、インド洋には英国の戦艦六隻、空母一隻、巡洋艦、駆逐艦など十六隻が行動しており、ちかく、英海軍きっての作戦家といわれるトム・フィリップス中将のひきいる東洋艦隊もシンガポールに入るという。英国が誇る新鋭不沈戦艦プリンス・オブ・ウエルズと戦艦レパルスを基幹とする艦隊である。

山本は、小沢のこの二度めの要求も二つ返事でうけ入れ、第二十一航空戦隊鹿屋《かのや》航空隊の一式陸攻二十七機を南遣艦隊に増派することにした。

それは図に当たり、やがて第二十一航空戦隊がプリンス・オブ・ウエルズ、レパルスのとどめを刺す。

小沢はこの戦に全知をしぼり、一身を賭《か》けて勝とうとしていた。山本はその小沢に賭けたのである。

ふつうの指揮官は、重巡や中攻隊の派遣まで要求して自分の責任を重くするようなことはせず、無難な戦をするが、小沢は大型の勝負師であった。

全滅を賭したコタバル上陸作戦

海軍は、真珠湾の米艦隊を撃滅しようという一か八かのハワイ作戦に最も力を入れていた。その機動部隊の指揮官は、小沢より兵学校で一期上の南雲忠一《なぐもちゅういち》中将（第三十六期）であった。ただし、この機動部隊の戦いを現実に指揮したのは、参謀長草鹿龍之介《くさかりりゅうのすけ》少将（第四十一期）と、航空参謀源田《げんだ》実《みのる》中佐（第五十二期）のようである。

陸軍は、マレー、シンガポール攻略作戦に最も力を入れていた。地上軍は山下奉文中将が指揮する第二十五軍、航空軍は菅原道大中将が指揮する第三飛行集団という最精鋭部隊がこれに当たる。それに協同するのが小沢の南遣艦隊で、ハワイとちがい、かけひきだらけの戦であり、その成否は小沢の判断・決断・統率にかかっていた。

十一月十五日、小沢はサイゴンの旗艦香椎にいた。そこへ、眼光するどく、身長一メートル八十センチ以上、でっぷり太って、大達磨《だるま》のような陸軍中将が、とつぜん訪ねてきた。飯《いい》田《だ》祥二郎《しょうじろう》中将にかわり、第二十五軍新軍司令官として着任した山下中将であった。

山下はまれに見る巨漢だが、小沢も容貌《ようぼう》体型はちがうが、大男だった。身長一メートル八十センチ以上、肩幅広く、筋骨たくましく、赤銅色で、仏と不動を合わせたような顔をしている。昭和四十一年十一月九日、八十歳で死んだが、火葬にしたところ、骨がふつうの人間の一倍半あって、身内や知人たちを驚かせた。

陸海の二人の大男は初顔合わせであった。しかし、うちとけて話し合い、陸海軍協同を誓ってがっちり握手をしたという。

十日まえの十一月五日、東京で、杉山参謀総長、永野軍令部総長の間で、対米・英・蘭作戦方針に関する「陸海軍中央協定」が調印された。そのうち南方作戦に関係あるのは、「南方作戦陸海軍中央協定」「南方作戦陸海軍航空中央協定」などである。

十一月八日から十日までにかけて、陸軍大学校で、「南方作戦陸海軍中央協定」にもとづき、寺内寿一《てらうちひさいち》南方軍総司令官と山本連合艦隊司令長官、および寺内南方軍総司令官と近藤第二艦隊司令長官の間で、それぞれ作戦協定が結ばれた。「東京協定」とよばれる。

「南方作戦陸海軍中央協定」と「東京協定」によってマレー作戦は決まり、上陸予定地も中立国タイ領のシンゴラ、パタニ、ナコン、チュンポと決定した。しかし、陸軍にとって最も肝心な、英領マレー東北端のコタバル上陸作戦が、大本営海軍部・連合艦隊・第二艦隊の反対で、決まらないまま残されていた。

陸軍の南方軍は、南方作戦のすべての成否は、開戦初頭のマレー上陸にかかっており、それを成功させるには、万難を排して、英軍の有力航空基地があるコタバルにまっさきに上陸し、占領しなければならないというのであった。

第二十五軍の作戦主任参謀辻政信《つじまさのぶ》中佐は、「東京協定」会議の席上、こう説明した。

「シンゴラ、パタニ、ナコン、チュンポなどの予定上陸点ふきんには、上陸直後陸軍の航空兵力を展開できる適当な飛行場がない。軍としてはコタバル飛行場を占領し、英空軍の活動を封止するとともに、そこにわが航空兵力を進出させる必要がある」

大本営陸軍部、寺内南方軍総司令官、山下第二十五軍司令官らも、コタバル上陸を、マレー、シンガポール攻略作戦の鍵《かぎ》として、海軍側にその決行を強硬に主張した。

辻の説明のほか、陸軍側の意見はつぎのようであった。

コタバルの英軍飛行場を放置しておけば、英空軍が第二十五軍主力のシンゴラ、パタニ上陸を妨害し、全作戦に支障をきたす。

第二十五軍は、英本国からの応援が到着するまえに、シンガポールをふくむ英軍の作戦基地を攻略しなければならない。それには神速の作戦行動が必要であり、危険を冒してでもコタバル上陸を決行し、シンゴラとコタバルの二方面で緒戦を勝ち、余勢を駆って作戦目的を果たすべきである。コタバルの英空軍がのこされているかぎり、南下突進の作戦も挫折《ざせつ》するおそれがある。

これにたいして、海軍側代表の第二艦隊の反対意見は、つぎのようであった。

「コタバルは英国領で有力な航空基地がある重要地点で、機雷敷設や潜水艦の配備など厳重な防備が予期される。そのため敵航空兵力の制圧、掃海、対潜制圧が不十分のまま船団が進入すれば、どのような損害をうけるかわからない。

上陸地点に近づくまでに船団が英国哨戒機《しょうかいき》に発見され、また偽航路をとっても、上陸企図が敵に察知される。

各上陸地点の各船団すべてに防空直衛機をつけることはできない。防空直衛はシンゴラに上陸する先遣兵団主力船団に重点がおかれ、コタバル上陸船団の防空の万全は期待できない。コタバル上陸がハワイ攻撃より早くなり、ハワイ奇襲作戦を失敗させる懸念がある」

けっきょく海軍の反対意見は、ハワイ攻撃最優先、安全第一であった。

こうして、南方軍と第二艦隊はそれぞれゆずらず、ついに合意に達しなかった。そのため、「X日（注・開戦日）のコタバル上陸は、現地の陸海軍指揮官（第二十五軍司令官と南遣艦隊司令長官）の間の協議によって決定する」

という、海軍上層部の責任放棄の処置がとられ、問題の解決は小沢の胸三寸にあずけられた。（黒島亀人連合艦隊首席参謀、富岡定俊軍令部作戦課長の戦後の回想による）

当時連合艦隊の戦務参謀渡辺安次中佐（のちに大佐）は、昭和四十四年六月に発行された『提督小沢治三郎伝』（原書房）のなかで、

「遂に山本連合艦隊司令長官が、

『この上陸地点は現地で小沢がよいように決めるから、それに従って欲しい』

と云《い》われたので、双方議論をやめた」

と述べている。

南方軍作戦主任参謀荒尾興功中佐（のちに大佐）は、同書のなかで、同中佐の「日記の抜粋《ばっすい》」として、

「一、昭和十六年十一月八日連合艦隊及び第二艦隊の幕僚（第二艦隊は藤田参謀）と、開戦の場合の陸海軍協定の下準備を行う。

馬来《マレー》方面の上陸については、コタバル上陸の協定を、難点中の難点となす。蓋《けだ》し艦隊としては、状況の推移を見つつ異常の決意をなさざれば、決行し得ざるが如き事《こと》を以《もっ》てなり。連合艦隊参謀黒島大佐より、

『小沢長官なら決行するであろう』

との小沢長官を全幅的に信頼した力強い説明があって、コタバル上陸に関しては、『山下第二十五軍司令官と小沢南遣艦隊司令長官の所信に一任する』と云う協定文案に落着せり。

二、かくて十一月十日午前十一時より、吾々《われわれ》の海軍に対する深い信頼感と第二艦隊の誠意護衛に当らんとする雰囲気の裡《うち》に、寺内総司令官は、山本連合艦隊司令長官及び近藤第二艦隊司令長官との間で、歴史的陸海軍協定に署名せらる」

と述べている。

山本は、「近藤は事なかれ主義だが、小沢はやるだろう」と考えて、「現地陸海軍指揮官の協議によって決める」という措置をとったようである。

しかし、大本営海軍部は、小沢にコタバル上陸作戦をやらせないようにしたいと思ったらしく、航空参謀三代辰吉（のちに一就と改名）中佐を十一月十七日にサイゴンの香椎に派遣

した。三代は小沢に、協定成立までの経緯をくわしく説明し、最後にこういった。

「とにかく、充当兵力の関係上（注・とくに護衛戦闘機がない）、コタバル上陸は無理をしてまで実施されないように」

だが、小沢は、

「それは三代個人の意見か、それとも軍令部総長（注・永野）の指示か」

と聞きかえした。三代は詰まり、考えてからこたえた。

「これは作戦部（注・部長福留繁少将、課長富岡定俊大佐）で研究した意見です。もちろん私も同意見です」

それにたいして小沢は、

「うむ」

とだけいった。

翌十一月十八日、サイゴンの商工会議所内で、大本営陸軍部から派遣された竹田宮恒徳王少佐、大本営海軍部から派遣された三代中佐、華頂博信少佐（元皇族）立ち会いのもとに、陸、海、空の現地首脳が一堂に会して、陸海作戦協定がひらかれた。そのときのもようを第二十五軍参謀副長馬奈木敬信少将（のちに中将）は、つぎのように語っている。

「愈々《いよいよ》十一月十八日となった。今日はサイゴン商工会議所でコタバル上陸作戦を決行するか否かの最後の断が下る現地陸海軍の協定が実施される日である。第二十五軍並びに南遣艦隊の幕僚たちは定刻前、すでに会場に集って小沢提督の発言に大なる期待をかけ、かた唾《ず》をのんで待機している。三代参謀が派遣された真意も略々《ほぼ》推察されて場内は粛として声もない。

そこに満面笑みをたたえながら巨軀《きょく》の二人が談笑しながらいともさりげない表情で入って来た。説明するまでもなく山下奉文将軍と小沢治三郎提督で、緒戦の運命は自分の双肩に懸っているなどと緊張させるような様子は少しも見えず、いかにも淡々たる態度である。司会鈴木参謀長（注・宗作陸軍中将）の挨拶についで山下軍司令官は、

『陸海軍協同の真の精神発揮は今回の上陸作戦にあるから、上は聖旨に、また国民の期待に添うよう各位に渾身《こんしん》の奮闘努力を願う』

との挨拶があった。そのあとをつぎ、小沢長官はおもむろに口を開き訥々《とつとつ》として曰《いわ》く。

『コタバルには第二十五軍の考え通り上陸作戦を実行され度い。私は全滅を賭《と》しても責任完遂に邁進《まいしん》する』

と鉄石の意志表示があり、ここに、大本営で留保され現地最高指揮官に委された作戦に断が下された。その刹那《せつな》、全議場は粛として声なく、むしろ快哉《かいさい》を叫び得ない感激の光景を呈し、マレイ作戦の前途はすでに成功の一語につきると切言する者すらあった」

第二十五軍高級参謀池谷半二郎大佐（のちに少将）は、

「小沢治三郎提督は、陸軍の、この絶体絶命ともいうべき境地を察し、大局的見地に立って、提督自らの責任において『オー・ケー』の断を下されたのである。この卓抜した歴史的決断の瞬間、小沢提督の胸奥には、陸軍もなく、海軍もなく、ただ、大日本帝国のみが存在したのではあるまいか。小沢提督とは、一海軍にこだわらない、スケールの大きい武将であると

痛感した」

と述べ、第二十五軍作戦参謀朝枝繁春少佐（のちに中佐）は、

「小沢長官は（中略）淡々として、己を殺し、己の犠牲において陸軍の作戦を思う存分に必成させようという、自己犠牲と申すか縁の下の力もちと申すか、全く海・陸一如の精神であり、協同などという生ぬるいものではなかった」

と述べている。

山下中将は、この日の日記に、

「必勝の信念成る」

と書いた。

小沢は、大本営海軍部や第二艦隊が反対して、小沢にも反対させようとしたコタバル上陸作戦を強行することにしたかについて、昭和三十一年の手記『思ひ出す儘《まま》』のなかで、

「今度飯田君に代って二十五軍司令官になるのだと云う、山下中将が来てから海陸協定が愈本筋に入ることとなった。

先ず第一番が『コタバル』上陸の問題だ。参謀長などから軍令部の意向や連合艦隊、第二艦隊などの意見を詳しく聞き、又参謀本部の意見も細かく確かめ、結局僕は、海軍は上陸の安全を主眼とし、陸軍は上陸後の作戦の敏速を主として考えてのことだ（勿論《もちろん》陸軍も、上陸の安全確保は望むところだが）双方の意見共何《いず》れも理屈はあるが、最後の決は僕に委されているので、現地の実情を仔細《しさい》に検討して決心することとした。即《すなわ》ち、

一、『シンゴラ』『パタニー』など上陸地点には上陸直後我が航空部隊を展開するのに適する飛行場がなく、上陸直後制空権確保の途《みち》がない。一度英側が立ち上ったら上陸の継続は不可能となる。尤《もっと》もシンゴラには小型の飛行場があるが、事前偵察の結果、全く使い途にならないことが解った。『マレイ』『シンガポール』に対する陸軍の電撃的迅速を企図する方針は、理解尊重する要がある。

二、当時『セイロン』方面には、英国主力艦数隻を基幹とする有力部隊あり、近く『シンガポール』に進出するとの情報頻《しき》り。陸上作戦の後続輸送の確保から開戦後一日も早く『マレイ』半島東方海域の制海権を確保するの要あるを痛感し、敵を誘出したいと考え、その為『コタバル』に手を就ける事が早道だ、英国はその伝統から見ても海上兵力の全力を挙げて反撃に出てくる算極めて大きいと判断した。

三、南遣艦隊の配属兵力は中央（注・軍令部。海軍省のこともいう）で心配している様に海上護衛及上陸掩護《えんご》に充分と云えないが、上陸地点中の南方に重点を置き配備すれば、北方の方は大した兵力を要せず、全体として大体差支なしと判断した。

四、敵飛行場の鼻の先きに上陸するのだから相当の損害を覚悟してかかるのは勿論だが、開戦劈頭《へきとう》の奇襲だから成功の算大なりと判断した。（但し、此《こ》の為め陸軍の上陸軍の大なる損害を予《あらかじ》め覚悟させておく必要を認めて之を連絡せしめた）

以上によりコタバル上陸断行を決意し、之を基礎として陸軍と作戦協定を進め輸送船の配分揚陸作業のやり方を定めた」

と語っている。ふつうの司令長官は、わざわざ自分の責任を重くして危ない橋を渡るようなことをやらないが、小沢は敢《あ》えてやろうというのであった。

開戦まえに英軍機撃墜

昭和十六年十一月下旬、南遣艦隊六十四隻の艦船と上陸軍輸送船二十七隻が南シナ海西部海南島南岸の三亜港に集結した。そこには海軍の警備府があり、機密保持にも適していた。十一月二十七日、南遣艦隊旗艦は香椎から重巡鳥海にうつされた。

十一月二十八日、第三水雷戦隊旗艦川内において、小沢、山下両最高指揮官の協定にもとづく、海上護衛、航空部隊使用法などについての陸海軍細部協定が、一瀉千里《いっしゃせんり》にかたづいた。兵棋演習も図上演習も出動訓練もなく、いちどの訓示と作戦計画の説明で、バラバラのよせ集め部隊がチームワークのとれる陸海軍部隊に変わった。

小沢、山下の協調と、両人の指揮統率が並みのものではなかったといえる。

その夕、両軍の各指揮官・幕僚は、三亜のささやかな料理屋海南荘に会合し、盃《さかずき》をかわすことになった。

小沢、山下を上席にして一同は左右に並び、必勝を期して乾杯した。陸軍きっての口悪男の辻参謀も、こんな嬉《うれ》しいことはないといった顔で小沢の前にゆき、話をはじめた。そこへ、死を覚悟しなければならないコタバル上陸軍指揮官佗美浩《たくみひろし》少将がいって、小沢に挨拶をした。見ていた南遣艦隊の寺崎作戦参謀によると、こんな様子であった。

「生死のおぼつかない戦闘を前にして、佗美さんは緊張していた。それでも静かにいった。

『私がコタバルに上陸する佗美です。よろしく』

小沢さんは一瞬佗美さんの顔をじっと見つめた。それから盃を差し出して、静かにこたえた。

『海のことはひきうけます。どうかしっかり頼みます』」

佗美はのちにこう語る。

「支隊（注・佗美支隊）の作戦計画も出来た同月二十八日、護衛隊である第三水雷戦隊（注・司令官橋本信太郎少将、軽巡一隻、駆逐艦十四隻）旗艦川内の会議室において、陸海軍細部協定が行われ、関係海軍部隊の諸提督と合同協議を遂げ、次いで海軍基地三亜の倶楽部《クラブ》で最後の打合わせと懇親会が行なわれた席上で、謦咳《けいがい》に接したのである。

提督（注・小沢）は長身で強健らしい体軀、謹厳端正にして悠揚迫らぬ風格で、初対面の私には一見如何にも頼母《たのも》しく信頼のおける方だと感じた。

艦上での会同に比べ、陸上倶楽部での懇親会は全く打ち解けた会合で、提督は山下将軍と並んで席に着かれ、絶えず微笑を浮かべ酒杯の重ねるに連れて、陸海軍協定で満足なる意見の一致を見た満悦感も加わり、大変和やかな光景で、山下将軍と談笑されながら、陸軍の辻参謀等の活躍を賞讃《しょうさん》せられたり、若い幕僚たちの入れ替わり立ち代わり差出す酒杯を応酬され、満悦のようであった。酒に弱い私も提督にお酌をしてコタバル上陸の支隊長であることを告げ、御挨拶をすると、幾分緊張した容姿で、

『海の方は大丈夫引き受けるから、どうかシッカリやって下さい』

と、懇切に激励された。それが最初で又最後の対話になった。

宴席は次第に隠し芸が順番に演ぜられ、山下将軍と小沢提督は何か得意の歌、踊りを演ぜられた。そのお姿は今も彷彿《ほうふつ》として眼前に浮かぶのである。

あの時私に与えられた激励の辞は極めて簡潔ではあったが、提督の胸中には大本営でも決定に至らず懸案となっていた緒戦コタバルの上陸案が、現地協定において、『俺《おれ》は全滅を賭しても、陸軍の希望する如くやる！』と言う有名な勇断によって決定されたのである。（詳細の理由は省略）」

宴席の酒が回ってくると、幹事役の南遣艦隊副官兼参謀松林元哉海軍中佐が立っていった。

「余興でもやって今夜はひとつ愉快にやりましょう。どなたか隠し芸をやって下さい」

誰《だれ》も立ち上がりそうもなく、松林がとまどっていると、小沢が立ち上がり、思いがけない唄《うた》を唄いはじめた。

〽赤いランタン　仄《ほの》かにゆれる

宵の上海《シャンハイ》花売娘

誰のかたみか　可愛《かわい》い耳輪

じっと見つめりゃ　優しい瞳《ひとみ》
ああ上海の　花売り娘

「鬼瓦《おにがわら》」というアダ名の小沢がいい声で唄い、若い娘のようにシナシナ踊った。陸海のつわ者たちは唖然《あぜん》とし、終わると拍手大喝采《かっさい》となった。

それから座がくだけ、山下がひっぱり出されて唄い、つづいて若い幕僚たちが好き勝手に唄や踊りをやりはじめ、会場は大さわぎとなった。陸軍も海軍もなかった。

十二月一日、同日の御前会議の決定にもとづき、開戦決意の大海令が発せられた。大海令は、大本営海軍部命令である。

「大海令第九号
　昭和十六年十二月一日
　　奉勅　　　　　　　　　　　軍令部総長　永野修身
　山本連合艦隊司令長官ニ命令
一　帝国ハ十二月上旬ヲ期シ米国、英国ニ対シ開戦スルニ決ス
二　連合艦隊司令長官ハ在東洋敵艦隊及航空兵力ヲ撃滅スルト共ニ敵艦隊東洋方面ニ来攻セハ之ヲ邀撃《ようげき》撃滅スヘシ
三　連合艦隊司令長官ハ南方軍総司令官ト協同シテ速ニ東亜ニ於《お》ケル米国、英国次テ蘭国ノ主要根拠地ヲ攻略シ南方要域ヲ占領確保スヘシ

四　連合艦隊司令長官ハ所要ニ応シ支那方面艦隊ノ作戦ニ協力スヘシ」
十二月二日、南遣艦隊に編入された陸上基地航空部隊も、逐次仏印のサイゴン、ツドウム、ソクトラン飛行場に集結した。

十二月二日午後五時三十分、山本連合艦隊司令長官から各艦隊司令長官あてに、

「ニイタカヤマノボレ一二〇八」

の暗号電報が発信された。「予定計画にもとづき十二月八日作戦を開始せよ」というものである。

陸軍では同日午後二時、杉山参謀総長から寺内南方軍総司令官に、

「大陸命第五六九号（鷲《わし》）発令アラセラル」

の電報が発信された。おなじく「行動を開始せよ」というものである。

この日、フィリップス中将にひきいられた英戦艦プリンス・オブ・ウエルズとレパルスがシンガポールに現われ、全島民から熱狂的歓迎をうけてセレター軍港に錨《いかり》をおろした。この八日後に、日英海軍の世紀の対決が起こる。

出撃前夜の十二月三日夜、寺崎参謀は先任参謀泊満義大佐と、最後の名残りに陸上に飲みに出かけた。その留守に、一隻の輸送船から、

「わが輸送船は速力が十二ノットしか出ないから、船団と一緒の行動はとれない。いかにすべきや」

という問い合わせがあった。

そんなことは知らずに、いい機嫌で帰艦した寺崎は、小沢によびつけられ、目の玉がとび出るほどどなられた。出撃前の準備ができておらんのに飲みに出かけるとは、言語道断もはなはだしいというのであった。寺崎はちぢみ上がった。

余談になるが、昭和二年十二月から昭和四年十二月まで、小沢は中佐で海軍水雷学校兼海軍砲術学校の戦術教官をしていたとき、水雷学校の学生たちに、「三面」というアダ名をつけられた。「ムッツリ」「カミナリ」「ニッコリ」の三面教官だというのであった。

昭和十六年十二月四日、小沢艦隊は山下兵団を乗せた輸送船を護衛して三亜港を出港し、マレー半島の各予定上陸点に向かった。

開戦二日まえの十二月六日午前十時ごろ、輸送船団を護衛する小沢艦隊は、仏印南方のプロコンドル島東方海上を西に進んでいた。そのころ、大本営海軍部から、

「英国ハ新タニ東洋艦隊ヲ編成シ　其《そ》ノ旗艦プリンス・オブ・ウエルズハ十二月二日シンガポールニ来着確実

更ニ主力艦一隻　甲巡二隻程度　同方面ニ進出セル公算アリ」

という電報が入った。正午ごろには、サイゴン基地の第一航空部隊（正式には第二十二航空戦隊、司令官松永貞市少将）から、五日のシンガポール在泊艦船情報が入った。これで英戦艦二隻のシンガポール進出を確認した小沢艦隊は極度に緊張した。同艦隊には、それにまともに太刀打ちできる艦がないのである。

同日の午後一時四十五分ごろであった。輸送船団と小沢艦隊が仏印最南端のカモー岬沖に

かかったとき、英国の大型偵察機二機が船団上空に現われ、触接を開始した。

参謀たちは対策を考えたが、午後三時、小沢はサイゴン基地の第一航空部隊指揮官松永貞市少将と、水上機母艦隊の第二航空部隊（正式には第十二航空戦隊）指揮官今村脩少将にたいして、作戦緊急信で、

「英大型機触接中　撃墜セヨ」

と、電報命令を発した。

当時連合艦隊は、麾下《きか》全艦隊に厳重な無線封止を命じていた。一部隊が電報を発信すれば、米・英軍に企図を察知され、ハワイ、マレー、フィリピン、香港など全方面の奇襲作戦が水泡に帰すおそれがあった。ましてどこかで、事前に戦闘行為が起これば、危険は決定的になると予想されたからである。

それをいま、小沢艦隊が起こそうとしていた。

電命をうけた第一航空部隊のソクトラン航空基地からは、二機の英軍機を撃墜すべく、午後四時四十分、陸偵一機・零戦二機が飛び立った。

大本営海軍部は、十二月一日、「米国、英国および蘭国航空機、わが重要作戦基地ならびに輸送船団に対し反覆偵察を行う場合は之を撃墜することを得」という指示を出していた。しかし、小沢艦隊がいざ電命を発すると、傍受した大本営海軍部と連合艦隊司令部は飛び上がらんばかりに驚き、顔色を変えた。これでさらに戦闘が開始されれば万事休すと思ったのである。

連合艦隊参謀長宇垣纏《うがきまとめ》少将（第四十期）は、日記『戦藻録』に、つぎのように書いている。

「夕刻に至り、仏印南部を『シャム』湾に向かひつつある南部泰進駐先遣部隊（注・小沢、山下軍）、敵（英）大型機に触接せられ、撃墜命令を発したりと。

さて斯《か》くなれば、一番心配なのは明日の『シャム』湾の出来事也《なり》。悪く行けば明日火花を散らす様になる。此の場合米が積極的に出なければ、米に対しては予定通り明後日と云ふことに指定しては如何との意見、先任参謀（注・黒島亀人大佐）申出でたるも、ドンと来たら凡《すべ》てにドンと行く大方針で来て居る。

差迫った此の際、指示を従来に代へて動揺しては全般的に見て不利であらう。理想通り統制がとれれば可なるも、舞台は広い、ちぐはぐになるのを最も惧《おそれ》る。明日の衝突も飛行機間で済むかも知れぬ。此の際悧口《りこう》に過ぎて動揺すべきではないと提案をしりぞけた。

さて明一日の経過や如何に！　一日千秋の思とは正に此の事である。之以上の千秋の思と云ふものは恐らく世の中にあり得ない。国家の運命と多数の人命を賭したる人類最大の『ドラマ』である。心配はない。なる様になる。その『なる』は神意である。神国は神威で動いて居ること勿論である。茲《ここ》に我等の強味があるのだ」

たいへんな強気とたいへんな不安が同居している。

国運を左右するかもしれない小沢の電報は、山県有光侍従武官から天皇にも伝えられ、天皇はひどく憂慮したという。

南遣艦隊旗艦鳥海の艦橋では、幕僚一同が不安に包まれ、沈黙しがちであった。

小沢は艦橋に立って、黙って空を見上げていた。いつもと変わらぬ顔つきだった。

上空の英軍機は、艦隊の高角砲の射撃をうけていたが、戦闘機の来襲をおそれたのか、やがて飛び去った。ソクトランを発進した零戦隊は、この英軍機を発見できず、夜間、基地に帰った。

翌七日、第二航空部隊の「神川丸」の緒形英一予備少尉（零式水偵）は、午前九時五十分、パンジャマン島の三百度二十カイリふきんで英軍のＰＢＹ型飛行艇を発見した。緒形は英軍機をわが船団からひき離そうとして、同機の前下方に位置して機銃で射撃をしながら東へ向かった。この交戦中、約十機の日本陸軍戦闘機がこれを発見し、午前十時十五分に英軍機を撃墜した。

七日には、このほかにはなにも起こらなかった。こうして、上は天皇、大本営から下は小沢、山下部隊に至るまでの愁眉《しゅうび》は、夜の帳《とばり》とともにひらかれた。

小沢は、この決断について、前記の戦後手記『思ひ出す儘』で、つぎのように述べている。

「僕は昔から演習を案画し、実施する場合には、いろんな敵の出様を頭の中に想定して、之に対応する策を考えて置く癖がある。今度の場合も事前にいろいろと考えた。

途中、敵機に触接されることも其の一つ。

事前に海陸の作戦協定に於て第三飛行集団（注・陸軍航空部隊）に対し船団の上空警戒掩《えん》護《ご》を依頼し、その決定を見たのもその為だ。

敵機に発見された丈《だ》けなら兎《と》も角《かく》、その触接持続を見れば、その意図は明かだ。

あと一日を出《い》でずして船団は、分散して、各上陸点に向うことになっておる（それまでは『バンコック』に向っている）。『ハワイ』奇襲も勿論《もちろん》事前から考えないではないが、之《こ》れ位で破綻《はたん》するとは考えられない。寧《むし》ろ（注・破綻すると考えるのは）『ツー・マッチ・アンキシアス』（心配し過ぎ）位に考えていた」

だから、「触接中の英大型機を撃墜せよ」の電命を発したという。

英軍機の日本艦隊、輸送船団発見の報告はシンガポールの極東軍司令部にとどいていた。ところが同司令部は、日本軍はタイ国に向かうと判断して、何の処置もとらなかった。当時をふり返って寺崎は、

「英軍の判断の誤りが、日本軍のハワイ、マレー、フィリピン、香港《ホンコン》などの全作戦を成功させることになったと思う」

といっている。

十二月七日正午、輸送船団はシャム湾南方海上で三隊に分かれ、英領マレーのコタバル、タイ領シンゴラ、パタニなどの上陸地点に向かった。

マレー上陸作戦のうち最も困難なのはコタバル上陸で、歩兵第五十六連隊、山砲兵一個大隊基幹の佗美支隊五千五百名がその任務部隊であった。コタバルから、その南東百四十キロのトレンガヌまでの海岸地帯には、約九千名の英軍守備隊がいて、コタバル南方四十キロには、東北マレー軍司令部がある。コタバル周辺には、コタバル、タナメラ、クワラベストな

どに飛行場があり、そのうちコタバル飛行場が最も整備されていて有力であった。コタバル海岸には堅固な陣地が築かれ、鉄条網、地雷などが敷設されている。佗美上陸部隊は、英軍航空機と海岸防御軍の反撃をうけ、相当な損害を出さねば済まないようであった。

小沢はコタバル上陸作戦を重視し、その輸送船団護衛には、橋本信太郎少将がひきいる第三水雷戦隊の旗艦軽巡川内、第十九駆逐隊の駆逐艦綾波、浦波、磯波、敷波、第二、第三号掃海艇、第九号駆潜艇を当てた。小沢自身は艦隊旗艦重巡鳥海に乗り、第七戦隊の重巡部隊など艦隊主力をひきい、敵艦隊の出現にそなえ、コタバル東方海上を遊弋《ゆうよく》しながら全軍の指揮に当たった。

佗美支隊が乗った輸送船は最高速力十八ノットの優秀船淡路山丸、綾戸山丸、佐倉丸の三隻である。

午後八時四十分、コタバル上陸船団部隊を指揮する川内の橋本司令部は、伊五十六潜から、つぎの気象報告をうけた。

「コタバル沖二〇浬《かいり》　天候曇　風向一〇度　風速七メートル　波高一メートル　上陸作戦ニ適ス」

同司令部は、これによって、上陸用舟艇の航行にはやや波が高いが、上陸にはさしつかえないと判断した。

午後十一時、月齢十九の月が出て、視界がひらけてきた。このころ南方の陸岸に灯が輝くのが見え、ツンバット港の灯台も確認された。マレーの山々も月明の空を背景に識別でき、艦位は確実に測定された。午後十一時三十分、掃海艇が前路を掃海しつつコタバル沖の泊地に進入、つづいて綾波に先導された輸送船が泊地に進入、午後十一時三十五分、サバク河口沖六千メートルの位置に投錨《とうびょう》した。第三水雷戦隊の各艦は輸送船の周囲二・五キロから三キロの警戒に当たり、輸送船は上陸用舟艇をおろしはじめた。

輸送船の投錨とおなじころ、陸上の灯火が一斉に消え、英軍は日本軍船団の進入を知ったようであった。

十二月八日午前一時、第一回上陸部隊は舟艇への移乗を開始した。だが、激浪のため海中に転落する者が続出し、移乗は困難をきわめた。午前一時三十五分、上陸部隊約千三百名を乗せた約二十隻の舟艇が、隊形をととのえて一斉に陸岸に向けて発進した。

午前二時過ぎ、上陸点ふきんに火箭《かせん》信号（空中に発射する小型ロケット信号）が上がり、一斉に銃声が響き、閃光《せんこう》が飛びかいはじめた。上陸点の戦闘はその後も激しくつづいているようであったが、上陸成功を知らせる「セコ」の規約信号は送られてこなかった。しかし、川内艦上の橋本は上陸成功と認め、午前二時三十分、

「コ部隊〇二一五（注・午前二時十五分）第一回上陸開始　有力ナル抵抗アリ」

と小沢に報告した。

午前二時四十五分、第二回上陸部隊が発進した。午前三時三十分ごろ、英軍機三機が来襲し、船団と艦艇に低空爆撃と機銃掃射を反復して、かなりな損害をあたえた。佗美支隊長は屈せず、第三回上陸部隊を発進させせようとねばった。

午前五時、ふたたび英軍機四機が来襲した。護衛隊はその一機を撃墜したが、輸送船も被害をうけ、淡路山丸は直撃弾をうけて火災がひろがり、収拾できなくなった。橋本は、救助を第九号駆潜艇に命じた。

午前六時、英軍機四機がまたも来襲して約三十分間攻撃をくりかえした。

三回の空襲で輸送船はつぎのような損害を出した。淡路山丸、爆弾三発以上命中、大火災により航行不能。綾戸山丸、爆弾三発命中、戦死約六十名、負傷約七十名。佐倉丸、爆弾二発命中、戦死三名、負傷十数名。

午前六時三十分、綾戸山丸、佐倉丸は、駆逐艦敷波と浦波に護衛されて、いったん避退をはじめた。淡路山丸は、駆逐艦綾波、磯波と第九号駆潜艇がその乗組員を救助し、船は放棄された。

避退した二隻の輸送船と護衛艦隊は、正午ごろ、タイ領のパタニ沖に着いた。川内だけは第二十五軍司令部がいるシンゴラに着いた。

その夜橋本は、川内のほか駆逐艦十隻、掃海艇二隻、駆潜艇一隻、計十四隻をひきいて綾戸山丸と佐倉丸を護衛し、ふたたびコタバル敵前上陸に向かった。

九日午前一時三十分に泊地に到着すると、陸上に白色の号星（空中に発射する信号花火）が上がった。橋本は小沢と山下第二十五軍司令官に、

「〇一三〇コタバル泊地着　直ニ規約通リ連絡ナル　コタバル飛行場付近大火災」

と打電した。

午前九時五十分から、コタバル上陸船団は陸軍戦闘機隊の護衛をうけ、上陸作業は順調に進んだ。

午後六時、橋本は、第二十五軍に派遣中の参謀永井太郎海軍中佐から、

「佗美支隊ハ八日二三三〇コタバル飛行場ヲ　九日一一〇〇コタバル市街ヲ占領セリ」

という通報をうけた。

佗美支隊の上陸および上陸後の戦闘は、波浪、英軍の堅固な水際陣地、英軍機などのために難渋をきわめた。そのため、日没までにコタバル飛行場を占領するという最初の目的は達成できなかった。

しかし、大隊長二名の重傷をふくむ八百名以上の死傷者を出しながら、佗美はみずから軍刀をふるって突撃し、全軍は勇戦し、八日午後十一時三十分にコタバル飛行場を占領、九日午前十一時にコタバル市街も占領したのである。

シンゴラに向かった山下の第二十五軍司令部と第五師団主力、およびパタニに向かった第五師団の一連隊は無血上陸に成功していた。

寺内南方軍総司令官は、コタバル上陸成功がよほどうれしかったらしく、山下の具申を待ちきれず、十二月九日、佗美支隊に感状を授与し、あとで第二十五軍から抗議をうけたという。しかし、コタバル上陸成功によって、シンガポール攻略、つづく英領、蘭領東インド攻略の道が大きくひらけたことは確かである。

八日午前二時十五分のコタバル上陸は、真珠湾攻撃より一時間二十分早かった。したがっ

て、太平洋戦争は、佗美支隊と、コタバルを守備していたインド第八歩兵旅団の戦闘から開始されたのであった。しかし、真珠湾攻撃には何ら影響はなかった。

コタバル上陸決行と英軍機撃墜を決断した小沢の読みはまちがっていなかったのである。

正解のマレー沖海戦

昭和十六年十二月一日の大海令には、「連合艦隊司令長官ハ在東洋敵艦隊及航空兵力ヲ撃滅スル……」、「連合艦隊司令長官ハ南方軍総司令官ト協同シテ速ニ東亜ニ於ケル米国、英国次テ蘭国ノ主要根拠地ヲ攻略シ……」の二つがしめされていた。

十二月八日早朝、南雲機動部隊は真珠湾奇襲に成功し、米太平洋艦隊戦艦群を撃破して、海底に沈座させた。

小沢は陸軍のマレー上陸を援護して、「英国次テ蘭国ノ主要根拠地ヲ攻略」する門をひらくことに成功した。

しかし、南遣艦隊司令長官としての最大の目標は、プリンス・オブ・ウエルズ、レパルスを基幹とする「英東洋艦隊の撃滅」であった。なかでもその両主力艦が抜群に強力で、それさえ倒せば、英東洋艦隊は潰滅《かいめつ》同然となる。反対に、この二艦が健在ならば、マレー、英領、蘭領東インド、ビルマ方面の日本陸海軍の作戦は挫折《ざせつ》するおそれがあった。

南シナ海南方アナンバス諸島東方海面に配備されていた伊号六十五潜は、九日午後三時十五分、南東二万メートルに戦艦二隻を発見し、第一報を打電した。

「敵レパルス型戦艦二隻見ユ　地点コチサ一一　針路三四〇度　速力一四ノット　一五一五」

「コチサ一一」はカモー岬（仏印の最南端）の百六十五度、二百二十五カイリである。

小沢は、「敵艦隊はコタバル、シンゴラ沖にあるわが輸送船団を攻撃するために出撃した」と見て、

「一、輸送船団ハ直チニ揚陸作業ヲ中止シ、タイランド湾（注・シャム湾）北方ニ避退セヨ

二、第一航空部隊ハ全力ヲアゲテ敵艦隊ヲ索敵攻撃セヨ

三、主力部隊（旗艦鳥海・第七戦隊・第三水雷戦隊）ハ直チニ集結、敵艦隊ニ向フ」

と、作戦緊急信を発令した。しかし、この日はスコールが多く、視界が最悪となり、伊号六十五潜は午後五時二十分に両艦を見失った。緊急発進した航空部隊索敵攻撃隊もそれを発見できなかった。

十日午前三時四十一分、マレー東岸クワンタン沖に配備されていた伊号五十八潜は、

「我地点フモロ四五ニテ　レパルスニ対シ魚雷ヲ発射セシモ命中セズ　敵針一八〇度　敵速二二ノット　〇三四一」

と打電した。「フモロ四五」はクワンタンの五十七度、百四十カイリである。

今村少将が指揮する第二航空部隊では、午前四時二十分、零式水偵五機が仏印東岸のカム

ラン湾を発進し、仏印南方のプロコンドル島に向かった。ついで六時三十分、同五機はプロコンドル島を発進し、南方海上へ扇状に飛び、それぞれ索敵を開始した。

おなじく六時三十分、同部隊の零式観測機三機もプロコンドル島を発進し、南方海上へ扇状に飛び、それぞれ索敵を開始した。

一方、松永少将が指揮する第一航空部隊では、午前六時二十五分、甲空襲部隊（元山空）索敵隊九六式陸攻九機がサイゴン基地を発進し、南方海上へ扇状に飛び、それぞれ索敵を開始した。

午前七時、丙空襲部隊（第二十三航空戦隊の一部、零戦二十七機、九七式陸偵六機）の陸偵二機がソクトラン基地を発進し、シャム湾方面の索敵を開始した。

午前七時三十分、サイゴン基地の松永少将は、

「各隊ハ準備デキ次第スミヤカニ発進シ〇四三一フモロ四五ヲシンガポールニ向ケ逃走中ノ敵主力ヲ攻撃セヨ」

と、各航空攻撃隊に索敵攻撃を命じた。

九六式陸攻の雷撃機十七機、同水平爆撃機九機の甲空襲部隊（元山空）攻撃隊は、午前七時五十五分にサイゴン基地を発進し、サイゴン・シンガポール線上を編隊で南下した。

おなじく九六式陸攻の雷撃機八機、同水平爆撃機二十五機の乙空襲部隊（美幌空）攻撃隊は、午前八時二十分から九時三十分まで、四回に分けてツドウム基地を発進した。

一式陸攻の雷撃機二十六機の丁空襲部隊（鹿屋空）は、午前八時十四分にツドウム基地を

発進した。

午前九時三十分ごろ、甲空襲部隊索敵隊四番線（西から東へ一番、二番、三番となる）索敵機から気象報告電報があり、戦場ふきんはやや雲量が多いが、雲高は二千五百メートル以上あり、視界もおおむね良好と判断された。

午前十一時四十五分、帆足正音予備少尉が指揮する三番線索敵機がついに英艦隊を発見した。同機は、

「敵主力見ユ　北緯四度　東経一〇三度五五分　針路六〇度　一一四五」

と第一報を打電し、つづいて、

「敵主力ハ三〇度ニ変針ス　一一五〇」

「敵主力ハ駆逐艦三隻ヨリナル直衛ヲ配ス　航行序列キング型、リパルス（ママ）　一二〇五」

と報告し、触接を開始した。報告をうけた松永司令部は、これを各攻撃隊に転電した。

おっとり刀で最初に英艦隊上空に達したのは、美幌空白井中隊の爆撃機八機であった。午後十二時四十五分、同隊は二番艦レパルスにたいして、針路三百四十度、高度三千メートルの八機編隊爆撃を行ない、二百五十キロ爆弾八発を投下した。水柱がレパルスをおおい、一弾が煙突の中間に命中した。英艦の対空砲火はもうれつで、二機が被弾した。

午後一時十四分、中西二一少佐の率いる元山空石原中隊の雷撃機九機が、一番艦プリンス・オブ・ウエルズを両舷《りょうげん》から挟撃して魚雷九本を発射、うち二本が命中し、同艦は早くも操艦不自由となった。同艦生き残りの一人はこの攻撃について、のちに「低空からの果敢な肉

迫攻撃は驚嘆すべきものだった」と書いている。日本側も一機が撃墜された。

おなじく元山空高井中隊の雷撃機八機は、午後一時十五分から一時二十二分にかけて二番艦レパルスに突撃し、三本の魚雷を命中させた。レパルスは大きく傾斜したが、復元した。

午後一時十八分、美幌空白井中隊の六機がレパルスに第二次爆撃をおこなったが、命中弾は得られなかった。

ついで美幌空高橋中隊の雷撃機八機が、午後一時二十七分からレパルスに魚雷を発射し、搭乗員は三発命中を認めた。

午後一時五十分、宮内七三少佐のひきいる鹿屋空鍋田、東、壱岐の三個中隊の雷撃機二十六機は、両艦に攻撃を開始した。先頭の指揮官機はプリンス・オブ・ウエルズの右舷から約五百メートルまで肉薄して魚雷を発射した。つづく五機も右舷からそれぞれ約五百メートルまで肉薄して魚雷を発射した。その結果、六本のうち五本が命中し、プリンス・オブ・ウエルズの沈没は確実となった。

鹿屋空の残りの二十機はレパルスの両舷から攻撃し、午後二時二分に雷撃を終了、レパルスの右舷に二本、左舷に五本を命中させた。

その直後の午後二時三分、レパルスは転覆して海中に沈んでいった。しかし同艦の対空射撃は沈没直前までつづき、鹿屋空の二機が撃墜された。

美幌空大平中隊の爆撃機九機は、午後二時三分、雲の切れ間から見えた英艦に五百キロ爆弾九個を投下した。しかしこれは駆逐艦で、命中弾はなかった。

最後に到着した美幌空武田中隊の爆撃機八機は、午後二時十三分、プリンス・オブ・ウエルズに、高度三千メートル、針路三百度で五百キロ爆弾を投下した。一個は落下しなかったが、七個のうち二個が艦尾ふきんに命中した。

英艦隊に触接をつづけていた帆足機は、午後二時五十分、

「一四五〇頃《ごろ》　キング・ジョージ（注・プリンス・オブ・ウエルズのこと）モ爆発沈没セリ」

と打電した。フィリップス中将は責任をとって、プリンス・オブ・ウエルズとともに沈んだ。

そのとき、来襲する英戦闘機八機を発見した帆足機は大いそぎで避退し、雲にまぎれて逃げ、夕闇《ゆうやみ》迫るころサイゴン基地に帰り着いた。

日本航空部隊が両艦を攻撃しているあいだ、英戦闘機は一機もいなかった。それは日本軍にとってこの上ない幸運であり、英軍にとってはこの上ない不幸であった。

英海軍軍令部長から電話で両艦沈没とフィリップス水死を聞いた首相チャーチルは、立ち上がれないほどの衝撃をうけた。かれは、そのときのことを、戦後の『第二次大戦回顧録』(Cassell & Co, Ltd, London) で、つぎのように書いている。

「戦争の全期間を通じて、私はそれ以上の衝撃を受けたことはなかった。本書を読んできた諸君には、いかに多くの努力と希望と計画がこの二隻の軍艦とともに沈んでしまったかがよく判《わか》るであろう。寝台で寝返りをくり返していると、このニュースが持つ十分な恐ろしさが滲透《しんとう》した。カリフォルニアへ急いで帰りつつあった真珠湾の残存艦を除いて、インド洋にも

太平洋にも英米の主力艦（注・戦艦）は一隻もなかった。この広漠たる水域にわたって日本は最強であり、われわれは至るところで弱く、裸であった」

英国は、フィリップスが指揮するプリンス・オブ・ウエルズとレパルスに、マレー、英領、蘭領東インド防衛の希望を托《たく》したのであったが、それが二時間の戦闘で、はかなく消滅したのである。

山本五十六は、それとは逆に、大バクチに勝ったように喜んだ。連合艦隊旗艦長門の作戦室で、山本が航空参謀三和義勇中佐相手に、「両艦を撃沈できるかできないか」についてビールを賭《か》け、「両方ともやれます」という三和に花を持たせて負け、「十ダースでも五十ダースでも出すよ」と、嬉《うれ》しくてたまらないようにいったという有名な話がある。このことは、三和の手記『山本元帥の想出《おもいで》』（昭和十八年記述）に書かれているから、事実にちがいない。

連合艦隊司令長官が、部下が命をなくす戦《いくさ》にビールを賭けるなどは、どう考えても誉《ほ》められることとは思えないが、それは別問題として、山本は、この戦闘で、かねがね自分が主張してきた「航空主兵・戦艦無用」論が実証されたと確信し、生涯最良の日と感じたようだ。だがそれは、実際にはハワイ海戦とおなじく幸運に恵まれた勝利で、「航空主兵・戦艦無用」論を裏づけるものとはいえなかった。このとき、英艦隊に三十機の護衛戦闘機がついていれば、わが中攻隊は妨害をうけて、両艦とも撃沈することができなかったろうからである。

山本は、このことに気づいていなかったようである。

チャーチルの悲歎《ひたん》と山本の歓喜はひどく対照的だが、やがて、一年もたたないうちに逆転する。それにはいろいろな原因があるが、山本が「航空主兵・戦艦無用」論にますます偏ることが、一つの大きな要因であった。

それにしても、航空機と戦艦が四つに組んで戦い、航空機が戦艦を撃沈したというのは、世界の海戦史上はじめてで、日本海軍の優秀性をしめすものであったことは確かである。その極め手になったのが、小沢が要請し山本がうけ入れた鹿屋空二十七機（うち　機は攻撃不参加）の増派であった。この点、小沢、山本の判断、決断のよさは、非凡というものであろう。

レパルス、プリンス・オブ・ウエルズ撃沈の報をうけたとき、小沢はどんな様子であったか。南遣艦隊副官兼参謀の松林元哉中佐は、昭和四十六年四月に発行された『回想の提督小沢治三郎』（原書房）のなかで、つぎのように述べている。

「英国東洋艦隊撃滅の大戦果はこの日の午後でありました。鳥海艦橋作戦室には私の級友寺崎作戦参謀等一同が我が攻撃機隊の報告を一日千秋の思いで待っており重苦しい空気が流れておりました。

『魚雷多数命中レパルス轟沈《ごうちん》、プリンス・オブ・ウエルズ左舷に傾き沈没しつつあり』の飛電を鷲掴《わしづか》みにして私は艦橋の長官休憩室に走り長官にお見せしました。長官は静かに頷《うなず》かれましたが、あの炯々《けいけい》たる眼光がゆるみ、数滴の涙が頬《ほお》を伝うのを見ながら引き下がりました。どんな美しい宝石よりも尊い涙と思いながら」

また、同艦隊軍医長野村守軍医大佐は、

「プリンス・オブ・ウエルズ、レパルスの両艦が小沢艦隊の基地航空部隊によって撃沈されたとき、イギリス艦隊の長官フィリップス中将は艦と運命を共にしたのですが、この報を聞き、私は早速、開戦以来連日連夜艦橋にあって、指揮をとられていた長官を艦橋の長官休憩室にお訪ねして、

『おめでとうございます』

と申し上げたところ長官は全く他人の出来事の如《ごと》く、両眼に溢《あふ》れる涙を浮かべられながら、

『自分もいつかは彼と同じ運命を辿《たど》らねばなるまい』

と戒められ、私も襟を正して引きさがり、長官の敵将の末路をいたまれる優しい心情に胸を打たれ、ほんとうに武人の鑑《かがみ》ともいうべき尊き人格者であると思いました」

と回想している。

このなかで、とくに注目すべきは、「自分もいつかは彼と同じ運命を辿らねばなるまい」ということである。フィリップスへの哀悼はわかるとして、小沢は果たして心底から自分の運命をそのように見通していたのであろうか。これだけでは、その辺は明らかではない。しかし、ことばどおり、二年六ヵ月後のマリアナ沖海戦で小沢は、フィリップスとおなじ立場に立たされ、苦しみのどん底につき落とされる。

それでも、部下たちやフィリップスの心情におかまいなく、戦闘の結果にビールを賭ける山本とくらべれば、小沢の方が統率者として上であろう。

陸軍の山下奉文、今村均を支援

川口清健少将の陸軍二個連隊と友成潔中佐の海軍陸戦隊一個大隊は、小沢艦隊の第三水雷戦隊第十二駆逐隊、第五潜水戦隊、第十二航空戦隊などの掩護をうけて、昭和十六年十二月十六日、英領ボルネオの油田地帯ミリに上陸、これを占領した。

ついで十二月二十五日、英領ボルネオの首都クチンに上陸して、これも占領した。

しかし、この戦闘では、この地域に集中していたオランダ軍の航空機と潜水艦の激しい反復攻撃をうけ、日本軍も駆逐艦二隻、掃海艇一隻、輸送船二隻沈没という大損害をうけた。作戦部隊にたいする戦闘機の支援と日本海軍艦艇の対潜能力が不足していたためであった。

マレー半島に上陸した山下の第二十五軍は、主力が西海岸を縦走するアスファルト道路を南下し、コタバルに上陸した佗美支隊は細い東海岸道路を南下した。ジョホールバルふきんで合同し、いっきょにシンガポールを占領しようというのであった。

西海岸をゆく主力の一部は、ペナンから、発動艇四十隻による舟艇機動作戦を開始した。艇に将兵を乗せて海上を突っ走り、敵の側面あるいは背面を衝《つ》くのである。ときに敵駆逐艦の砲撃をうけたが、舟艇奇襲部隊は大胆に行動し、戦史に残る大戦果を挙げた。

小沢は、この奇抜な作戦を案出した第二十五軍参謀の辻政信中佐、国武輝人大尉、解良《けら》七郎中佐らを激賞した。

シンガポール、ジャワ、スマトラ攻略作戦のために、小沢は南シナ海南方のアナンバス諸島を前進基地としたかった。昭和十七年一月二十六日、平岡粂一少将指揮の第九根拠地隊は、抵抗をうけずにここに上陸、占領した。これは小沢の独断であったが、諸攻略作戦に欠かせない基地となった。

蘭印スマトラ島のパレンバン占領は、油田地帯を確保するという最も重要な作戦の一つであった。昭和十七年二月十四日、陸軍空挺《くうてい》（落下傘）部隊はパレンバン飛行場ふきんに降下し、同日中に飛行場を占領、十五日には製油所も占領した。小沢艦隊に掩護されてムシ河口を遡《さかのぼ》った地上攻略部隊の第三十八師団先遣隊は、二月十五日に空挺部隊と連絡を確保し、パレンバン一帯の占領を確定した。

おなじ日の二月十五日、シンガポールが陥落した。小沢は、山下第二十五軍司令官あてにつぎの祝電を発した。

「上陸作戦開始以来、余ハ貴軍ノ作戦進捗《しんちょく》情況ニ細心ノ注意ヲ払ヒ、戦況ガ至ル度ゴトニソノ状況ヲ図上ニ記入シ、成功ヲ念願シ協力ニ全力ヲ尽シテキタ。本日敵ノ牙城《がじょう》タルシンガポール陥落ノ報ニ接シ、万感真ニ胸ニ迫ルモノガアル。ココニ貴軍ノ善戦敢闘トゴ心労ニ対シ、心カラ祝意ヲ表スルト共ニ戦場ニ整《たお》レタ英霊ニ対シ、深ク哀悼ノ意ヲ捧《ささ》グ」

山下からはすぐ返事がきた。

「ゴ懇電ヲ深謝ス。上陸以来貴艦隊ノ緊密ナル協同ノ下ニ、ココニシンガポールヲ攻略シ得タルヲ喜ブト共ニ貴艦隊将兵一同ノ武運長久ヲ祈ル」

そのあと山下から小沢に、二月二十日に陸海軍合同慰霊祭をおこないたいので、それまでにシンガポールへ入港されたいと要請があった。しかし小沢は、

「ゴ厚意ヲ深謝ス。タダシ、艦隊ハ目下パレンバン作戦行動中デアリ、シンガポールへ入港スルニハソノ水道ヤ軍港内ヲ掃海スルノニ相当ノ日数ヲ要スルニツキ、貴軍ダケデ実施セラレタイ」

と返電した。

パレンバン作戦を終了した小沢艦隊は、掃海作業を丹念におこない、二月二十七日にシンガポール島北側のセレター軍港に入港した。山下はさっそく旗艦鳥海に小沢を訪ね、感動の握手をかわした。

三月二日、山下は、小沢のために、自分がおこなったのとおなじく、英軍最高指揮官のA

・E・パーシバル中将以下、英・濠《ごう》・インド軍の捕虜約五万人を、島東部のチャンギーふきんの道路上に並ばせて、閲兵をおこなった。小沢は先頭にしょんぼり立っているパーシバルに、艦隊参謀花岡雄二中佐のフランス語による通訳で、
「閣下はその義務を完全に果たされました。これからは十分静養してください」

と声をかけた。パーシバルは、思いがけない心あることばに感動したらしく、英語で、

「サンキュウ」

とこたえて右手を差しのばした。小沢はその手を固く握った。

ある日の夕方、小沢は、第二十五軍の鈴木宗作参謀長ほかの幕僚たちを鳥海の長官室に招いて、簡素な宴を開いた。

このころ、陸軍の達原実主計軍曹作詞、小沢艦隊の軍楽隊作曲の「戦友の遺骨を抱いて」という歌ができていた。宴酣《たけなわ》になり、陸海のつわものたちは、海軍軍楽隊の伴奏でこの歌を合唱した。

一、一番乗りをやるんだと
　力んで死んだ戦友の
　遺骨を抱いて今入る
　シンガポールの街の朝
二、男だなんで泣くものか
　噛《か》んでこらえた感激も

山からおこる万歳に
思わず類が濡《ぬ》れてくる
五、シンガポールはおとしても
まだ進撃はこれからだ
遺骨を抱いて俺《おれ》は行く
守ってくれよ戦友よ

歌うちに歌声は次第に高まり、いい年の荒くれ男たちがみなボロボロ涙をこぼしながら歌った。歌は一回では済まず、一番から五番まで、二回くり返された。感激した高級参謀池谷半二郎大佐は、和歌をつくって小沢に贈った。
いくそたびかみしめてきくこのなみだ
今日くずおちぬ軍楽の音に
陸軍と海軍は犬猿の仲といわれ、それはそのとおりであったが、山下兵団と小沢艦隊にかぎっては、どういうわけかウソみたいに仲がよかったのである。

酒がさらに回ると、小沢が、例の「上海《シャンハイ》の花売り娘」を、軍楽隊の伴奏で唄《うた》い踊りはじめた。

二、霧の夕べも　小雨の宵も
港上海　花売り娘
白い花籠《はなかご》　ピンクのリボン

繻子《しゅす》も懐かし　黄色の小靴
ああ上海の　花売り娘
（川俣栄一・詞　上原げんと・曲）

一同は手拍子を打って、これに興じた。陸軍の参謀たちは、このときのことがよほど印象的だったらしく、戦後二十数年経《た》っても、その思い出に花を咲かせていたという。

開戦時、小沢は第四、第五潜水戦隊の潜水艦十二隻を、マレー半島と英領ボルネオ間の海面に配備し、うち二隻の潜水艦がプリンス・オブ・ウエルズ、レパルスを発見し、マレー沖海戦勝利の糸口をつくった。その後小沢は第四潜水戦隊をジャワ島のバタビヤ（ジャカルタ）とスラバヤ沖に配し、英蘭艦隊の攻撃と通商破壊戦を命じた。第五潜水戦隊にはジャワ島東端のロンボック海峡からジャワ、スマトラの南方海面に進出させ、おなじく通商破壊戦を開始させた。

日本海軍は従来通商破壊戦を邪道としていたが、小沢は敵の補給路は断つべきであるとして、これを断行したのである。この通商破壊戦で、日本潜水艦は五隻の敵商船を撃沈した。大本営と連合艦隊が通商破壊を重視し、潜水艦をインド洋方面に派遣するのは、この後のことであった。

五十六隻の輸送船に乗った今村均中将の第十六軍主力は、原顕三郎少将の第五水雷戦隊に護衛され、昭和十七年三月一日、ジャワ島バタビヤ（ジャカルタ）ふきんのメラク、バンタム、パトロール海岸に、敵海空軍の激しい抵抗を排除して上陸した。第十六軍主力は丸山政男中将の第二師団を基幹とするもので西方攻略部隊といわれた。

一方、四十一隻の輸送船に乗った土橋勇逸中将の第四十八師団を基幹とする東方攻略部隊は、西村祥治少将の第四水雷戦隊と高木武雄少将の第五戦隊（重巡那智《なち》・羽黒）に護衛され、三月一日、ジャワ島スラバヤの西方クラガンに敵前上陸した。

第十六軍の東西両攻略部隊が両側から進撃してジャワを攻略しようというのであった。

三月五日、西方攻略部隊は首都バタビヤを占領し、九日、要地バンドンを占領した。

三月八日、東方攻略部隊はジャワ島東部の中心スラバヤを占領した。

三月九日、東方攻略部隊指揮官土橋中将は、蘭印東部軍管区司令官イルヘン少将に日本側要求を承認させ、十二日、降伏軍の武装を解除した。

このオランダ軍主力の降伏によって、バンドン東南方の米英軍約一万一千人をはじめ、各方面の敵軍があいついで降伏し、ジャワ全土の攻略が終わった。

この間、二十七、二十八日にかけて起きたスラバヤ沖海戦で、高木少将の第五戦隊などは米英蘭連合国艦隊の巡洋艦二隻・駆逐艦二隻を撃沈した。しかし、この戦果は幸運にめぐまれたもので、高木部隊の戦い方は終始及び腰で歯がゆいと評されている。

二月二十八日から三月一日にかけての夜半に起きたバタビヤ沖海戦で、第七戦隊の一部（重巡最上、三隈）と第五水雷戦隊は米濠蘭の巡洋艦二隻、駆逐艦一隻を撃沈した。

以上のように陸海軍とも圧倒的な強さで連合国軍を破り、ジャワ島を完全に手中にしたのであった。

第十六軍司令官の今村は、二月二十八日夜、乗船MT号（竜城）で作戦指揮中、バタビヤ沖海戦に巻きこまれ、MT号は魚雷をうけて沈没し、着のみ着のまま陸岸に泳ぎついた。その今村は、第十六軍の上陸作戦を援助した小沢について、『提督小沢治三郎伝』のなかで、つぎのように述べている。

「（前略）私は輸送船団のカムラン湾集結及びその発進準備に必要な約十日間サイゴンに滞在した。ところが、海上護衛隊指揮官原顕三郎海軍少将が私のところにやって来た。

『今頃こんなことを申すのは時機がおくれておりますが、今日までいろいろ尽力してみた甲斐《かい》もなく、遂にさきほど連合艦隊からの電報で私の希望が容れられないことになり、この上は陸軍の配慮を煩わさなければならなくなりました。実は第十六軍の主力が乗船してバタビヤ方面に向かう六十数隻の船団護衛は、私の率いる第五水雷戦隊（巡洋艦一、駆逐艦十六）でやることに指令されております。私はこれだけでは兵力が不十分と感じ、幾度も増強かたを上申しましたが、これが認められないことになりました。これでは万一の場合幾隻かの犠牲はまぬかれないと懸念されます。ついては軍司令官から、寺内総軍司令官に上申され、同官からあらためて山本連合艦隊司令長官に打電され、兵力増加の途《みち》を開かれたいと願っております』

『わかりました。すぐ総軍に申し入れます』

岡崎参謀長は、作戦主任参謀於田中佐を伴い、総司令部に出かけ、塚田総参謀長以下と協議したが、まもなく戻って来た。

『総参謀長によく原少将の意向を説明しましたが、既に総軍と連合艦隊との作戦協定で、あれだけの海軍兵力により第十六軍主力の船団護衛は可能だとされており、陸軍側からそれに不安めいたことを電報するのは避けたい。護衛のことは一切海軍の責任になっている。総軍としては何等の処置もとらない』

といいます。

私は心から総軍参謀部の単なる事務的な考え方を遺憾に思った。護衛上の不安を感じているのは陸軍ではなくて海軍なのだ。とくにその責任に当たっている護衛指揮官なのである。また万一の不幸に対する責任がどちらにあろうと、敵艦隊により海底に沈められるものは、寺内さんの部下である私の軍の将兵であり、陛下の赤子父老の愛児なのである。

『そうか、では私から直接総軍司令官に申し上げよう』

総司令部に行く前に馬来《マレー》、印度洋方面を担当している小沢南遣艦隊司令長官の意見を確めたいと思い、その司令部を訪れた。私は小沢治三郎中将とは初対面といってよいほどの関係である。

私は印度洋方面敵艦隊の情勢など二、三のことを質問し、原少将の意見に基づき寺内総司令官の配慮を煩わす考えを語ったところ、

『原少将（注・小沢と同じ第三十七期）は深刻に兵力の不足を感じ、私のところにも衷情を

訴えています。私も彼の請願が容認されることを蔭《かげ》ながら祈っておりましたが、不認可となり、また唯今《ただいま》のお話では総参謀長にもその気持がない。今からさらに総軍と交渉し、それから連合艦隊に電報するようでは船団発進の時機までに時間的余裕がありますまい。ついては当面のパレンバン上陸作戦の見透しがついたなら、私の部下艦隊の中から原少将麾下《きか》の兵力とほぼ同等の艦艇を引きぬき増援しましょう』

この提督は、万一にも連合艦隊の不承認があったらいけないと思ってか、全くの独断により この大きな兵力転用を断行しようとしている。

右の艦艇増加により私の軍の輸送船団は二月十八日カムラン湾を出港し、巡洋艦一隻、駆逐艦三十二隻（注・第三水雷戦隊が参加）に護衛され、赤道を越え南へ南へと進んだ。

小沢長官はそれでも尚《なお》私の軍の上を案じ、更に大巡二隻を増派してくれた。

バタビヤに近いバンタム湾付近の海戦で、わが駆逐艦が敵巡洋艦二隻と交戦している最中、突如わが大巡二隻（注・第七戦隊最上、三隈）がかけつけ、米巡洋艦ヒューストン（一万トン級）と濠巡洋艦パース号（七千トン級）と交戦、見事に撃沈した。このため輸送船団は僅か四隻沈没百名戦死しただけで上陸作戦に成功した。

もし小沢長官の独断専行の協力がなかったとしたら、どんな大きな犠牲が生じたか、また上陸そのものが可能だったかどうかもわからなかったろう。

第十六軍主力方面の上陸作戦の成功は、全く小沢長官の賜物《たまもの》だったので、私は今にその時の感激を忘れないでいる」

三月九日、第二十五軍の近衛師団が乗った輸送船団は小沢艦隊に護衛され、スマトラ島攻略をめざしてシンガポールを出撃した。三月十二日、同師団は同島の首都メダンとラブハンブル、島北端のクタラジャ、サバン島に上陸し、これを占領した。サバン島は、その後、インド洋作戦の海軍航空基地となる。

作戦を終わり、小沢艦隊はマレー半島西岸の要港ペナンに入泊した。つぎの目標は、ビルマ、マレー、スマトラ防衛の要地、ベンガル湾東方のアンダマン諸島攻略である。

当時、北アフリカではイギリス軍がドイツ軍に押しまくられていて、欧州の連合軍にたいする補給は、主にインド、濠州、南アメリカからスエズを経ておこなわれていた。そのために、インド南方のゼイロン島のコロンボ、トリンコマリには、英海軍の空母、戦艦などが在泊していた。

小沢は、日本艦隊がアンダマン諸島に行動すれば、英艦隊が攻撃に出てくると見て、ビルマのラングーンに中攻隊を、シンガポールに飛行隊を配備し、自分は艦隊をひきいて出動し、アンダマン諸島攻略作戦を支援することにした。上陸部隊は、川崎晴実海軍大佐の特別陸戦隊一個大隊と、第二十五軍第十八師団の一個大隊である。

さらにこの攻略作戦と並行して、小沢艦隊は、シンガポールからラングーンまで、陸兵および軍需品を満載した約五十隻の大輸送船団を護衛することにした。

これで英艦隊が出てくれれば、大海戦となるはずであった。しかし、行動を開始しても、英艦隊は、マレー沖海戦の二の舞となるのをおそれてか、現われなかった。

三月二十三日、小沢艦隊は、アンダマン諸島の首都ポートブレーア湾口に敷設してあった多数の機雷を排除し、上陸部隊を陸揚げした。

三月二十四日、艦隊はビルマ西岸のメルギーに入泊、ベンガル湾機動作戦準備にかかった。メルギーのビルマ人は、日本艦隊に好意をしめしていた。長いあいだ、人間扱いをしないイギリス人ほかの白人に反感を抱いていたせいのようであった。

小沢のベンガル湾機動作戦計画にたいして、三月中ばに山本連合艦隊司令長官から返電がきた。万事承認するという。同時に、南雲機動部隊が四月五日にコロンボ空襲をやるという通知があった。

小沢は、南雲部隊の奇襲作戦を敵にさとられないようにと、四月六日に、インドのベンガル湾岸カルカッタとマドラス間に出動し、敵商船および陸上軍事施設を攻撃することにした。

四月五日早朝、南雲部隊のコロンボ奇襲は成功し、英重巡洋艦三隻、駆逐艦一隻撃沈という情報が入った。やがて、小沢直率の一艦である空母龍驤《りゅうじょう》の艦上偵察機から、

「十隻ノ商船ガ沿岸フキンヲ航行中」

という電報が入ってきた。

四月六日、小沢艦隊は早朝から正午にかけ、二十数隻の商船を発見し、撃沈した。龍驤の攻撃機は、マドラスの北方ビザンパタムの軍事施設を空襲、破壊した。

四月九日、南雲機動部隊はトリンコマリを空襲し、英空母ハーミスと駆逐艦一隻を撃沈し

た。

四月十日、ベンガル湾機動作戦を最後として、マレー方面の第一段作戦を、注文以上にやってのけた小沢艦隊はシンガポール商港に集合した。艦隊将兵は開戦以来四ヵ月、不眠不休といえるぐらいの作戦で疲れていた。

小沢は、陸上のバラックで、部下たちとともに簡単な中華料理を食い、一同の労をねぎらった。

四月十三日、インド洋作戦を終えて内地にひき揚げてゆく南雲機動部隊が、商港の南方ちかくを通りかかった。小沢は、飲み友だちのような南雲に探照灯信号を送った。

「赫々《かっかく》タル武勲ヲ祝シ、長官以下乗員一同ノ武運長久ヲ祈ル」

南雲からすぐ返信があった。

「ゴ厚意ヲ謝ス、貴艦隊将兵一同ノゴ健康ヲ祈ル」

南雲部隊は、あとにひかえたミッドウェー攻略作戦準備や機密保持のため、シンガポールで息抜きするひまもなく、一路瀬戸内海西部の柱島《はしらじま》泊地に向かった。

四月十四日、開戦に当たり連合艦隊から小沢艦隊へ増派されていた重巡鳥海をはじめ、第七戦隊、第三水雷戦隊、第四、第五、第六潜水戦隊などの各部隊も、シンガポールに別れを告げて、日本へ帰っていった。

旗艦を元の香椎に移した小沢艦隊は、シンガポール北側のジョホール水道のセレター軍港に入港した。そのころジョホールにはささやかな料亭ができていた。小沢は幕僚たちを連れてそこへ出かけた。料亭の窓からは、英国東洋艦隊の拠点であったセレター軍港が見えた。飲むうちに小沢は、

ここはジョホール　セレターが見える
いくさ忘れて　酒を汲《く》む

という歌をつくり、

「どうだい、だれかつづきをつくらんか」

といった。誰《たれ》もつくれず、仕方がなかろうというので、みんなはその歌詞を、豪傑節でくり返し歌った。


小沢は若いころから歌が好きだった。明治三十九年（一九〇六年）から四十二年（一九〇九年）にかけての兵学校生徒時代は、三国志の軍師諸葛孔明《しょかつこうめい》をうたった土井晩翠《どいばんすい》の「星落秋風五丈原」をよく歌い、「丞相《じょうしょう》（孔明）病篤かりき」のところを、とくに力をこめて歌ったという。

一　祁山《きざん》悲秋の風更けて
陣雲暗し五丈原
零露の文《あや》は繁くして
草枯れ馬は肥ゆれども
蜀軍《しょくぐん》の旗光無く

鼓角の音も今しづか
丞相病篤かりき
七　末は黄河の水濁る
三代の源遠くして
伊周の跡は今いずこ
道は衰へ文弊《や》ぶれ
管中去りて九百年
楽毅滅びて四百年
誰か王者の治を思ふ
丞相病篤かりき

しかし、こういうものだけではなく、流行歌も好きだった。昭和二年ごろ、「酋長《しゅうちょう》の娘」という歌がはやった。

一　私のラバさん　酋長の娘
色は黒いが　南洋じゃ美人
二　赤道直下　マーシャル群島
椰子《やし》の木蔭で　テクテク踊る

というものである。これに小沢が熱中していたことについて、前記元陸軍中将飯田祥二郎（山下の前任第二十五軍司令官）はこう述べている。

「私は小沢中将とは昭和二年十月、四国で実施された陸海軍協同演習の際、愉快な経験を味わった因縁があるからだ。

当時私は少佐で高知連隊の大隊長を勤めていたが、上陸する陸軍部隊の参謀を仰せつかった。小沢中将は中佐で第一水雷戦隊（護衛隊）の先任参謀であった。演習に先だち小沢参謀は連絡打ち合わせのため徳山にやって来たが、一夕上陸軍指揮官である青山少将を中心に会食した。当時私は斗酒なお辞せずの方であったし、小沢参謀もまた好敵手であったので、意気投合し、陸海軍協同の基礎を堅めようと大いに飲んだものだ。

その頃流行した『酋長の娘』という唄は四国の田舎では珍しい方だったので、小沢参謀を師匠にして、女連と一緒に大いに練習し、大いにもてたことを覚えている」

元海軍大佐・機関学校第三十二期の鰕原《えびはら》栄一は、小沢が海軍大佐で重巡摩耶《まや》の艦長をしていたころの「酋長の娘」にかかわる逸話を、つぎのように語っている。

「私が艦長にお仕えしたのは昭和九年十一月から翌十年十月迄《まで》のまる一ヵ年で、機関大尉で第十一分隊長（缶部指揮官）の時であってそれが初対面であった。（中略）

当時摩耶は米内光政第二艦隊司令長官麾下の第四戦隊（鳥海、愛宕《あたご》、摩耶、高雄《たかお》）の三番艦で新鋭の重巡洋艦であった。（中略）

昭和十年四月に艦隊は別府《べっぷ》に入港した。米内長官は『なるみ』（注・料亭鳴海）で司令官、所轄長（注・艦長など）、幕僚と会食されておったが、偶々《たまたま》摩耶でも士官室会を別室でやっておったので艦長が見えられたのをいい幸いにして、私は揮《ふんどし》一本で長官の宴席に飛び入りし、

頭に八手の葉、腰にはメイドから借りた赤いものを捲《ま》いて『酋長の娘』を披露した。すると艦長は、

『でかした、さあ飲め』

と申され、嫌なお顔をせず、

『こいつが俺のところの十一番だよ』

と他の方に話されておった。酔余の御無礼も醒《さ》めて恥ずかしい大失態！　艦に帰ってからもお咎《とが》めがないので余計に恐縮した」

元海軍少将の渋谷清見は、別の流行歌にかかわることを、こう語っている。

「昭和十二年度の連合艦隊参謀長は小沢少将であった。私は当時旗艦陸奥の航海長であったので、常にその音容に接し、今でも懐かしい二、三の思い出がある。（中略）

昭和十二年秋、佐世保《させぼ》の料亭で歌謡曲を楽しまれたことがある。曲はたしか『無情の夢』（佐伯孝夫作詞、佐々木俊一作曲、あきらめましょうと別れてみたが云々《うんぬん》）であった。提督は水雷屋に通有の勇ましいタイプの人ではなく、文学とユーモアを解する人であった」

ところで、シンガポール陥落前後ごろの小沢は、どんな歌を好んで歌っていたかというと、作戦参謀だった寺崎によると、「一番乗りをやるんだと……」という「戦友の遺骨を抱いて」だったようである。

四月十八日、米空母ホーネットが日本本土の東方七百カイリの海上から大型陸上爆撃機B

25十六機を飛ばして東京その他を空襲し、中国大陸に着陸したという情報が入った。小沢は、

「敵ながら思いきったことをやる」

と、アメリカにたいする認識を改めたようにつぶやいた。

数日後に、連合艦隊戦務参謀藤井茂大佐が香椎に小沢を訪ねてきた。

「開戦いらい連合艦隊の作戦はきわめて順調に経過し、さしあたり力のやりどころがない。六月初めにミッドウェー攻略作戦を実施して、米空母などによる帝都空襲を封止し、でき得ればその機会に、敵機動部隊を捕捉《ほそく》撃滅したい計画です」

と藤井はいった（寺崎隆治『海軍魂』徳間書店）らしい。「さしあたり力のやりどころがない」とか、「帝都空襲を封止し、敵機動部隊を捕捉撃滅したい」などは、思い上がったことばというものであろう。それにたいして小沢は、とくに賛成もしなかったが、反対もしなかった。

四月末、大本営海軍部作戦部長の福留繁《ふくとめしげる》少将と軍令部参謀高松宮宣仁親王《たかまつのみやのぶひとしんのう》中佐が小沢を訪ねてきて、ミッドウェー作戦計画について懇談した。このころはさすがの小沢も、ミッドウェー海戦で南雲部隊が惨敗し、戦局を逆転させる大事をひきおこすとは、思わなかったようである。

六月五日、ミッドウェー海戦当日、作戦が三度のめしより好きな小沢は、香椎の長官室で、刻々とどく電報を図上に入れながら、自分が現場にいるように経過を注目していた。そのうち小沢は首をかしげた。敵の出方があまりに計画的であり、南雲部隊が敵潜水艦、陸上基地

航空部隊、空母艦載機などの攻撃をうけ、赤城《あかぎ》、加賀、蒼龍《そうりゅう》、飛龍がつぎつぎに沈没してゆくので、

「これは日本海軍の暗号が漏れているにちがいない」

と、不安そうにいった。そのとおりだったのである。

昭和十七年七月十四日、小沢は軍令部出仕に補せられ、後任の同期生大川内伝七中将（上海陸戦隊指揮官として有名）と交替して、内地へ帰った。コタバル上陸作戦、マレー沖海戦、パレンバン上陸作戦、ジャワ上陸作戦、スマトラ上陸作戦、ベンガル湾機動作戦などの諸作戦に完勝して、輝かしい凱旋《がいせん》であった。

海軍の諸葛孔明を志す

小沢治三郎は明治十九年（一八八六年）十月二日に、宮崎県児湯《こゆ》郡高鍋《たかなべ》町で生まれた。南の宮崎市と北の日向市の中間やや宮崎寄りで、目の前が太平洋に広がる日向灘という風光の美しい土地である。町の西には舞鶴城《まいづるじょう》趾《し》がある。豊臣秀吉の九州征伐のあと、秀吉によってこの地に封ぜられた高鍋藩主秋月氏の居城であった。

小沢家は旧家だが、士族ではなく平民である。父寅太郎《とらたろう》、母ヤツ、兄宇一郎、姉ヨシと治三郎の五人家族であった。

治三郎は宮崎中学校に入学し、高鍋藩の合宿所千鳥舎から学校に通った。英語、数学、理科がよくできた。習字がからきし下手で、学友が練習用に書いた半紙に自分の姓名を書いて教師に出したことがあるらしい。明治三十七年（一九〇四年）夏、中学四年生のとき、ちかくの佐土原合宿所の生徒たちと千鳥舎の生徒たちが口論となり、小沢が殴り込みをかけて佐土原を屈伏させたという。

あるとき治三郎は校長夫人の乗る人力車をひっくり返し、校長からこっぴどく叱《しか》られた。小沢の末娘孝子の話によると、人力車が夜道を走っていると、目の前にぬっと小沢が現われ、車夫がびっくりして梶棒《かじぼう》を手ばなし、人力車がうしろに倒れたのだという。

水中を潜り、漁師が川に沈めておいた鰻《うなぎ》のいっぱい入った大きな竹籠の蓋《ふた》を外し、鰻をぜんぶ逃がし、先生におこられたこともあった。

明治三十七年十一月末のことである。治三郎は、宮崎市内橘橋《たちばな》ふきんで三人のチンピラに喧嘩《けんか》を吹っかけられ、片っぱしから橋下にぶん投げてひきあげた。ところがそれが翌々日の『宮崎新聞』にでかでかと出た。小沢の姓名がなぜ新聞社に知れたのか不明だが、怨《うら》みを持つ者に仕組まれたのかもしれなかった。学校では職員会議が開かれ、小沢をよく思わない校長その他の先生たちによって、彼は「退校」というとり返しのつかない懲戒処分に付された。宮崎中学も体を張って生徒を教える学校ではなく、事なかれ主義の学校のようだが、生徒たち多数の陳情にもかかわらず、退校処分は撤回されなかった。

これにはさすがに暴れ者の治三郎も、前途が真っ暗になる思いがしたらしい。父母と姉は、治三郎がグレることを心配したが、どうしてよいか判らなかった。

そのころ日本は日露戦争の最中で、長男宇一郎は陸軍軍曹として、ロシア軍との戦いに満州へ出征していた。父寅太郎は、宇一郎の意見を聞こうと思い、治三郎についての詳しい手紙を書いた。それを読んだ宇一郎は、やはりどうしたらよいか判らず、あの人ならばと思い、中隊長の牛島貞雄大尉に相談に出かけた。中隊は、満州軍第二軍第六師団歩兵第二十二連隊第十中隊で、当時第六師団（熊本）といえば、「泣く子もだまる六師団」といわれ、日本陸軍中で一、二に強い精強軍として名を馳《は》せていた。

しかし牛島は、部下思いで教育熱心な将校だった。小沢軍曹の訴えを聞くと、いままで見たこともない軍曹の弟に、心をこめて手紙を書いた。

「過ちを改むるに憚《はばか》ること勿《なか》れ。本夕君が骨肉の親しみある小沢宇一郎君は悄然《しょうぜん》たる態度で、私に告げて曰《いわ》く、治三郎は退学を命ぜられたりと。私は炉辺をたたいて寧ろこれを賞讃《しょうさん》せり。蓋《けだ》し君が退学の原因は必ず簡明で、半面純美なる真理を含み罪ありとするも、其《そ》の罪は白雲の如きを信じたればなり。

宇一郎君曰く喧嘩のためなりと。多分然《しか》らん、世には実にずーずしき懦弱漢《だじゃくかん》なしとせず。これらを排撃するは青年時代の一快事なり、然りと雖《いえど》もまた頭を冷静にして更に一考を煩わしたきや切なり。

何となれば、学校には教員あり舎監あり、それぞれ学生を戒しむべき当局者あり、血気に逸《はや》りて無暴の行為をなすことはあまり奨励すべきことにあらず。学生には学生の本分あり。当局者を措《お》いて勝手の振るまいをする如きは将来大いに慎重にさるべく私は誠実に君に希望するものなり。

宇一郎君の話を聞き取り敢《あ》えずしたたむ。

君は天地に俯仰《ふぎょう》して疚《やま》しき所なきも苟《いやしく》も自分の過ちであったならば、いさぎよくこれを改むるに憚る勿れ。これ真の勇気ある少年なり。

十二月二十五日（明治三十七年）

夜九時盛んなる銃声を聞きつつ

牛島貞雄したたむ

小沢治三郎殿　机下」

治三郎はこの手紙に、生まれてはじめてといった感動をうけ、自暴自棄寸前から立ち直った。世の中を見る眼《め》がひとまわり大きくなった。

宮崎中学を退学させられた小沢は、志を立て直し、翌三十八年東京に出て、牛込《うしごめ》原町の私立成城中学校に入学した。官立はどこもうけ入れてくれなかったのである。

小沢が牛島の手紙からどれほどの感銘をうけたかは、彼がそれを表装し、死ぬまで大切に保存していたことからして、察しがつく。小沢が死んだあと、遺族が小沢の持ち物を調べたところ、書物さえなかった。歴史的なものとも思える山本五十六の絶筆さえ、人に与えてしまっていた。小沢の遠縁にあたる弁護士の竹内誠が、こういっている。

「私が中将の御依頼により、某雑誌社が中将の御名前を無断借用して戦記物を掲載した事件（注・元海軍報道部松島慶三大佐が戦後小沢を訪ね、松島が書いたものを読んでほしいと頼んだ。小沢はそれを読み、松島に返したところ、それが小沢の名前で、毎日新聞社の週刊誌に載ったために小沢が激怒し、毎日新聞社に取り消しを要求した）を処理したとき、ある日、中将から山本元帥の絶筆を頂戴《ちょうだい》した。それは七言絶句の王陽明の詩を書かれたものであった。

険夷原不滞胸中　何異浮雲過大空

夜静海濤三万里　月明飛錫下天風

というものであった。その意味は険阻なときも平易なときも自分の心持は全く同じことである。それはあたかも浮雲が大空を流れていくようなものであり、夜が静かで三万里の遠い処《ところ》から海の波が押しよせて来るようなものともいえるし、又月夜に仙人が天の風に乗って杖《つえ》をつきながら下って行くのと何等《なんら》異なるところがない、というのである。

昭和十八年四月ラバウルで元帥が中将に与えられた半截《はんさい》の筆勢誠に豊かなものであった。数日後元帥はブイン上空で戦死されたのであった。（注・四月十八日）

このような中将として愛着措《お》く能《あた》わざる絶品を私に下さったことは一方ならぬ御好意と思われる。

私は山本元帥の同郷の先輩元司法大臣小原直氏に御願《おねが》いをして、元帥の身につけて居られたもので、この掛け物を表具しようと考え、そのモーニングのネクタイを頂き、これを一文字に使用して家の宝とした。勿論《もちろん》、中将にその箱書を願い、掛け物のいわれを詳細に書いて戴《いただ》いた。

榎本《えのもと》中将（注・隆一郎、機関学校第二十四期、元水交会会長）を始め海軍の方にも何人かのお目にかけ、これを大切にしていた。

しかるに昭和四十二年四月二十五日火災に遭いこれを失ってしまったことは甚だ残念であり中将に申しわけない。私は中将の知遇を得たことを深く感謝するものである」

牛島の手紙は他人にやるようなものではないが、小沢の持ち物で残っていたのはそれぐらいだというから、小沢にとっては、大切なものだったのであろう。

牛島はのちに陸軍中将となり、昭和六、七年ごろは陸軍大学校長であった。終戦時には、小沢の前任の南遣艦隊司令長官であった平田昇中将とともに、帝国在郷軍人会副会長をしていた。戦後小沢は、郷友連盟（注・元陸海軍軍人の団体）設立のとき、蔭《かげ》から協力したが、そのころ牛島とよく顔を合わせ、談笑していたという。

南遣艦隊作戦参謀の寺崎隆治は、その著『海軍魂』のなかで、

「昔の不良少年小沢が、陸と海との相違はあれ同じ中将に昇進し、しかも連合艦隊司令長官にまでなったのだから、牛島にとって感慨深かったに違いない」

と書いている。

小沢は、多くの海軍士官が陸軍を嫌い、陸海協同に積極的ではなかったなかで、陸軍と最も協調しためずらしい人物であった。小沢には、牛島陸軍大尉の恩が、つよく影響していたからであろうか。

治三郎のために牛島に相談に行った兄の宇一郎は、明治三十八年五月八日、満州の野で戦死した。牛島のために命を賭《か》けたのかもしれない。

成城中学に入った小沢は、つまらない喧嘩《けんか》で人生を狂わすようなまねはすまいと思っていた。といっても、喧嘩を売られれば、ひっこんではいなかった。

元海軍中佐の志摩亥吉郎は、昭和三十九年ごろ、小沢からつぎのような話を聞いた。

明治三十八年（一九〇五年）春のある　な

青年が喧嘩をふっかけてきた。小沢は色が黒く、大男で、傍若無人に見え
たらしい。相手にしないでいると、ムキになり、
「慶応の三船《みふね》を知らんか」
と、身がまえて組みついてきた。小沢は無言でそれを力でねじ伏せ、背中を下駄で歩いてやった。

この三船が、のちの柔道界の大物、三船久蔵《きゅうぞう》十段であった。小沢が三船に勝ったのは、柔道でではなくて、喧嘩が強かったからだという。昭和四十二年十一月、小沢の二周忌に、遺骨は鎌倉《かまくら》霊園に納められたが、うしろの高台に三船のりっぱな墓があるのを見た小沢の遺族は、奇縁を感じた。

明治三十八年九月五日、父寅太郎が死んだ。五十五歳であった。

明治三十九年（一九〇六年）四月、小沢は鹿児島《かごしま》の第七高等学校に入った。このあと受験する海軍兵学校に落ちれば、海軍造船官になるつもりだったという。

明治三十九年十一月二十四日、小沢は念願どおり海軍兵学校に入校し、第三十七期生徒となった。入校時の席次は、百八十一名中の百五十番くらいであった。人より二年か三年遅く、二十歳のときである。このクラスには、のちの最後の海軍大将井上成美、海軍中将草鹿《くさか》任一《じんいち》、大川内伝七、桑原虎雄らがいる。

入校時の兵学校長は、東郷平八郎長官の連合艦隊初代参謀長、日本海海戦での第二艦隊第

二戦隊司令官島村速雄《しまむらはやお》少将（第七期、のちに元帥）で、武官教官の多くは日露戦争の勇士であった。小沢が所属した第十一分隊の分隊監事（分隊員の指導監督責任者）島田初蔵大尉は、旅順口閉塞《へいそく》決死隊の生き残りである。兵学校の訓育はひとしお猛烈となった。

しかし、日曜日や祝祭日には、生徒たちは外出を許され、兵学校裏の海抜三百九十二メートル、ミクニヤマといわれる古鷹山《ふるたかやま》に登ったり、倶楽部《クラブ》に行って羽根を伸ばしたりした。倶楽部とは、兵学校指定の民家の座敷である。そこでは同期の者ばかりで、誰《だれ》に遠慮もいらなかった。軍装を脱いでどてらや浴衣に着かえ、羊羹《ようかん》やネーブルを食い、すき焼をつつき、詩吟や民謡を唄《うた》った。

小沢は、同期の者たちと古鷹山や海岸や倶楽部に遊んだとき、

〽北山しぐれて江差がくもる　船頭さん頼むぞえ（「江差追分」の前唄）

〽一世の名人永徳が　丹精込めて画《えが》きたる　墨絵の竜の陣羽織　比叡《ひえい》山おろしに靡《なび》かせつ

（「湖水渡り」の一節）

や、土井晩翠の「星落秋風五丈原」などを唄った。

小沢が「星落秋風五丈原」を愛唱したことについて、同期生の中村一夫と桑原虎雄は、

「小沢は後年、司令官、司令長官時代にも、折に触れて五丈原の詩句を吟じた。思うに諸葛孔明こそは、小沢の最高崇敬者の一人であったように思われる」

といっている。小沢は日本海軍の諸葛孔明をめざして海軍兵学校を志望したようである。兵学校でかれはよく勉強した。しかし、点取主義ではなく、将来の大物をめざす態度であ

った。柔道はかなり強かったが、人並みすぐれてというほどではなかった。人並みすぐれて強かったのは、喧嘩であったろう。そういえば、兵学校は、入試のとき小沢の身上を調べ、喧嘩で宮崎中学を退校させられたことを知っていたはずだが、小沢を採用した。見るところを見ていたのであろうか。

三号（第一学年生）から二号（第二学年生）になったとき、小沢は第八分隊に所属した。分隊監事は、おなじく旅順口閉塞隊の勇士中牟田武正大尉であった。この分隊は、兵学校の年中行事で最も重要な分隊対抗短艇競技と小銃射撃競技の二種目に優勝した。二号でありながら小沢が、分隊員の技術向上、士気高揚にめざましい働きをしたというので、生徒間で評判になった。

第三十七期百七十九名は、明治四十二年（一九〇九年）十一月、兵学校を卒業し、海軍少尉候補生となり、練習巡洋艦阿蘇《あそ》、宗谷に乗り組んだ。小沢の卒業席次は百七十九名中の四十五番であった。優秀な成績というほどではなかったが、何が大事かということにたいする認識と、ものごとにたいする判断力、独創性、決断力が、三十七期中で、指折りにすぐれていたようである。井上成美、草鹿任一とともに、三十七期の三羽烏《がらす》といわれる。

第三十七期の候補生たちが乗り組んだ練習艦隊の司令官は、日本海海戦の連合艦隊旗艦三《み》笠《かさ》の艦長だった伊地知彦次郎少将（第七期、のちに中将）であった。阿蘇艦長は日露戦争中の第二艦隊作戦参謀で戦史の権威といわれる佐藤鉄太郎大佐（第十四期、のちに中将）、宗谷艦長は日清戦争で水雷艇長として威海衛に決死的突入をし、日露戦争の日本海海戦では駆逐隊司令として敵艦隊を白昼襲撃し、勇名を馳《は》せた鈴木《すずき》貫太郎《かんたろう》大佐（第十四期、のちに大将、海軍軍令部長、侍従長、首相）であった。

小沢は宗谷乗組となった。宗谷乗組候補生たちの先任は、兵学校を二番で卒業した井上成美であった。宗谷の候補生指導官のなかには、高野五十六大尉（のちの山本五十六）と古賀《こが》峯一《みねいち》中尉（第三十四期、のちに大将、連合艦隊司令長官、元帥）がいた。後年、井上、草鹿、小沢らは、この二人と密接な立場で働くことになる。

明治四十三年（一九一〇年）二月から七月までの五ヵ月間、第三十七期候補生たちの練習艦隊は、フィリピン・濠州《ごうしゅう》方面の遠洋航海に出た。艦隊が濠州南東タスマニア島の首都ホバートに入港し、候補生たちが市の背後に聳《そび》えるウェリントン山に登ったときのことである。頂上から下を見おろすと、湾上に浮かぶ阿蘇、宗谷が手にとるように見えた。すると、小沢のグループの武部鷹雄が、感嘆とも慨嘆ともつかないようにいった。

「日露戦争当時、わが方に飛行機があったら、千メートルぐらいの高度で弾着観測をやり、旅順港内の敵艦に有効確実な射撃を加えることができ、もっと早く撃沈できたろうになあ」

しばらくしてから小沢が、

「飛行機は、もうそんな高いところを飛べるようになったのか」

と、衝撃をうけたようにつぶやいた。

武部は、兵学校時代から、たいていの者が冷笑して見向かない飛行機研究に熱中していた。

のちに飛行将校となり、大正三年（一九一四年）第一次世界大戦勃発《ぼっぱつ》時、中国内のドイツ根拠地青島《チンタオ》攻略に参加し、港内と要塞《ようさい》の偵察をやり、加藤定吉第二艦隊司令長官から感状を授与された。だが、翌大正四年三月、横須賀《よこすか》鎮守府航空術研究員として追浜飛行場上空を飛行中、殉職した。

武部の発言にヒラメキを感じた小沢は、三十年後の昭和十五年、第一航空戦隊司令官のとき、航空艦隊編成を主張し、軍令部、連合艦隊にそれをうけ入れさせた。それで実現したのが、ハワイ、インド洋で大暴れする南雲機動部隊であった。小沢は、定説や通説にとらわれず、それを越える新説を追究する人物だったようである。

遠洋航海終了後、小沢候補生は第一艦隊の戦艦三笠乗組となった。このころ、郷里の母ヤツに、たえず安否を尋ね自分の近況を知らせる手紙を出していた。十三年後の大正十二年（一九二三年）七月、六十五歳のヤツが病気になったとき、台湾西方の膨湖島《ほうことう》馬公要港部参謀の小沢は、休暇を願い出て帰省し、二十三日間看護に当たった。大正十四年十一月、ヤツの病いが重くなると、戦艦金剛水雷長の小沢は、ふたたび休暇を願い出て帰省、ヤツの死を見とどけるまで四十日間看護に当たり、手厚く葬儀をとりおこなった。少年のころは手がつけられない暴れ者であったが、海軍に入ってからの小沢は、戦死した長男宇一郎にかわって母親を大事にする男になっていたのである。

水雷艇長で船乗り修行

明治四十三年（一九一〇年）十二月十五日、小沢は海軍少尉に任官し、軍艦春日乗組となり、一年余の勤務のあと、明治四十五年四月、横須賀の海軍砲術学校普通科学生となった。この普通科学生は、初級将校の必修コースであった。

当時の小沢について、井上成美は、戦後つぎのようにいっている。

「三十七期の少尉五十人が砲術学校の普通科学生のとき、陸戦教程の最後の仕上げとして、辻堂《つじどう》で小銃戦闘射撃をやったことがある。

小沢が中隊長の番で一個中隊を指揮し、演習を終わり列兵を解散して、われわれ学生だけが集められた。陸戦教官はもちろん、視察に来ていた教官一人一人が講評をやった。

なかに都留雄三大尉という人がいた。宮崎県出身で、話術にかけては特技の持主として、海軍内で有名だった。海軍記念日に、ある中学校へ講演に派遣されたとき、

『私は神武天皇様と同県人だ』

とやって、笑わせたという逸話がある。この人が出てきて、

『ただいまの小沢少尉の指揮ぶりはまことに見事であった。第一、面構《つらがま》えがよい。中隊長の貫禄《かんろく》十分』

とやって笑わせた。それ以後しばらくの間は、『小沢の面構え』が学生の話題を独占した」

都留は海軍きってのヘル談（HELP＝助平＝ワイ談）の大家といわれ、のちに海軍大佐となった人物である。

おなじく同期の青柳宗重（のちに少将）は、

「このころときどき横須賀のレス（レストラン＝料亭）に飲みにゆくと、小沢のことをメイドたちは、『達磨《だるま》さん』『達磨さん』と親しそうによんで、たいへんなモテようだった。酒席の雰囲気に溶けこんで、無邪気に楽しんでいたからモテたのだろう」

といっている。

砲術学校普通科学生四ヵ月のあと、同年八月、小沢らは、おなじく初級将校必修コースの水雷学校普通科学生となった。ここで水雷戦術を学んだ小沢は、砲術より水雷術に興味を持った。

かれは昭和二年十二月から二年間、水雷学校と砲術学校の戦術科教官として、大尉級の高等科学生に戦術を教えた。そのとき、砲術学校の高等科学生たちに、

「鉄砲屋（注・砲術科）には戦術はない。主力艦の撃ち合いだけでは戦術とはいえない。水雷部隊の奇襲があってはじめて、戦術といえるのだ」

といって、学生間に論議をまき起こした。鉄砲屋に戦術があるかないか、それは別問題として、小沢がそう思ったのは事実のようである。とすれば、諸葛孔明にならい戦術家になろうという小沢が、水雷戦術に興味を持つのは当然となる。

大正元年（一九一二年）十二月、水雷学校普通科学生教程を終えた小沢たちは、海軍中尉に進級、かれは第一水雷戦隊の駆逐艦霰乗組となった。司令官は候補生時代の宗谷艦長鈴木貫太郎少将で、当時水雷戦術の第一人者といわれていた。小沢はこのフネで砲術長となり、大正二年の艦砲射撃競技で抜群の成績をあげた。一個の標的にたいする編隊射撃だが、各艦の弾丸の弾頭は、それぞれちがった色のペンキを塗ってあるので、標的への命中弾のどれがどのフネのものか識別できた。霰の砲員たちは自信に満ち、規定時間内に全弾をのこらず射ち終わり、命中率も抜群であった。小沢が、砲術科員の技術向上と士気高揚に指導力と統率力を発揮したのである。

大正二年十二月、小沢は第一艦隊の戦艦比叡乗組となった。比叡は、英国製の金剛と同型艦だが、日本製で、金剛とともに最新鋭の高速戦艦であった。将来のために、いろいろな専門知識を身につけるのに、絶好な勤務であった。

大正三年（一九一四年）七月、第一次世界大戦がヨーロッパで勃発した。日本は日英同盟を利してドイツに宣戦布告、連合艦隊はただちに作戦行動にうつり、第二艦隊はドイツの根拠地青島攻略戦に参加し、第一艦隊は南方洋上で通商破壊に暴れるドイツ東洋艦隊主力の捕《ほ》捉《そく》撃滅に向かった。だが、ドイツ艦隊はいち早く南米方面に逃げたので、海戦は起こらなかった。しかし、小沢にとっては、初の戦場勤務で、貴重な経験となった。

三笠、春日、比叡のガンルーム（第一士官次室、中少尉など初級士官の居室）で一緒に暮らした井上成美は、

「小沢は閑《ひま》があれば、いつも本を読んでいた。中尉の後期、比叡時代になると、小沢の読んでいた本は教育図書の赤本（戦術戦略、訓練などの機密図書）が多かった。いまでも思い出すのはガンルームの隅で黙々と赤本と取り組んでいた小沢の姿だ。そのころ、私などは赤本にどんな本があるかも知らなかったほどだ。

小沢は口が重い。しかし小沢の寡黙は決して自分の世界に閉じこもって、人と口をきくのを嫌がるといった風ではなく、言葉が簡明というだけで、クラス会の席で談笑するときなど決して人後に落ちず、ただ余計な口をきかない男だったのだ」

と、小沢を語っている。


大正四年（一九一五年）十二月、小沢は海軍大尉に進級、第一艦隊の戦艦河内分隊長となり、大正五年十二月、海軍大学校乙種学生となった。海大乙種学生とは、それぞれが、砲術、水雷、航空、航海、通信などの各専門学校高等科に別れて進むまえに、それらに必要な基礎学（数学、物理、化学などの高等普通学）を一緒に学ぶ課程で、修業期間は五ヵ月であった。

大正六年五月、小沢は水雷学校高等科学生に進んだ。これで小沢は水雷屋となることに決まった。小沢が水雷屋を希望した理由の一つとして、戦術家となるには水雷戦術を学ぶのが

一番と考えたからということは前記した。当時、アメリカを仮想敵国としていた日本海軍は、寡をもって衆に当たらなければならず、それには奇襲戦しかなく、航空機が未発達でレーダーもない時代であったから、奇襲戦、とくに夜襲の主力は水雷部隊だった。水雷部隊こそ日本海軍に勝利をもたらす唯一のものと考えられていたのである。小沢もそれを信じたのであろう。

それにたいして、日本の戦艦主砲の命中率は通常弾でアメリカの三倍、徹甲弾で六倍ちかいから、アメリカの主力艦が十隻、日本が六隻でも、正々堂々の決戦で日本が勝つという、元海軍大佐・大和初代副長・砲術学校教頭・重巡利根艦長の黛治夫（第四十七期）の説が、昭和九年ごろに出てくる。しかし、その命中率を信じ、期待をかける者は、当時の日本海軍内にほとんどいなかったのである。

小沢が水雷屋を選んだ理由は、ほかにもあるようだ。たとえば、鉄砲屋になると、大艦での形式ばって自由裁量のきかない勤務をさせられるが、そういうのは小沢の性に合わない。水雷屋は、駆逐艦、水雷艇などでのざっくばらんで、自由裁量が多い勤務である。若いうちから艇長、駆逐艦長になって、乗員の指揮統率、艦艇運用に長ずることができる。駆逐艦乗りの外見は、きたなくてだらしがないので、〝乞食《こじき》稼業〟といわれるが、三日やったらやめられない面白さがある。小沢には、こういう方が合ったらしい。

大正六年（一九一七年）八月、小沢は同郷の高鍋藩士族の森氏四女石蕗《つわ》と結婚、神奈川県鎌倉郡鎌倉町扇ヶ谷八六七に家庭を持った。石蕗は、高鍋藩主秋月氏の一族で同藩家老水筑小一郎種節《たねよ》の長男秋月左都夫《さつお》の姪《めい》である。とり持ったのは、石蕗の伯母荒瀬かつ子であった。はじめ森家は、藩主の一族と平民の小沢家では釣り合いがとれないとして反対したが、かつ子が小沢の人物をみこみ、つよく推したので、縁談がまとまったという。

一方、小沢には、あと一人の候補者があったが、石蕗を選んだのであった。小沢が死ぬまで最も親交があった、兵学校同期で元海軍中将・皇太子傅育官《ふいくかん》の桑折《こおり》英三郎は、

「小沢君が此《こ》の愛妻を選定せられた時、同期の草鹿君（注・任一）の令室に報告があったようだが、実は此の時もう一人の候補者があり、小沢君は何《いず》れにも捨て難い愛着があったらしく、最後には箸《はし》を倒す事によって石蕗夫人に決められたという事を同君から直接聞いた。これも両候補者に対する平等の愛情と相手をきずつけない温かい思いやりの現われであったのではないかと思う」

といい、おなじく同期生の中村一夫と桑原虎雄は、

「この時外に良縁と思われる話があり、何れにするか迷った結果、一本の箸を樹《た》て、その倒れた方向に依《よ》って石蕗女に決定したとは、夫人の直話である。小沢らしい一挿話ではある」

といっている。

桑折の妻貴美子は、婚約が成立したころの小沢について、

「小沢様は私どもの住む麴町《こうじまち》一番町（注・東京千代田区）のすぐお近くにてその頃《ころ》二七の通りと申しましたところに、まだお独りで下宿しておられました。（注・桑折、小沢とも海大乙種学生のとき）

その頃奥様（つわ子様）との御婚約もお決まりになっておられまして、お机の上にはつわ子様のお写真が大事そうに飾ってございまして、やがて近づくその佳《よ》き日を思い浮かべながら楽しい思いをこめて朝夕眺めておられたことと、私どもはよくからかったり致し、共にお喜び申し上げておりました」

と語っている。

石蕗は、ふっくらして柔和な面立ちの上品な女性である。温和で控え目で、結婚すると、夫唱婦随の典型のような妻になった。

昭和七年に生まれた小沢の末娘孝子は、昭和三十四年に執筆業の大穂利武と結婚し、小沢夫婦が住む東京都世田谷区宮坂一―三十六―十八の家に一緒に住んだ。夫の大穂の話によると、小沢が居間で、横柄な声で「おーい」とよぶと、石蕗は台所にいようとどこにいようと、「はーい」と返事をして、やりかけていることをその場でやめて、そそくさと小沢のところへいったものだという。孝子は、

「母は父によく怒られていました。夜、食事のあと、母が台所であとかたづけをして、最後に流しをきちんと磨いていると、居間の父が、とつぜん、

『そんなに磨くと流しが減るっ』

とどなるんです。

庭で草むしりをしていた母が、

『ああ腰が痛い』

というと、

『草生やしとけ。せっかく生えているのになぜむしる』

となるんです。

みなさんは父にはやさしいところがあったとおっしゃいますが、外面《そとづら》がよかったんじゃないでしょうか。うちの中では、おっかなくておっかなくて、私はいちどだって父がやさしいなんて思ったことがありません。

母はいつも、『はい、はい』と、父のいうとおりにしていました。母の方が父よりえらかったんじゃないかという気がしています」

といっている。

大正六年（一九一七年）十二月、七ヵ月の教程を終えて水雷学校を卒業した小沢は、第二艇隊長兼水雷学校教官に任ぜられた。第二艇隊は、水雷学校の練習艇隊として、学生や練習生（下士官・兵）の訓練をおこなうもので、小沢は鷗《かもめ》、ついで白鷹艇長となった。

水雷学校がある横須賀長浦港は、海面が狭く、わずか百五十トンの小艇でも、出入港、ブイ（浮標）繋留《けいりゆう》、桟橋横づけなどがむずかしく、新米艇長にはうってつけの訓練場であった。

昭和三十二年十月につくられた第三十七期会古稀《こき》号『海軍生活の思い出　続篇』に、小沢は、つぎのような手記を書いている。

「一生を海軍に捧《ささ》げた跡をふり返ってみて、最も印象に残ることは、水雷艇長と駆逐艦長時代だ。兵学校の基礎時代は勿論だが、ホントに僕を鍛え上げてくれたのは、実にこの二ヵ年たらずの時期である。

水雷学校の高等科を出ると、すぐ同校の練習艇隊の艇長に、同期の木幡行《こばたつよし》、加藤仁太郎の諸君とともに任命された。

それまでには、お互いに艦載水雷艇のチャージをやったくらいで、コンナ大きな（百四、五十屯《トン》）ものを動かしたことがない。艇長連異口同音に『大きいナァ、大きいナァ』と嘆声を漏らす。教務の魚雷発射に各艇揃《そろ》って東京湾内に出動、みな『ヨチヨチ』でどうにか発射を終わり、ようやく長浦に辿《たど》りついたが入港がたいへんだ。後進で前後繋留、舵《かじ》をまちがえる。機械の発停時機を失する。後部繋留用の『ワイヤー』を『スクルー』に捲《ま》きこむ。大騒ぎのうえ四隻が繋留を終わるのに二時間余を費したと記憶する。後で艇長集合の席で加藤が、『まるで戦艦山城を動かしているようだ、まだ胸がドキドキしているよ』

といっていた。

いろいろ事件を起こした。伊豆《いず》の大島ふきんで、夜、霧の中をめくら滅法馳《か》けまわって、木幡の艇と衝突事件を引き起こしたのがその一つ、幸い双方とも沈没は免れたが、お互いにヒドイ目に合った。査問をうけ懲罰を喰《くら》ったのは勿論だが、これがのちにどれほど薬になったか、いまでもむしろ感謝の念をもって追憶を新たにしている。

艇長勤務約八ヵ月、無智《むち》未熟のまま退任したあと三ヵ年半を経て、いきなり二等駆逐艦長として艦隊に入れられた。僚艦に同期の岩村清一、後藤英次の両君がいた。岩村はとにかく、後藤はすでに練達の域に達していたので、事あるごとに訪ねて、かずかずの教示をうけ、大いに得るところがあった。それでも強い追風で浮標繋留にさいし錨《いかり》を使うことを知らず失敗したり、その他いろいろのシクジリをやり、恥をかきかき、どうにか一人前ちかくに辿りつくことができたように思う。

これらは勿論上長の指導もあったが、大部分は僚友の間の切磋《せっさ》琢磨《たくま》に負ったところ大であったと痛感している。その後いろいろの仕事に就いたが、以上の水雷艇時代の鍛練のお蔭で、どうやらやりぬくことができたので、近来防衛庁の若い連中によく艦艇での演練に身を入れることをすすめている」（一部の漢字を平仮名にして読みやすくした）

「木幡の艇と衝突事件を引き起こし」というのはこうである。

大正七年五月、小沢は鷗から白鷹艇長にかわった。七月八日、横須賀から大阪へ向かう途中、三浦半島の先端剣崎《けんざき》の沖合を夜間霧中航行していたとき、木幡の水雷艇鴻《おおとり》と衝突、白鷹は千四百六十九円の損害を出した。小沢は、横須賀鎮守府司令長官から「……情状ノ酌量スベキ廉《かど》アリト雖《いえど》モ……艇長トシテ注意ノ周到ナラザリシ責ヲ免ルル能ハズ」として「謹慎一日」の懲罰をうけた。

「三ヵ年半を経て、いきなり二等駆逐艦長として」というのは、大正十年（一九二一年）十二月、海軍大学校甲種学生卒業と同時に海軍少佐に進級、二等駆逐艦竹艦長となったことである。

小沢の妻石蕗の甥《おい》高木外夫は、九歳の小学生のとき、竹艦長の小沢から、

「フネが衝突したとき艦に穴が開き、海水が侵入してきた。毛布を詰めて沈没を免れたが、あのときは、これで海軍で生きていくことができなくなったと思った」

と聞かされたことが印象に残っているといっている。

しかし、大戦術家になろうという小沢の夢は消えず、軽い懲罰で済んだ。

水雷艇での船乗り修行の一方、上司との人間関係修行については、こんなことがあった。

小沢が鷗の艇長のときであった。ある夜、司令T中佐は、四人の艇長を連れて、横須賀の待合花月で宴会を開いた。司令は上座に坐《すわ》り、芸者の酌で飲みはじめた。酒がまわり、一同気が大きくなったころ、日ごろ司令からどなりつけられていた山田大尉が、吸い物椀《わん》を司令に投げつけ、中身の魚菜と汁が司令の髭《ひげ》から胸にひっかかった。

座がシーンとして、どうなるかと思われたが、小沢が立ち上がり、

「ああ、おれが洗ってやる」

と、なんでもなさそうにいい、床の間の花瓶から花を抜きとり、花瓶を両手に持ち、司令の頭からざぶざぶと水をぶっかけた。動作が自然であった。司令は怒るに怒れず、宴会は何事もなかったようにつづいた。やがて司令は笑って引き揚げ、内心溜飲《りゅういん》を下げた艇長たちは痛飲した。

大正七年（一九一八年）十二月から八年七月まで、小沢は、駆逐艦檜《ひのき》乗組となり、地中海で対ドイツの終戦処理に当たった。

大正八年十二月、難しい試験に合格した小沢は海軍大学校甲種学生となった。甲種学生は、

高級海軍将校として必要な学術、技能を修得するものとされていた。海大創立から最後までに甲種学生になった者は、兵学校各期を平均すると、一期あたり十六パーセントである。

二年間の海大在学中で、小沢の印象に残ったのは、まえがきで触れたが、明治の兵術家佐藤鉄太郎中将から聞いた一つのことばであった。小沢は、

「佐藤中将からたびたび話を聞いたが何一つ覚えていない。ただ、戦《いくさ》は人格なり、といわれたことだけが頭に残っている」

といっている。

元海軍少将、空母瑞鶴《ずいかく》艦長の野元為輝（第四十四期）は、中央公論社『歴史と人物』昭和五十六年五月号の「太平洋戦争　だれが真の名提督か」という座談会（出席者、元海軍少将小島秀雄、松田千秋、横山一郎、海軍大佐黛治夫、司会元海軍大尉防衛研修所戦史研究室長野村実）で、つぎのように発言している。

「遠藤格さんという偉い人がおった。大学校教官や軍令部の一課長をした人なんだ（注・海軍少将、兵学校第二十八期で永野修身元帥と同期）。財部彪《たからべたけし》さんかだれか先輩と意見が違って、海軍を辞めた（注・財部は海軍大将、海相、兵学校第十五期で、山本権兵衛《やまもとごんべえ》大将の女婿）。その人が、小沢っていうのは大学校はどんけつだったけど、偉かったねって言うんですよ。つまり発表したりするのは下手だけれども、詳しくよく考えてます」

学業成績がすぐれている者が実戦上かならずしも有為ではない、むしろ無為である例が目立つが、一般的に海軍の兵科将校の進級、配置は、兵学校の卒業席次や海大の卒業席次によ

っておこなわれていた。その結果が、戦後小沢が死ぬまで、
「海軍の最大の敗因は人事の失敗にあった」
というものにつながるようである。進級は勤務実績と将来性によっておこなわれるべきで
あろうし、配置は適材適所におこなわれるべきであろう。もっとも、小沢に関しては、その
後の進級、配置が、適切におこなわれた方だといえそうである。

水雷学校、海軍大学校の戦術教官

大正十年（一九二一年）十二月一日、海軍大学校をどんけつ（？）の成績で卒業した小沢は海軍少佐に進級し、二等駆逐艦竹艦長となり、十一年十二月、澎湖島馬公要港部参謀となった。ここで、警備、戦術、戦史の研究をした。

大正十三年八月、一等駆逐艦島風艦長になったが、当時の小沢について、少尉の水雷士兼分隊士であった山内英一（元海軍大佐、第五十一期）は、こう語っている。

「私が島風に着任して（注・大正十三年十二月一日）から第一のできごとは、島風水雷長兼分隊長として着任せらるる伏見宮博義王殿下（注・当時大尉のちに大佐、第四十五期）のお迎えの問題であった。横須賀鎮守府参謀長から小沢艦長に対し、

『従来の慣例の通り田浦駅まで殿下をお迎えに出られるように』

との指示が何度もあったが、小沢艦長は、

『いくら殿下でも自分の部下となるものをお迎えに行く必要はない』

との考えから出迎えに行かないことに決めていた。

私は水雷士兼第二分隊士で、殿下は私の直属上官となるのであるから気が気ではなかった。毎日士官室においてもこのことが話題にのぼった。艦長は黙して語らなかった。

約一週間経《た》って殿下は御付武官を従えて島風に着任された。遂に小沢艦長は田浦駅へも駆逐艦の舷門《げんもん》へも出迎えに出られなかった。当直将校の案内で艦長室に入られ小沢艦長に着任の挨拶《あいさつ》をされた。それが終わると小沢艦長は士官、准士官を士官室に集め、松岡先任将校以下全員を殿下に紹介された。実に森厳な空気に満ちた場面であった。私共は『やるぞ』と何かしら勇気が湧《わ》いてくるものを覚えた」

小沢と伏見宮博義王については、元海軍大佐の三井涓三が、

「私が伏見宮博義王殿下から直接お伺いした話でありますが、小沢さんが第一駆逐隊司令のとき（注・昭和五年十二月海軍大佐進級時、ただし、二ヵ月たらずで、昭和六年一月には第四駆逐隊司令となる）、殿下はその隊の駆逐艦艦長をされておりました。ある日夕食後、殿下は御付武官竜岡中佐と一緒に上陸され、鎌倉佐助の小沢宅を訪問されました。夜の八時頃でありました。小沢さんは和服の着流しで玄関まででてこられましたところ、宮様であったので、

『これはこれはようこそ、しばらく』といわれ、部屋に引き込まれ、間もなく羽織、袴《はかま》をつけて応接間にお通しになったとのことであります」

というエピソードを話している。

だが、伏見宮が鎌倉の小沢を訪ねたときの様子は、小沢の末娘孝子によると、だいぶちがっている。孝子は昭和七年に鎌倉で生まれたので、そのとき見ていたわけではないが、亡母石蕗に何度か聞かされ、印象に残っているのである。

「母の話では、鎌倉にいたとき、お正月に伏見宮様がお付武官と年始にお見えになったそうです。母が居間の父に取りつぐと、父はドテラのまま玄関に出ていこうとしました。それが胸前がはだけ、帯にきたないタオルをさしこみ、歩けば脚がまる出しになるような恰好《かっこう》なので、母が、

『ちゃんと着がえて出てください』

といったのですが、

『そんなこと要るか』

と、そのまま出ていって、

『やあ』

とかいったらしいんです。母は、

『恥ずかしかったわ』

といっていました」

羽織とか袴とかいう話は聞いていないようである。孝子の夫の大穂は、こういう話をした。

「伏見宮さんは駆逐艦の艦長になられたが、操艦その他、艦長がやるべきことを自分でやらないで、お付武官にやらせたということでした。

小沢はそれが気に入らず、海軍省にどなり込み（注・海軍省のどこかは不明）、フネの一隻や二隻沈めてもいいから、自分でやらせろっていったらしいですね」

第一駆逐隊司令の期間が二ヵ月たらずというのは、そのせいかもしれない。

だいたい海軍では、とかく皇族をチヤホヤするのが多く、やるべきことをやらせようとした人物というと、井上成美と小沢治三郎の二人ぐらいかもしれない。

皇族にかかわる小沢の逸話では、こんなこともある。元海軍中佐、軍令部参謀の宮崎勇は、

「十一月十八日付（注・昭和十九年）で伊藤《いとう》中将は第二艦隊司令長官に転出され（注・伊藤整一軍令部次長、のちに大和の沖縄特攻で戦死）、代わって小沢中将が着任されました。私は初めて小沢中将に親しくお仕えすることになった。（中略）

軍令部宿舎で夕食後打ち寛《くつろ》いで盃《さかずき》を手に膝《ひざ》をつき合わせてお話を交したことが深い印象として残っている。慈父の如《ごと》き目差で私たちのどんな意見でもウンウンとうなずいてきいて下さった。ただ一度大目玉を喰った。

『戦局重大の折柄《おりから》軍令部総長に高松宮（注・宣仁親王大佐、第五十二期）殿下を……』

と申し上げた。殿下は当時砲術学校に在職中（注・教頭）であった。小沢次長は黙って、きかれただけで何とも申されない。何日か経ってからまた申し上げたが矢張り黙っておられる。更にまた暫《しばら》くして三度申し上げたところ、

『一度きいたらわかっておる。今度いったらぶった斬《ぎ》るぞ』

と凄《すご》い形相で一喝された。私は平身低頭した」

と述べている。

小沢は、宮崎の意見を取り上げなかった理由については、なにもいっていない。しかし、「そんなことはやるべきことではない」としたことは確かである。高松宮が軍令部総長になれば、皇室の戦争にたいする責任がいっそう明確になるということもあったかもしれない。しかし、皇族をまつり上げさえすれば国が救えるという安易な考えに、我慢がならなくなって、癇癪玉《かんしやくだま》を破裂させたようである。

井上成美は、昭和八年、大佐で海軍省軍務局第一課長のとき、軍令部長（のちに総長）伏見宮博恭王元帥（博義王の父）の軍令部権限拡大案に職を賭《と》して反対した。

昭和四十五年五月九日、筆者と、同期の高田静男が井上を訪問したとき、皇族について井上は、こう語った。

「皇族は、明治天皇様の御意志に従って、陸軍士官学校か海軍兵学校のどちらかに入らなければならないことになっていた。この両校は、どちらも理工系の学校だ。ほんとうは宮様は、理工系の学校よりも法文系の学校にいかれた方がよかったと思う。

国のゆくべき道とか、大事を決定するときに、理工系出身では視野が狭いからだ。法文系で歴史や世界のことを学び、広い視野を持って大事を判断してもらった方がよかったと思う」

話をもどすが、島風艦長の小沢について、山内英一は、こんなこともいっている。

「長浦港は狭く長く、風が強いと艦艇を浮標に繋留する作業は容易なことではない。浮標に繋留が終わると乗員に対し入湯上陸または半舷上陸が許される。上陸は乗員にとっては最大の楽しみである。島風の浮標繋留はいつも迅速で上陸許可のラッパは島風から第一声として長浦港内にこだました。時には島風の上陸員満載のカッターや内火艇が上陸桟橋に向けて走っているのに他艦では浮標繋留に手を焼いているという場面がたびたび見受けられた。島風乗員の得意や思うべしであった。そして艦長はというと瓢々乎《ひょうひょうこ》として平服に着換えて上陸してしまうのである。

小沢艦長の操艦はまことに神技に近く、とても常人の真似ることのできないものであった。百の訓示、説法よりも若い乗員にはこういうことが上官を尊敬するよりどころとなるものである。

その後、艦長は最新鋭の第三号駆逐艦長に転勤されたが、横須賀軍港で全艦艇のボートレースが行われた。島風のクルーは小沢艦長の伝統的指導により兵科も機関科も一体となって猛烈な練習を積み、競技当日は参加したカッター二隻、内火艇一隻全部が優勝した。小沢艦長のあとに着任した新艦長の小林宗之助中佐（注・第三十五期、のちに海軍省人事局長、中将）は私に対し、

『水雷士、お前小沢艦長に便りをだせよ。きっと喜ばれるぞ』

と申され、お祝いの酒をいただいた。手紙を出したところ、小林新艦長のいわれる通り、小沢さんは大へんよろこばれた。

（中略）小林中佐は、小沢さんが兵学校入校時の最上級生（伍長《ごちょう》という下級生指導の重職）

で、小沢さんの尊敬する先輩であった。海上の経験が少なかったので、小沢さんの後任として島風艦長に補されたのである」

大正十四年（一九二五年）一月、小沢は、第三号駆逐艦長に転じ（伏見宮着任の翌月）、同年十一月、第二艦隊旗艦金剛水雷長となった。母ヤツが死んだのがこのころであった。

大正十五年五月、小沢少佐は連合艦隊参謀となった。ここで小沢は、全夜戦部隊による夜戦や、戦艦部隊による夜戦部隊の支援などを案出した。当時の先任（首席とおなじ）参謀が、練習艦隊宗谷乗組のときの指導官付であった古賀峯一中佐であった。


大正十五年十二月一日、小沢は海軍中佐に進級し、軽巡一隻、二等駆逐艦十五隻の第一水雷戦隊先任参謀となった。四十歳であった。司令官は砲術出身の高橋寿太郎少将（第二十八期）で、旗艦が軽巡龍田である。当時大尉で龍田航海長をしていた前記野元為輝は、こういっている。

「司令官は鉄砲屋の高橋寿太郎少将、旗艦艦長は水雷出身で海上の経験豊富、船乗りの間に信望の厚い岩村兼言大佐（のちに少将、第三十一期）だった。

演習中複雑な場面にぶつかると、岩村艦長が、『おい先任、どうするんだい』といって司令官の口を封ずる。先任参謀は適当な処置を立案して司令官の承諾を得て実行に移す。まことに名コンビで、小沢さんの手腕が十分に発揮された。

私が航路、泊地についての命令を立案して責任者の小沢さんに提出すると、小沢さんはいちいち自ら定規、コンパスを持って原案をチェックし、勘ちがいの誤りを防止するのに努めていた。

大ざっぱなようでなかなかこまかい。それでも起案者である私への心づかいは相当なもので、こまかいことが大錯誤のもととなった先例を引用して説明したりして、抜けめがなかった」

昭和二年（一九二七年）八月二十四日夜、いわゆる「美保ヶ関事件」という大事件が起こった。美保ヶ関は島根県の日本海岸である。

連合艦隊司令長官加藤寛治《かとうひろはる》大将（第十八期）からの夜間演習計画を検討した小沢は、これは危険であると判断した。計画によると、小沢たちの第一水雷戦隊のうち、第二十七駆逐隊の駆逐艦四隻だけが第二水雷戦隊に臨時に加わり、軽巡神通、那珂《なか》の掩護《えんご》をうけ、敵主力部隊である加藤大将指揮の第一戦隊を索敵夜襲し、魚雷を発射するというものであった。

小沢は連合艦隊旗艦長門に先任参謀近藤信竹中佐（のちの第二艦隊司令長官）を訪ね、

「指揮系統、練度を異にする第二十七駆逐隊を第二水雷戦隊の中に加えて夜間魚雷発射演習をおこなうのは危険であるから、第二十七駆逐隊は演習部隊からのぞき、他日の機会に魚雷発射をさせていただきたい」

と申し入れた。だが近藤は、参謀長高橋三吉《たかはしさんきち》少将（第二十九期、のちに大将）に話してもらいたい、と責任を回避した。小沢は高橋のところへいった。しかし、

「すでに発令ずみであるから」

と、高橋はとりあわなかった。

夜間演習は予定通り実行された。そして、軽巡神通と第二十七駆逐隊の駆逐艦蕨《わらび》、軽巡那珂と駆逐艦葦《あし》が衝突した。蕨は一瞬の間に沈没し、葦は船体を両断されて後半が沈没し、百数十名が殉職したのである。加藤、高橋、近藤とも砲術出身でフネの運用、航法をよく知らず、無理な計画で演習を進めた結果であった。

同年十月、愛媛県郡中《ぐんちゅう》で陸海軍協同の上陸演習が実施され、まずまずの出来で演習を終了した。陸海軍の協定は、小沢と、陸軍の上陸軍参謀飯田祥二郎少佐が主任となって進めたものであった。このとき二人が徳島の料亭で酒を飲み、「酋長《しゅうちょう》の娘」を唄って意気投合したのである。

昭和二年十二月、小沢は水雷学校教官兼砲術学校教官となり、戦術科長として高等科学生の戦術教育をおこなった。かれは水雷学校の学生たちに、「海戦において適用すべき日本の古戦法」というテーマを出した。小沢は、戦法はその国民性に合致し、独創的で敵の意表を衝《つ》くものでなければならないと考えていた。もう一つのテーマは、「ジュットランド海戦（第一次世界大戦中の英独艦隊決戦）の薄暮戦における英独艦隊の行動について批判せよ」というものであった。かれは、その薄暮戦、夜戦が中途半端に終わったのは、両艦隊とも戦艦部隊が夜戦を回避して戦場を去ったためだと判定していたのである。

このころ、水雷学校の学生たちに、小沢は「三面」というアダ名をつけられていた。

砲術学校の学生たちにたいしては、前記したように、「鉄砲屋には戦術はない……」とバ

クダンを落として論議を巻き起こした。さらに、
「主力部隊は薄暮時積極的に夜戦部隊を推進掩護し、夜戦を成功せしめねばならない。これがためには主力艦の夜戦加入が今後ともぜひ必要だ」
と強調した。そのころ各国海軍では、戦艦を、遠距離射撃ができず、敵水雷戦隊の奇襲をうけかねない夜戦に使うなどは問題にならないとされていた。日本海軍中、海軍戦術の大家と自他ともに認めていた末次信正《すえつぐのぶまさ》中将（第二十七期、のちに大将）も、主力艦の夜戦加入などは愚の骨頂であるとしていた。

しかし、小沢の主張はやがて通り、戦艦には照明弾や強力な探照灯が装備され、主砲の射撃訓練もおいおい実現する。そして、巡洋戦艦金剛、榛名《はるな》、比叡《ひえい》、霧島が三十ノットの高速戦艦に改造される。

昭和五年（一九三〇年）二月から十一月まで、小沢は欧米に出張し、各国の軍事情況を調査して、見聞を広めた。

昭和五年十二月一日、海軍大佐に進級した小沢は第一駆逐隊司令となり、ついで昭和六年一月、第四駆逐隊司令となった。四十四歳であった。

四月四日、青島と大連の間で連合艦隊の演習中、風速三十メートルの大暴風雨に襲われた。小沢が乗る司令駆逐艦は太刀風、艦長は田中頼三中佐（のちに中将）、先任将校は飛田健二郎大尉であった。演習は中止され、駆逐隊は九ノットで注意深く航行した。とつぜん激浪が

艦橋をたたき、波よけや窓ガラスを木っ葉微塵《みじん》に破壊し、小沢は羅針盤の横に転倒した。顔面が血で真っ赤に染まり、右肋骨《ろっこつ》が折れたようであった。太刀風は部隊と別れ、大連港に回航し、翌五日、小沢は大連病院に入院した。顔面負傷、右肋骨二本骨折で、全治三ヵ月半という重傷であった。

この事件のあと、駆逐艦の艦橋防波設備が大改造された。

昭和六年十月、小沢は新鋭特型駆逐艦で編成された第十一駆逐隊司令となった。前任者は南雲忠一大佐であった。南雲のやかましさにくらべ、小沢はほとんど口をきかず、重点だけを指示していたといわれる。

同年十二月、小沢は海軍大学校教官兼陸軍大学校兵学教官となった。海大には戦術、戦略、戦務、軍制、戦史などの教育課目があり、小沢は戦術科長であった。校長が加藤隆義中将（第三十一期）、教頭が近藤信竹少将で、教官には山口多聞《やまぐちたもん》（第四十期）、宇垣纏（第四十期）、草鹿龍之介（第四十一期）など、逸材といわれる人たちがいた。

小沢の講義は、定説は話さず、重点と独創的な着想だけを、ポツリポツリ話すというものだった。兵棋演習の指導ぶりは、実戦的で水際立っていたという。

当時、艦隊戦闘のやり方を書いた『海戦要務令』という軍機図書があった。海軍戦術研究者必読の書といわれたものである。学生の一人土井美二大尉が、そのある部分を読み上げて意味を質問すると、小沢は、

「諸君は本校在学中は、そんな本は一切読むな」

とこたえた。時代に合わなくなった部分の多い『海戦要務令』にとらわれず、それを越える斬新《ざんしん》な戦法を研究すべしという見解だった。『海戦要務令』は、明治海軍の鬼才秋山真之《あきやまさねゆき》参謀（第十七期、のちに中将）がまとめたものだが、秋山自身、時代の変化とともに内容を変えねばならないといっていたものである。

ある日の兵棋演習のとき、小沢は、

「これほど飛行機が発達してくると、飛行機による偵察や攻撃が遠距離からやれるようになる。そうすれば、わが海軍が最も重点をおいて訓練をしている夜戦ができなくなるかもしれない。これは真剣に考えねばならない」

といい、学生たちにショックをあたえた。

小沢は、飛行機について、学生たちの意見によく耳を傾けた。

山岡三子雄大尉（第四十九期、航空科）は、「空母は主力艦の腰巾着《こしぎんちゃく》のように、その視界内に置いておかず、風向風速によって自由に行動させ、敵艦隊の偵察、攻撃に積極的に使用すべきである」と主張していた。

樋端久利雄《といばなくりお》大尉（第五十一期、航空科）は、「空母の飛行機はぜんぶを集め、集団として使用し、総合的攻撃力を発揮さすべきである」と主張していた。

小沢は、この二人の意見を、後年実現する。

酒豪提督、「辺幅を飾らず」

昭和九年（一九三四年）十一月、小沢は摩耶艦長に補された。摩耶は同型の鳥海、愛宕《あたご》、高雄とともに日本海軍の代表的な一万トン級重巡洋艦で、第二艦隊第四戦隊の三番艦であった。

艦隊司令長官は米内光政《よないみつまさ》中将（第二十九期、のちに大将、海相、首相）で、人によっては「ひる行灯《あんどん》」とか「ヨーナイグズマサ」と陰口をたたく者もいたし、兵学校の卒業席次も百二十五名中六十八番だったが、見識があり信念も固いので多くの信望をあつめていた。小沢も米内を敬愛していた。

のちに米内は海軍大臣となり、次官の山本五十六中将、軍務局長の井上成美少将とともに日独伊三国同盟に反対して、海軍省詰の記者たちから〝左派トリオ〟といわれる。小沢は軍政には生涯ノータッチであったが、この左派トリオの三人とは、相性がいいのか、人一倍といえるほど親しくしていた。

ひと口でいえば、小沢は、東郷平八郎、伏見宮博恭王、加藤寛治、末次信正、高橋三吉など対米強硬の艦隊派より、対米協調の条約派側であった。

ある日米内は、小沢を旗艦鳥海の長官室によんだ。

「加藤寛治大将を元帥にせよという署名運動が一部にあるようだが、君はどう思うかね」

「軍人が署名運動などとんでもないですよ。それに加藤大将は美保ヶ関事件の責任者でしょう。あのときしかるべく責任を取らねばならないのに、今日までそのままではないですか」

小沢はずばりこたえた。

「君の意見はよくわかった」

けっきょく、加藤元帥は実現しなかった。


話は変わるが、このころの小沢は、もともと好きな酒と女が、ますますさかんだったようだ。ただ、山本五十六が河合千代子に入れあげたようなことはせず、港々に女ありというものだったらしい。

『週刊朝日』が昭和二十九年四月十八日号で、千代子の談話と山本の手紙を証拠として、二人の関係をスッパ抜いたときのことである。

山本の郷里長岡《ながおか》に、山本を崇拝し、親交があった反町《そりまち》栄一という人がいて、東京の郷友連盟事務所に同連盟会長、元陸軍大将の岡村寧次を訪ね、不満をぶちまけた。

「これは山本元帥を冒瀆《ぼうとく》するものです、新聞社に抗議して記事を取り消すように計らっていただけませんか」

「あれはハシカのようなものだ。山本さんは遅くかかっただけだよ」

岡村はそういって反町をなだめた。たまたま傍で聞いていた小沢がぼそっといった。

「おれなんか年がら年中ハシカにかかっていたよ」

これで大笑いになり、反町もそういうものかと、考えを改めたという。

摩耶第十一分隊長の鰕原栄一大尉が、別府の料亭「なるみ」で、米内、小沢らの酒席に南洋の娘の恰好で飛び入りし、「酋長の娘」の唄と踊りをやったことは前記したが、その席に多数の芸者が侍《はべ》っていた。米内にしても小沢にしても、酒を飲んでそのままフネに帰るわけではない。その夜は、それぞれ気に入りの芸者と泊まったはずである。

鰕原は、手記で、こういうことも書いている。

「この年（注・昭和十年）の秋、連合艦隊は領有以後始めて樺太《からふと》を訪れ、各戦隊毎《ごと》に各地に分かれて寄港した。そのまま第二艦隊は厚岸《あっけし》湾（注・北海道東岸釧路《くしろ》の約三十キロ東）に入港した。

私は阿寒湖《あかんこ》行を思い立ち、まず弟子屈《てしかが》（注・釧網《せんもう》本線で阿寒湖、屈斜路湖、摩周湖の入口に当たる駅）に一泊した。一人旅の気易さで勝手な振舞いをして（注・芸者あそびをしたのではなかろうか）、翌朝いい気分で風呂《ふろ》に入っていると、

『いたいた。十一番！　蛇の道は蛇だよ』

といいながら、仲のいい後藤高雄艦長（注・英次大佐、第三十七期、のちに中将）とにこ

にこされて入ってこられた（注・小沢のこと）。

私は不意を喰って絶体絶命！　いやはやとんだ赤恥をかいた。

それでも後藤艦長には少尉時代二水戦で五号駆逐艦（春風）の時お仕えして大変可愛《かわい》がっていただいていたので、すぐゆとりを取りもどし、艦とはちがった気分になって四方山《よもやま》話に花が咲いてほっとした。

これなど艦長の気さくなお蔭と感謝し、忘れ得ない想い出《おもいで》となっている」

ここで面白いのは、小沢が、「蛇の道は蛇だよ」といったことである。平たくいえば、「おれも遊びにかけちゃ通だから、遊びが好きなお前がどこに沈没するかぐらいは判るよ」ということであろうし、「おれもそれがめあてでここにきたんだ」ということでもあろう。用もないのに、鰕原を探しにわざわざ「蛇の道」に入りこんでくるわけはないはずだ。

小沢は、戦術について定説や通説にとらわれず、独創的なものを見つけるのが好きだが、女にかけてもおなじで、おきまりではないものを見つけるのが好きな、なかなかの探訪家だったようだ。

戦前戦後を通じ、小沢と最も親交があった一人に前記の寺崎隆治がいるが、かれはつぎのようにいっている。

「連合艦隊は、厳しい訓練が終わると、かならず別府、雲仙、新潟、函館《はこだて》、大阪などに入港した。上陸しての息抜きは自然だ。

海軍士官たちは一流の料理屋でS（芸者）と遊べ、遊廓《ゆうかく》や私娼《ししょう》街などにはゆくなといわれていた。ところが小沢さんは、そんなことはおかまいなしで、そのときの気分や懐工合《ぐあい》で、どこへでもいった。もちろん平服（注・背広）でだが、その平服も、かならずしもパリッとしたものではないし、靴だってくたびれて底がパクパクしたものを履いて遊んでいたこともあるようだ。

後藤英次さんは小沢さんとともに三十七期の二大酒豪といわれた人で、二人はいい相棒だったらしい。草鹿任一《くさかじんいち》さん、鮫島具重《さめじまともしげ》さん（注・二人とも三十七期でのちに中将）ともよく遊びまわっていたと聞いている。

小沢さんの好きな女は丸顔で目のぱっちりした愛嬌《あいきょう》のある女だった。はじめて遊んだ料理屋でも、好きな女がいると、

『おいトイレにゆきたいんだが案内してくれよ』

と連れ出し、そのまま席にもどってこなかった。

別府の『なるみ』や横須賀の小松のようないい料亭にゆくときは、しゃれた服をすかっと着こなしていた。しかし気取るようなことはなくて、メイドでも芸者でも友だちみたいにつき合っていた。小松なんかでは、小沢さんが玄関に立つと、メイドや芸者が飛んできて、『オーさん』とか『達磨さん』とかいって、上にひっぱりあげる。座敷が満員なら女中部屋かおかみの部屋へ通す。小沢さんはどこだっておかまいなしだ。部屋に通ると、

『酒だ酒だ』

といっていた。

〝鬼瓦《おにがわら》〟とか〝三大BU〟（注・BUはブス。永野修身、南雲忠一、小沢治三郎がそういわれた。〝おにぎり〟といわれた豊田副武大将も入れて〝四大BU〟じゃないかという人もいる。小沢は、孝子の夫の大穂によると、豊田を『ザボンみたいな顔だ』といっていた）といわれるのに、なんでそんなにモテるのかといえば、話がわかって金ばなれがよくて、豪快で粋で、大酒飲みだからだろう。顔も、三大BUとアダ名はあるが、メイドや芸者が『達磨さん』というように、ひと味ちがっていた。

芸者たちに着物や時計を買ってやったり、食事や映画、芝居などに連れていったりするのはしょっちゅうだった。そのかわり奥さんは、ろくに俸給も渡されずにずいぶん苦労されたと思う。（注・孝子は、父の小沢から、そのように可愛がってもらった記憶がないという）

三大BUが出てきたが、小沢さんは南雲さんともいい飲み友だちだった。南雲さんは小沢さんの一期先輩だが、おなじ水雷出身で、小沢さんは第十一駆逐隊司令のあと、南雲さんの後任のポストに就くことが多くなった。最後は、昭和十七年十月の南太平洋海戦のあと、南雲さんから第三艦隊（注・当時の日本海軍最大の機動部隊）司令長官をひきつぐことになる。

二人がどのような飲み友だちだったかというと、たとえばこんな風だった。佐世保にいたときのことだが、南雲さんが清流で飲んでいて、小沢さんが万才で飲んでいると聞くと、

『小沢をよんでこい』

と、おかみに使いを出させる。まもなく小沢さんが芸者たちを引き連れて乗りこんでくる。

南雲さんはBUということもあったが、やかまし屋で無粋なのでいい芸者にもてない。自

分でもそれを知っていて、いつも年増で器量の悪い芸者をよんでいた。だから二人は女のことで衝突することはなかった、ということだ」

女のことで衝突しない飲み友だちというと、草鹿任一などはその代表だった。草鹿は、女を他人と取り合いするようなことをしなかった。

「ワシぁ、ホール（穴）さえあればええよ」

と、いっていたらしい。

そこへいくど井上成美は、女にたいしてまったく堅物だったから、小沢は遊びで井上とつき合うことはなかった。

小沢は、寺崎がいうように、女に好みがあったようである。昭和十九年（一九四四年）六月のマリアナ沖海戦のまえ、小沢が第一機動艦隊司令長官として、シンガポールで航空部隊の訓練に当たっていたころのことを、参謀長の古村啓蔵少将（第四十五期）は、手記のなかで、こう書いている。

「私が長官にお仕えしたのは戦争の後期で宴席を共にする機会もなかったのですが、唯《ただ》一回、シンガポールを出撃する前に、司令部の宴会がありました。

シンガポールでは長官は六〇一空（注・第一機動艦隊第一航空戦隊の飛行機隊）の訓練を直接指導され、殆《ほとん》ど飛行場に搭乗員と共に泊まり切りでありました。

我々幕僚はセレター軍港に近い一軒家に全員泊まり込みで戦策の作製に忙しく、その間暇を見てはジョホールへ飲みに行くことはありましたが、長官と一緒に酒を飲むのはこれが初めてであり、また最後でもありました。

シンガポールには陸軍の南方軍総司令部もあり、なかなか立派な料亭もあり、上品な芸者もおって、我々田舎侍はびっくりしましたが、宴酣《たけなわ》となり、そのうちでも特にナイスな芸者と私は親しくなり話をしていたところ、長官が、

『おい肥後（機関参謀）、参謀長をジョホールへ連れて行け』

といわれ、我々はジョホールで二次会をやることになりました。どうもそのナイスな芸者は長官の彼女ではなかったかと思われます。（後略）」

しかし、小沢の女遊びは、こそこそ隠れてするようなものではなかったらしい。昭和十二年（一九三七年）二月から同年十一月まで、小沢は連合艦隊参謀長をつとめたが、そのころの小沢について、少佐の通信参謀だった鮫島素直は、つぎのように述べている。

「盧溝橋《ろこうきょう》事変（注・昭和十二年七月七日）が起きて日中関係は容易ならぬ事態となり、『艦隊の一部を支那《しな》に派遣』の電報は紀州沖における連合艦隊の応用教練の真っ最中、しかも将《まさ》に仮想敵と触接し艦隊は演習最大速力で敵に向かって進撃中に受けとった。その電報を受けとると参謀長は直ちに長官（注・永野修身大将）に断って、

『演習中止、第○戦隊、第○戦隊……は直ちに東京第○番電に応ずる如《ごと》く行動せよ』

と発令、続いて次ぎ次ぎと細かな処置を講ぜられた。実に快刀乱麻を断つの風であった。

旗艦陸奥《むつ》は臨戦諸準備のため、呉《くれ》に立ちよった後、佐世保に回航した。私は通信参謀という職掌がら、何時《いつ》どんな重要電報が来るかもわからないので上陸しないでいた。

夜半になって中央（注・軍令部）から重要電報が届いた。参謀長は丁度休息のため陸上の旅館に宿泊しておられたので、私はこの電報をすぐこの真夜中に参謀長へ届くべきか夜明けを待って届くべきかに迷ったが、結局すぐ届けることにして旅館に行き、来意を告げると、

『すぐ部屋に通れ』

とのことで、遠慮勝ちに部屋に入った。その時も全くのあけっぱなしで、辺幅を飾らないことには感服した。この時ヒョイと西郷《さいごう》さん（隆盛《たかもり》）という人はこんな気風の人ではなかったかと頭に浮かんだ。

参謀長が戦略戦術の大家であったことは大東亜戦争においてよく知られるところであるが、私は『人間』としての小沢さんに信服するところが多かった」

「全くのあけっぱなしで、辺幅を飾らないことには感服した」というのがどういうことかもう一つはっきりしないが、小沢が一人で裸でいたぐらいなら、感服することもないだろう。そこに女がいても、ただいただけなら、「全くのあけっぱなしで、辺幅を飾らない」ということもあるまい。要するに、男と女のあけっぱなしの情景を見せられたのであろう。

小沢は、酒にかけても並みはずれだった。

後藤英次と三十七期の二大酒豪ということは前記したが、大穂によると、大佐時代の小沢は、毎晩ジョニーウォーカーの黒を一人で一本空にしていたという。

中央公論社『歴史と人物』の「だれが真の名提督か」という座談会についても前記したが、そのなかで、こんな発言がある。

「横山（注・一郎、元海軍少将、第四十七期）ぼくは、小沢さんはあんまり知らないんだ。知らんけどね、この人は体力的にムリじゃないかと思った。というのはね、軍令部次長のころ海軍大臣（注・米内光政大将）からお酒を注《つ》がれるとき、手が震えていた。非常に心配だった。

黛《まゆずみ》（注・治夫、前記）『あ号作戦』（注・昭和十九年六月のマリアナ沖海戦）の作戦命令を読むとき（注・小沢は第一機動艦隊司令長官、黛はその第二艦隊第七戦隊重巡利根艦長）に、われわれ指揮官が、並んでる前で、手が震えていた。非常に心配だった。

野元　若いときからお酒が過ぎたんだよ。（後略）」

昭和四十一年五月ごろ、当時海上自衛隊の三佐で海幕技術部研究開発企画室に勤務していた妹尾作太男（第七十四期）は、世田谷宮坂の自宅に、他の三人と小沢を訪問した。

そのとき小沢は灰色の袷《あわせ》で黒の帯を締めていたが、右手は帯の中に差しこんだままで、左手の中指と薬指の間にタバコをはさんで吸っていた。タバコに火をつけるのは人に頼んでいた。右手が震えるからということだった。

大穂はこういっている。

「本人は、手が震えるのはニコチン中毒のせいだといっていました。たしかにタバコは体中から煙りが出るくらい喫《す》っていましたから、私もそうかと思っていました。

元連合艦隊軍医長で軍医少将だった矢可部軍司さんは世田谷代田にお住まいで、戦後はそこで開業しておられましたが、小沢の家にもときどき見えていました。小沢が死ぬまでの主治医でした。

あるとき私は、小沢の手の震えについて矢可部さんに聞いてみました。すると、『ああ、あれはアル中です。閣下は酒を飲み過ぎて、大佐のときから手が震えておられました』

といわれました。それではっきりわかったのですが、本人はアル中というと恰好《かっこう》悪いのでニコチン中毒といっていたんですね。

しかし、外出して、酒をしこたま飲んで帰ってきたときは、手がぜんぜん震えず、タバコに火をつけるのも、何でもなさそうに自分でやるんです。ふしぎなものだと思いましたね」

女、酒、タバコ、どれも豪傑だったのである。

しかし、女や酒やタバコで職場や家庭を乱したというほどのことはないようだ。といっても、飲み過ぎてアル中になったのはマイナスだし、自分の道楽に金を使い過ぎて、女房子どもに渡す金が少な過ぎたというのは誉《ほ》められたものではない。

小沢は山本五十六とちがい、バクチはやらなかった。バクチに戦術はないと思っていたのかもしれない。

永野長官と小沢参謀長の対決

昭和十年（一九三五年）十月に第一艦隊の高速戦艦榛名《はるな》艦長となった小沢は、昭和十一年十二月、海軍少将に進級してふたたび海軍大学校教官となった。ところが、二ヵ月後、小沢と同期の連合艦隊参謀長岩下保太郎少将が病気で死亡し、小沢が後任の連合艦隊参謀長兼第一艦隊参謀長に補された。

昭和十二年二月十八日であった。当時の司令長官は、米内光政大将が海軍大臣に親補されたのと入れ代わったばかりの永野《ながの》修身《おさみ》大将で、首席参謀が中沢佑《たすく》大佐（第四十三期、のちに軍令部第一部長、少将）であった。

小沢は、「戦闘の要訣《ようけつ》は先制と集中に在り」という原則を実現するために、戦策その他にたいする具体案を提示した。目立ったものはつぎのとおりである。

㈠主砲は、最大射程ふきんで有効な射撃ができるように術力を練成する。
㈡航空戦は、敵に先んじて敵を発見し、すみやかにわが攻撃隊を発進して、先ず敵空母を撃破し爾後《じご》の戦闘を容易にすることが先決である。

(以上の二つにアウト・レンジ戦法の思想が出ている)

㈢航空母艦戦隊は打って一丸として航空艦隊を編成し、一指揮官の下に統率、演練して集団的威力を発揮すべきである。

(このころは、航空母艦から成る航空戦隊は、第一、第二艦隊に分属され、その主力の戦艦部隊ふきんで行動し、索敵、警戒に当たるほか、戦艦部隊に策応して敵主力を攻撃することを任務とする補助部隊であった。航空艦隊はやがて実現する)

佐世保の旅館の小沢に真夜中電報を届けた通信参謀の鮫島は、小沢の人柄について、つぎのようにもいっている。

「参謀長は着任され長官に挨拶《あいさつ》されたのち、私たち幕僚を参謀長室に集められ、しばらくだまっておられたが、

『岩下が死んだのでね……』

と声を震わせて話しだしたが、しばらく話がとぎれた。眼《め》には一杯涙をためていた。私はこの涙を見て、小沢という人柄の一面を見たような気がした。

参謀長が部下幕僚に接する態度にはこの涙とどこか一致するものがあったように思う。

(中略)私は通信参謀であった関係から、参謀長室に出入することが多かった。そういうとき参謀長は何かを沈思黙考されていることが多かった」

小沢は情の激しい気質だったようである。小沢の結婚のところで書いた同期の桑折《こおり》英三郎

は、こういっている。

「神戸《かんべ》次郎氏に嫁がれた（小沢の）長女富士子さんの結婚（昭和十七年三月、神戸は三井化学勤務）は大東亜戦争に突入してからで、その結婚式は東京の水交社（芝の海軍士官集会所）で同君（小沢）出征（南遣艦隊司令長官としてマレー、蘭印方面作戦中）不在中に行われた。（中略）御新婦たる令嬢の美しく優雅であったことが今だに忘れられない。（中略）

その後同君（小沢）にあった時、級の者（三十七期生）はみな祝意を述べ、『鳶《とび》が鷹《たか》を生んだ』などと冗談をいったりしたのであるが、そのとき君の嬉《うれ》しそうな顔は何ともいえないものがあった。

しかし戦後不幸にも神戸夫人は御病気で急逝せられ（昭和三十四年）、その時の御両親愁嘆の様子は真に慰むるに術《すべ》がないほどであり、かつて長男を失われた時（大正九年生まれの敏彦、昭和九年に死亡）と同様、愛情のいかに強烈であったかを語るに余りがある」〈（　）内は筆者注〉

昭和十二年（一九三七年）七月七日、支那事変（日中戦争）が勃発《ぼっぱつ》した。戦火が拡大してゆくうちに、長官の永野が、

「戦艦の主砲をもって青島《チンタオ》砲台を砲撃してはどうか」

といいだした。政府が事変の不拡大方針を採っているのに、それでは逆に火に油を注ぐようなものである。

「それはいけません」

小沢は正面から反対した。天才を自負する永野はおさまらず、首席参謀の中沢をくどいた。中沢は弱って小沢に相談した。

「それでは、主力部隊を佐世保に回航し、主砲の弾薬を陸上砲撃用のものに積みかえることにしましょう」

と小沢は永野にいい、主力部隊は佐世保に入港した。彼は佐世保鎮守府の軍需部長に交渉して火薬庫を開かせる一方、米内海軍大臣宛《あ》てに搭載弾薬変更の申請電報を打った。

海軍省からは、小沢の予想どおり不許可の返電があり、青島砲台にたいする戦艦主砲の砲撃は、弾薬入れ替え作業中に中止となった。

永野の意図は、青島砲撃で艦隊将兵の士気を鼓舞し、論功行賞にあずからせようというもので、政府の方針や日中関係、世界の世論などを考えてのものではなかったようだ。

永野は昭和十六年四月に軍令部総長になると、陸軍の南部仏印進駐に同調し、ついで対米英早期開戦を主張し、海軍を戦争に踏み切らせる代表的人物となる。

昭和十二年（一九三七年）十一月、小沢は南雲少将の後任として第八戦隊司令官となった。八戦隊は那珂、鬼怒、由良の三軽巡洋艦で編成されていた。首席参謀の矢牧章中佐（第四十六期）は、小沢の指揮統率の要点を、のちに、つぎのようにいっている。

一、部下の統率はきわめて峻烈《しゅんれつ》厳正であった。錯誤・誤解・失敗などを手加減せずにその場で是正した。

二、部下艦長たちの指導はきわめて厳格であった。麾下《きか》の各艦をしっかり握り、手足のように駆使するために、安心できるまで鍛えこんだ。

三、夜戦訓練に精魂を傾けた。

四、常に兵術の近代化を考えていた。司令官室に毎号の『中央公論』、『改造』が並べられていた。

昭和十三年（一九三八年）十月十二日、広東《カントン》攻略を狙《ねら》う陸海軍部隊はバイアス湾上陸作戦を実行した。小沢が指揮する第八戦隊、第二水雷戦隊など海上護衛隊は、陸軍の第五師団、第十八師団の上陸部隊が乗る輸送船約三十隻を護衛して、暗夜のバイアス湾進入に成功した。上陸軍は直ちに上陸、広東に向かい、十月二十一日にはそれを占領した。

護衛艦隊は十月十四日、広東入口の虎門要塞《ようさい》にたいして、海空から砲爆撃を加えた。陸海軍協定では、虎門要塞は第五師団が占領することになっていた。しかし、敵の要塞兵が浮足立ってきても、陸軍の進出がない。小沢は「戦機」と見て、独断専行、護衛隊から一個大隊の陸戦隊を上陸させ、虎門要塞を占領した。小沢の行動は適切として、陸海軍最高指揮官から賞讃《しょうさん》された。

昭和十三年（一九三八年）十一月十五日、また南雲少将の後任として、小沢は水雷学校長となった。

当時、同校教官の林幸市少佐は、どこの国にもない航空機雷の開発に熱中していた。航空技術廠《しょう》の爆弾のオーソリティ小島正巳中佐の協力をうけ、機雷兼爆弾の型式で概案をつくった。

横須賀航空隊で同隊幹部に説明すると、いいアイデアであると賛同された。航空技術廠の田中保郎大佐は画期的な新兵器であるといった。気をよくした林は、機雷戦のオーソリティで機雷実験部長の佐藤波蔵大佐に説明した。ところが、

「そんな夢物語のような研究は考えられない」

と、佐藤はとり合わなかった。水雷学校の機雷部長や機雷科教官らも、おなじく夢物語と一笑に付した。教頭は、

「機雷科の教官たちが賛成しないものを、本校として意見具申するわけにはいかない」

といった。林は最後の切り札として小沢をたずねた。小沢はしばらく考えたあと、

「防備兵器の研究開発には私も十分関心を持っているので、この研究が画期的なものであることはよく分かる。私としてはなんとかして実現させたいが、機雷部長をはじめ機雷科の教官たちが賛同しないところを見ると、この研究にはまだ不十分なところがあるんじゃないか。もういちどよく考えてみたらどうか」

と、懇切にこたえた。結局、林の研究は実現しなかった。ところが、昭和十四年十二月には、ドイツが英国海岸（テームズ河口ふきん）にはじめて航空機雷を投下し、太平洋戦争末期には米軍機が瀬戸内海に多数の航空機雷を投下した。そのために英国、日本の艦船は大損害をうけたのであった。

あるとき、艦政本部の小山貞少佐が小沢を訪ねてきて、予算が余ったので高速魚雷艇をつくりたいが、意見をうかがいたいといった。小沢は防備用の魚雷艇には興味を持っていなかったので、熱意を示さなかった。小山は失望して帰った。戦後小沢はそのことを残念がっていった。

「あのとき小山のいうことを聞いて、若干でも高速魚雷艇に手をつけていたら、戦争中非常に役に立っていただろう」

小沢は戦術家としてはすぐれていたが、新兵器の開発では平凡だったのであろうか。定説や通説からぬけきれないために、新兵器の開発で日本海軍がアメリカに遅れをとり、大損害をうけた例は多い。レーダー、ソーナー、ＶＴ信管（小型レーダーを内包する電波近接信管。大砲、高角砲などの弾丸が目標の飛行機の一定距離以内に接近すると信管が作動して炸裂《さくれつ》し、機体を破壊する）などは代表的なものである。新説や珍説は冷笑せずに耳を傾けるべきだということであろう。

山本五十六と「航空主兵」で一致

昭和十四年（一九三九年）十一月十五日、小沢は第一航空戦隊司令官となった。空母赤城、龍驤、第十九駆逐隊（浦波、綾波、磯波、敷波）という部隊で、旗艦は赤城であった。赤城の艦長は、のちに南雲機動部隊の参謀長となる草鹿龍之介大佐（第四十一期）で、飛行隊長が、おなじく南雲機動部隊の攻撃隊総指揮官となる淵田美津雄少佐（第五十二期）であった。淵田は、『小沢提督と母艦作戦』という手記を戦後に残しているが、当時の小沢をつぎのように書いている。

「小沢司令官は、水雷出身で、航空に補職されたのは今回の第一航空戦隊司令官が初めてであったが、着任以来力こぶを入れたのは母艦航空部隊の集団攻撃とその統一指揮の問題であった。

小沢司令官は水雷屋だったせいもあって、鉄砲屋のように巨艦巨砲に執着しない。しかも識見は高く、判断力に秀で、実行力に富んでいた。折に触れて司令官は私にいった。

『淵田隊長、母艦航空兵力こそ艦隊決戦に於《お》ける主攻撃兵力だよ』

と。そしてまたつけ加えていった。

『日本海軍航空の精鋭主義もさることながら、航空攻撃は量だね』

と。私はこのたのもしい司令官に深く傾倒した。当時、日本海軍航空はたしかに精鋭主義であった。だが、航空の名人を作ることに専念して航空は量がものをいうことを忘れていた嫌いがあった。

（中略）一日、私は小沢司令官に進言した。

『司令官、母艦航空兵力の集団攻撃は、いままでのような分散配備からではうまくいきません。これはどうでも航空母艦を集中配備にもっていく必要があります。

差し当たり来年度は、第一航空戦隊の赤城、加賀と、第二航空戦隊の蒼龍《そうりゅう》、飛龍とで、建《けん》制《せい》の一コ航空艦隊を編成し、空母四隻を集中配備して、艦隊決戦の主戦兵力としての実を上げ得るようにして戴《いただ》きたいと思います』

司令官は深くうなずいた。こうして小沢司令官が海軍大臣に航空艦隊編成の意見具申を正式に提出されたのは昭和十五年六月九日であった」

小沢が海軍大臣（吉田善吾《よしだぜんご》大将、第三十二期）に提出した意見はつぎのようなものである。

航空艦隊編成に関する意見の件提出

現平時編制中の連合艦隊航空部隊は一指揮官をして之《これ》を統一指揮せしめ常時同指揮官指導の下に訓練し得る如く速やかに連合艦隊内に航空艦隊を編成するを要す

理由

海戦に於ける航空威力の最大発揮は適時適処に全航空攻撃力を集中するに在り而《しこう》して右攻撃力の集中は平時より全航空部隊を統一指揮し建制部隊として演練し置かざれば航空戦の特質上戦時即応すること困難なり（後略）

意見の写しは、山本五十六連合艦隊司令長官、古賀峯一第二艦隊司令長官、伏見宮博恭王軍令部総長などに送付された。

本来はまず連合艦隊司令部に話をつけるのが本筋であろう。そうしなかった理由については、昭和四十年秋、自宅に訪れた元軍令部作戦課長の海軍少将山本親雄（第四十六期）に、

「連合艦隊、第二艦隊両司令部ともに反対で、とくに第二艦隊では古賀長官が先頭に立って強く反対を表明された。反対の要旨は編制上各艦隊に分属していないと作戦上困るというだけのことで、艦隊決戦は依然主力艦を中核とする考えから出発した意見であった。そこで自分は権道ではあったが、右の意見を中央各部へ直送し、一般の協力を求めたのである」

と語っている。

当時、かつて小沢の下で勤務していた中沢大佐は軍令部第一課長（作戦課長）であったが、写しを読み、それに「この方針にて進みつつあり」と書きこんだ。かれは小沢から、

「目的達成のためには遅疑逡巡《しゅんじじゅん》するな。勇断決行せよ」

といわれたことを思い出していた。

小沢の意見具申はうけ入れられ、翌昭和十六年四月十日、真珠湾攻撃を当面の目標として

第一航空艦隊が編成された。「航空主兵・戦艦無用」論者の山本五十六の意見も影響したと思われる。ただし、その司令長官は小沢ではなく、航空の知識と経験がほとんどない南雲となった。

淵田は、昭和十五年秋の空中攻撃隊の訓練情況を、手記にこう書いている。

「暫《しば》らくして、また第一艦隊を目標に、こんどは暗夜の雷撃訓練を行った。これは照明隊を伴って吊光投弾で敵を捕捉《ほそく》し、その照明裡《り》に攻撃隊は肉薄して発射するのであるが、索敵隊と照明隊と攻撃隊の三者の協同連繋《れんけい》が、ピタリとうまくいかなければ成功しない。

これは昭和十五年（一九四〇年）の十月初旬で、教育年度最後の仕上げであった。有明湾（注・鹿児島県志布志《しぶし》湾）にいた第一艦隊が佐伯《さえき》湾に向かって北上する途上の教練で、この夜間雷撃教練の一貫番号は第一二三作業となっていた。私は赤城の雷撃隊二十七機と索敵隊と照明隊との九機を率いて赤城から発艦して攻撃実施後は、翌日からの基地訓練のために九州南部の笠ノ原基地に帰投した。

帰投の途上、赤城から無電が送られて来た。

『第一二三作業見事なり』

これは、長門の山本司令長官から、赤城の小沢司令官に宛てた電報を、赤城から飛行中の飛行隊に転電して来たのであった。あとで知ったことだが、発射魚雷二十七本は全部命中したという。これは索敵、触接、照明、攻撃という手順の協同連繋が時をたがえず機を失せず、ドンピシャリと行われたからで、これこそ一年間の小沢司令官指導の激しい訓練の成果であった」

つづいて、航空艦隊編制が決定されたあとの様子を、

「うれしいニュースが伝わって来た。昭和十六年（一九四一年）度の艦隊編制の内報である。そして待望の第一航空艦隊が、第一航空戦隊の赤城、加賀と、第二航空戦隊の蒼龍、飛龍との空母四隻で編成されるというのである。これは私たちの意見がその通りに採用されたわけだから、私は舞い上がって喜んだ。そして第一航空艦隊司令長官には、是非小沢提督をと願った。そして参謀長には少将に進級した草鹿さんが当然であると私は思った。そして私はもう一年赤城飛行隊長として居残らせて戴き、飛行隊員もこのままの陣容で第二年目の訓練に入らせて貰《もら》いたいと望んだ。それは艦隊の主戦兵力として未解決の難問が山積していたからであった。

しかし人事行政は、戦力とは無縁のものらしく、遠慮なしに定期大異動が行われ、小沢少将は、中将に進級し第三戦隊司令官に転補した（注・昭和十五年十一月）。今更、高速戦艦の司令官でもあるまいにと、私は惜しいことをしたとなげいた。

昭和十六年四月十日第一航空艦隊が編成され、その司令長官には南雲忠一中将が親補され、参謀長に草鹿少将、航空参謀に源田実中佐が補職された。

そしてこの陣容のままで真珠湾攻撃へと歴史は推移したのであるが、もしこのとき小沢中将が第一航空艦隊司令長官になっていたら、小沢司令長官によって真珠湾作戦は指導され歴

史の推移はもっと変わったにちがいない」
と書いている。

小沢の航空艦隊構想のきっかけは山岡、樋端の意見にあったが、小沢が第一航空戦隊司令官だったときの赤城通信長木田達彦中佐（第五十期）は、戦後、世田谷宮坂の白宅に小沢を訪ねたとき、

「おれに航空戦術を教えてくれたのは山岡三子夫（偵察）、樋端久利雄（操縦）と木田達彦君の三人だ」

といわれた。覚えがなかったが、あらためて問いただしもしなかった。

それを木田は、

「もし私から教わったことがあったとすれば、こういうことだと思う。

私は昭和五年に航空隊の通信関係に勤務したが、その後航空通信の在り方について、ひととおり考えをまとめていた。

昭和十五年の第一航空戦隊ではその考えにもとづいて訓練し、実行したのだが、それを提督が見ていて、『これなるかな』と思ったのではなかろうか。

通信の本質は、相手がどこにいようと、どんなに多数であろうと、また、相互に面識があろうとなかろうと、いつでも、百年の知己のように和やかに自由自在に話し合いができることだ。

航空通信において最も大切なのは、最高指揮官と出先指揮官の対話がこの本質によっておこなわれることだと思う。

だから、錬成をすすめ、最後には技術を超えて、無言の通信、つまり以心伝心の通信ができるようにする、というのが私の信念だった。

昭和十五年度の第一航空戦隊の通信関係員はこの方針によって訓練され、母艦から発進した航空隊は、司令官の意図に従って行動しうる練度に達したのだ」

といっている。

司令官の小沢の訓練は秋霜烈日といえるほど厳しかったようだ。しかし、部下たちの面倒もよくみたようである。

演習で九州東方海上から全艦載機を発艦させたあと、演習が終わり、全機が鹿児島あるいは大分の陸上基地に到着したという電報がとどくまで、艦隊は泊地に向かわなかった。発艦後事故を起こして不時着水した飛行機があれば、すぐ救助にゆくためだったという。

この処置は、部下への思いやりとともに、小沢の用心深さからといえるかもしれない。

話は別だが、大穂によると、こんなことがあった。大穂の生家は博多で、ときどき飛行機で博多にゆく。あるとき小沢がいった。

「飛行機は落ちるようにできている。しかし小さいのは、パイロットの腕でなんとかなる。飛行機に乗るなら、なるべく小さい方がいい」

「小さい飛行機は愉快ですね」

「そうだ。滑走路はたいしていらないし、どこでも降りられるからな。大きいのはドンと落ちる」

娘の夫が事故に遭わないようにと思っての話ではないかと思われるが、それほど用心深いようである。


昭和十五年（一九四〇年）十一月一日、小沢はふたたび南雲の後任として、第三戦隊司令官となり、ついで十一月十五日、海軍中将に進級した。第三戦隊は、淵田が「いまさら」と嘆いた金剛、榛名、比叡、霧島の高速戦艦部隊である。

小沢もほんとうは淵田がいうように、第一航空戦隊にのこり、第一航空艦隊ができたときに同艦隊司令長官になりたかったようである。彼は昭和十七年十一月十一日に南雲のあとをついで、当時の機動部隊の第三艦隊司令長官となる。しかし、そのときの同艦隊は、淵田が、

「第三艦隊は小沢司令長官を迎えて一時にパッと明るくなった思いであるが、残念なことに母艦航空兵力は丸裸であった。なんと言っても南太平洋海戦に於ける母艦搭乗員の損害は大きかった（注・同海戦があったのは十月二十六日、自爆六十九機、不時着水二十三機、合計九十二機を失った）」

と書いているような状態で、たとえ小沢の戦術がどんなにすぐれていても、使いようがなくなっていたとしかいえないからである。

元海軍少佐の麓多禎《ふもとたてい》（第六十期）は、昭和十八年八月から昭和十九年十月のフィリピン沖海戦まで小沢の副官だった。昭和五十九年三月十六日に私と妹尾作太男が東京港ちかくの自宅に訪ねたとき、こう語った。

「小沢さんは、ほんとはおれが南雲さんの代わりに真珠湾攻撃からやるはずだった、と何回もいっていた」

第一航空艦隊は、小沢が山岡、樋端、淵田らの意見と、第一航空戦隊司令官としての経験から、確信と期待を持って実現を主張したものであった。だからそれは本心であろう。

第三戦隊司令官となった小沢につづいて、昭和十六年八月から同戦隊の先任（首席とおなじ）参謀になった有田雄三中佐（第四十八期）は、戦後、つぎのようにいっている。

「着任まえ、かつて小沢さんの直接部下であった二、三の人から、

『小沢司令官は一般には、太っ腹で細かいことは一切いわず、部下をよくかわいがる、と思われているが、部下にたいして直接、小さいことまで実に気むずかしく口やかましい。とくに先任参謀はいつも若い者の前でもおかまいなしに頭ごなしにやられる。はた目にも気の毒で見ていられないくらいである。よほど覚悟していった方がよろしい』

と、おなじような注意をうけた。着任すると、前任の先任参謀からの申し継ぎのなかにも、似たようなことがあった。

小沢司令官は、まもなく海軍大学校長に転任された。私が実際にお仕えしたのは一カ月足らずの短期間だったせいもあるかもしれないが、私にたいして注意されたようなことはぜん

ぜん感じられなかった。

碇泊《ていはく》中はほとんど毎夜のように巡検後、後甲板に幕僚たちをよび集めて盃《さかずき》を傾けながら、楽しそうに語り合い、ときどきはケビンで旗艦の士官、とくにガンルームの元気のよい連中をよび集め、勝手なことをしゃべらせ、自分も冗談をとばしたり、ときには流行歌などを低吟したり、いかにも若いものが可愛《かわい》くて仕方がない様子で天真爛漫《らんまん》ご機嫌のていだった。

艦橋では、司令官が現われると、さすがにピリッとした空気が漲《みなぎ》ったが、幕僚の届け出にたいし、ただうなずくだけで、ほとんど口を出さず任せきりで、みなのやることを満足げに見ているというぐあいだった」

小沢には、人に好き嫌いがあったということを、元海軍少将古村啓蔵や寺崎、麓などはいっている。有田は好かれた方ではなかろうか。

高速戦艦部隊の使い方に関しては、小沢は有田に、

「三戦隊は手軽に考え、夜戦だろうが局地戦だろうが、積極的にどしどし注ぎこみ、特有の機動力と攻撃力を存分に発揮さすべきであり、変通自在の働きができるように練成しておかねばならない。

虎《とら》の子扱いをして一切の気構えも行動も鈍重になるような癖でもついたら、宝の持ち腐れにもなりかねない。万事駆逐艦並みに扱うくらいのつもりで鍛えあげておかねばならない」

という主旨のことをいっていたという。

従来の日本海軍の高速戦艦の使い方は、「艦隊決戦において、接敵のときに味方の前方に

進出し、三十ノットの優速を利用して巧みに敵主力に接触を保ち、アウト・レンジ（敵の射距離外）によって先制攻撃をかけ、敵を引きつけながら味方主力に合同、わが主力の全力で敵の主力の一角に集中攻撃を加え、戦勝に導く」というようなものだった。いってみれば、自分のつごうに合わせた虫のいい考えのようである。小沢は、この考えにたいして、

「実際にそんな場面が起こるとはとうてい考えられない」

と断定し、起こる可能性が大きい「夜戦」や「局地戦」に駆逐艦のように使えというのであった。

しかし小沢の考えでも、敵の飛行機にたいしてどうするかという疑問がのこる。護衛戦闘機を必要なだけつける以外にないと思われるが、残念ながら、それについての説明はない。

昭和十六年（一九四一年）二月、連合艦隊旗艦長門の艦上で、小沢は山本と雑談をしていたが、山本がとつぜん日露戦争開戦時の日本駆逐隊の旅順港襲撃について話しはじめた。

「夜襲の着眼は適切だったが、実施が不徹底だった」

変なことをいうなと思った小沢は、いささか興奮している山本を見て、「さては」と感じた。

同年四月ごろ、連合艦隊の図上演習が目黒の海軍大学校で行なわれた。これは従来とおなじように西太平洋において日本艦隊が米国艦隊を邀撃《ようげき》するという構想のものであった。このとき山本は小沢に、開戦劈頭《へきとう》の真珠湾奇襲の計画を洩《も》らした。小沢は山本に、

「いよいよ対米戦争になれば、従来のような邀撃作戦の形は起こらず、かならず局地戦の連続になりますよ」

と意見をのべた。山本は、

「そうだなあ、今年の大演習には局地戦をやるようにしたいものだ。何とか方策を考えよう」

といった。

対米戦まえの山本と小沢のこの話は、寺崎隆治が小沢から聞いたものである。

元海軍少将・軍令部作戦課長の山本親雄は、昭和四十年秋、自宅に小沢を訪ね、「戦前の対米邀撃作戦」を小沢がどう考えていたかを聞いた。山本はつぎのように述べている。

「戦前のわが海軍一般の対米邀撃作戦の構想は、開戦後比較的早期に極東海域に進出してくるであろう米国艦隊を邀撃して、これを撃滅するというもので、その方策としては、

㈠（省略。潜水艦で敵主力に触接、好機に襲撃するというもの）

㈡（省略。南洋群島配備の飛行機で敵艦隊を偵察、好機に攻撃するというもの）

㈢ 高速戦艦を伴う夜戦部隊の夜戦によって敵に大打撃を与え、翌朝黎明《れいめい》に主力部隊の決戦によって敵艦隊を撃滅する。

これがいわゆる漸減作戦の思想であった。昭和十一、二年頃《ごろ》より航空母艦用法の研究訓練が進み、空中攻撃威力の増大と相まって、主力の決戦に先立ち、航空決戦によって、まず敵母艦群を撃滅し、制空権下において決戦を行なうという思想に変貌《へんぼう》しつつあった。

（中略）この思想に対しかなりの疑問をもっていた人もなくはなかった。

疑問の第一は日米開戦の場合、決戦時機の主導権をもつ米国艦隊が、果たしてわが判断の如く艦隊決戦を求めて急遽《きゅうきょ》西部太平洋に進攻して来るであろうか、ということである。

疑問の第二は、戦艦は依然主力部隊として認めらるべきか否かの問題であった。換言すれば、日米主力艦隊の決戦というものが起こる機会が果たしてあるであろうか、という疑問であった。

第三の疑問は、主力部隊の決戦よりも、南洋群島方面の航空基地の争奪戦に伴う艦隊戦闘においても主力艦の出る幕はないのではないかという問題であった。

（中略）前述の三点について質問した。この質問に対し小沢中将は、

『だいたい右に述べた（注・山本が疑問として述べたことと思われる）ような考えを抱いていたこと、このような問題について昭和十六年の初め頃、山本連合艦隊司令長官と話し合われた（注・話し合った）とき山本長官も大体自分の意見にご同意で、今年の演習では南洋群島基地の攻防戦をやって見たいということを私にいわれた』

と答えられた」

寺崎と山本の話からすると、対米戦について小沢は山本五十六とほぼおなじ考え方であった。つまり、

一、日米主力艦隊の決戦は起こらない。

二、日米戦は南洋群島方面の航空基地の争奪戦になる。その場合でも主力艦の出る幕はな

い。

というもので、これは山本五十六がかねがね主張していた「航空主兵・戦艦無用」論であるし、昭和十六年一月三十一日、当時航空本部長の井上成美中将が海軍大臣及川古志郎《おいかわこしろう》大将に提出した「戦艦不要」「海軍の空軍化」を骨子とする『新軍備計画論』とも一致する。

小沢は、山本五十六、井上成美と、対米戦の戦略思想も、「航空主兵・戦艦無用」という用兵思想もおなじであった、ということになる。

九月六日、小沢は海軍大学校長に補せられた。この日の御前会議で、対米（英・蘭）開戦を決意する「帝国国策遂行要領」が決定され、戦争は必至となった。小沢の海軍大学校長が長くつづくはずはなかった。

兵力激減の機動艦隊を率いる

小沢は昭和十七年（一九四二年）七月十四日付で南遣艦隊司令長官から軍令部出仕となり、東京に凱旋《がいせん》した。しかし、無敵を誇った南雲機動部隊が前月六月五日、ミッドウェー海戦で敗れ、空母赤城、加賀、蒼龍、飛龍を失い、精鋭の搭乗員百数十名を失って潰滅《かいめつ》状態となり、海軍の前途はいちじるしく困難になっていた。

日本海軍は真珠湾で米戦艦群を沈座させ、マレー沖で英戦艦二隻を撃沈し、五月の珊瑚《さんご》海《かい》海戦で米空母一隻を撃沈した。だが、ミッドウェーでの四空母喪失は、山本五十六が戦艦無用を唱えていただけに、プラス・マイナスすればマイナスが大きく、日米の国力からすれば、日本の空母四隻と搭乗員百数十名の損失は、米国の倍以上に相当するものであった。寡をもって衆に勝つべく、山本五十六は真珠湾攻撃を強行したが、ミッドウェー海戦では寡の米国に衆の日本が大敗し、日米兵力の比は、開戦時よりも、日本がさらに不利になった。

ミッドウェー海戦で潰滅状態となった第一航空艦隊を基幹とする南雲機動部隊は、山本五十六をはじめとし、嶋田海相、永野軍令部総長らの温情というか、敗戦糊塗《こと》というか、そういう処置によって、南雲、草鹿、源田らは責任を問われず、新しい機動部隊が七月十四日に編成された。それが第三艦隊であり、兵力はつぎのとおりであった。

第一航空戦隊　空母翔鶴《しょうかく》、瑞鶴《ずいかく》、瑞鳳《ずいほう》
第二航空戦隊　空母飛鷹《ひよう》、隼鷹《じゅんよう》、龍驤
第十一戦隊　高速戦艦比叡、霧島
第七戦隊　重巡熊野、鈴谷
第八戦隊　重巡利根、筑摩《ちくま》
第十戦隊　軽巡長良、駆逐艦十六隻

旧一、二航戦と新一、二航戦の質は別として、表面の陣容からすれば、旧南雲機動部隊以上の大機動部隊である。

第三艦隊司令長官は南雲忠一中将であり、同参謀長は草鹿龍之介少将、首席参謀は高田利種大佐、作戦参謀は長井純隆中佐、航空参謀は内藤雄中佐であった。さすがに源田参謀は外されたが、それでも主力の一艦瑞鶴の飛行長となっていた。

一方、第三艦隊が編成されたその日に無任所の軍令部出仕となった小沢は、つぎの発令を待っていた。

元海軍大尉で、戦後防衛庁防衛研修所戦史部第二戦史研究室長をつとめた野村実（第七十一期）は、昭和四十年代のはじめごろ、嶋田元海相に会った。そのとき、小沢を軍令部出仕にした理由を尋ねたところ、人事局長中原義正少将の人事案に賛成し、しばらく休養ののち、小沢を母艦艦隊の長官にするよう計画したとこたえたという。さらに野村は、

「山本連合艦隊司令長官も、この人事局長案に賛成していたことは確実だ。あるいはこの人事は山本長官の考えを知って、人事局長が計画した可能性も多い」

といっている。

南雲、草鹿がミッドウェーの雪辱を期して戦い、雪辱成ると信じたのが、昭和十七年十月二十六日の南太平洋海戦であった。ソロモン群島東方海面で、相手は空母エンタープライズとホーネットを中心とする米機動部隊であった。

海戦が終わり、南雲司令部と連合艦隊司令部は、サラトガ型およびヨークタウン型空母各一隻、新型空母二隻、戦艦一隻と艦型不詳一隻を撃沈し、その他にも損傷をあたえた、と判定した。

しかし、味方の損害が予想以上に大きかった。艦艇の方は翔鶴、瑞鳳、筑摩中破であったが、攻撃機が未帰還六十九機、不時着二十三機で、搭乗員の四割が失われた。ハワイ海戦以来の名雷撃隊長村田重治少佐と、関衛少佐も帰らなかった。米軍の防御力が強大になっていたのである。

しかも南雲司令部と連合艦隊が判定した戦果は、はなはだ過大評価で、じっさいには、航空部隊が大破した空母ホーネットは駆逐艦巻雲と秋雲が魚雷でとどめを刺し、おなじく大破の駆逐艦ポーターは、米軍が自分の手で撃沈したというもので、沈没はその二隻だけであっ

た。空母エンタープライズ、戦艦サウス・ダコタ、軽巡サン・ジュアンは大破したが、のちに復帰した。米軍の飛行機喪失は七十四機であった。

南雲の第三艦隊は、米機動部隊に勝ったとはいえず、むしろ航空兵力の損耗が大きく、分がわるかったのである。

十一月十一日、南太平洋海戦での功績を認められた南雲は佐世保《させぼ》鎮守府司令長官に、草鹿は横須賀《よこすか》航空隊司令に転補された。

同日、小沢が第三艦隊司令長官に親補され、草鹿より一期あと（第四十二期）で航空出身の山田定義少将がその参謀長に補された。

小沢は、従来の旗艦翔鶴が修理をおこなうため、旗艦を瑞鶴と決め、十一月十四日、呉軍港の瑞鶴に着任した。

昭和十二年の連合艦隊参謀長当時からの念願であった航空艦隊指揮官に、ようやく就任したのである。五十六歳であった。ただし、淵田が指摘するように、航空兵力は、南太平洋海戦前と比較すれば、見る影もなく弱体化していた。

昭和十八年二九四三年）一月十八日、整備完了の第三艦隊は瀬戸内海の岩国沖を出撃し、カロリン群島のトラック島へ向かった。

野村実は、この当時少尉候補生で、瑞鶴の航海士をしていた。

トラック入港がちかづいたある日、艦橋後部の旗甲板で信号兵と話をしていた野村は、とつぜん小沢から声をかけられた。

た。


「航海士、ガラスは何からできているか」

野村は、どういうわけでこんなことを聞かれたのか判《わか》らず、とまどった。小沢は笑顔だった。

「ケイ酸と石英が主成分で……、もっと確かめてみます」

と、ともかくこたえると、小沢は「うん」とうなずいて離れていった。

つぎに小沢に会ったとき、小沢の意図をつかめないまま、野村は調べておいたガラスの組成をくわしく説明した。小沢はいった。

「ガラスをまったく平坦《へいたん》に作ることはできない。また光の屈折もある。見張員がガラス越しに眼鏡を使用するのはよくない」

野村は（そういうことだったか）と思い、そのあと掌見張長に話し、自分も気をつけて、見張員たちがガラス越しに眼鏡で見張りをするのを一切止めさせた。

自分が艦長（野元為輝大佐、第四十四期）や航海長（大友文吉中佐、第五十期）に注意したり、参謀にいわせたりするのは適当ではない。航海士にナゾをかけるぐらいが適当なところだろうというので、小沢さんはおれに声をかけたのだ、と野村は思った。「鬼がわら」というが、細心で慎重な人だ、とも思った。

小沢がひきいる第三艦隊は、一月二十三日、トラックに着いた。そこには、山本長官が乗っている大和がいた。

二月七日、ガダルカナルからの最後の陸海軍部隊の撤退が終了した。六ヵ月にわたった日米のガダルカナル争奪戦は、こうして日本軍が敗退し、ソロモン群島の覇権は米軍ににぎられることになった。

この間、日本海軍の飛行機の損失は八百九十三機、搭乗員の喪失は二千三百六十二名にのぼった。

ガダルカナル争奪戦には、かつて第三戦隊司令官だった小沢が、先任参謀の有田に、「高速戦艦は、夜戦だろうが局地戦だろうが積極的にどしどし注ぎこめ、万事駆逐艦なみに扱え」といったとおり、金剛、榛名、比叡、霧島が夜戦、局地戦に出撃した。

その結果、金剛、榛名はガ島ヘンダーソン飛行場砲撃に成功して大戦果をあげた。しかし、比叡、霧島は米艦隊のレーダー射撃をうけて沈没した。

大和、武蔵、陸奥、長門などの主力戦艦は動かなかった。

ガ島撤退後、山本は米軍の反攻気勢をくじくために、小沢の第三艦隊の艦上飛行機隊をラバウルに投入し、同基地の第十一航空艦隊の陸上飛行機隊と合わせ、大規模な航空作戦を実施することにした。「い号」作戦というものである。

四月二日、小沢は中攻でトラックを出発し、ラバウルに進出した。

「い号」作戦参加兵力は、第三艦隊（ただし翔鶴欠）約百八十機、第十一航空艦隊約百九十機、合計約三百七十機であった。

山本以下の連合艦隊司令部は、四月三日、ラバウルに進出した。

ラバウルを根拠地とする南東方面艦隊の司令長官は、小沢と同期の草鹿任一中将であった。「い号」作戦計画が決定されるまえ、草鹿は、ラバウル基地の航空部隊の損耗がはなはだしいため、補充を山本に要請していた。

たまたま軍令部作戦課長山本親雄大佐がラバウルに出張してきたので、情況を説明し、一時しのぎに母艦機の派遣を依頼した。

小沢は草鹿の心情は察したが、草鹿と山本長官にたいして、

「母艦機は今後の海上作戦に備えねばならない。陸上航空戦に使ってはならない。消耗すれば、再建に半年以上かかり、その間の海上作戦にさしつかえる」

という主旨の申し入れをした。

しかし山本は当面の敵をたたくため、第三艦隊の母艦機を一時ラバウルに投入することを決定したのである。

艦上、陸上連合の航空部隊は、四月五日から十六日まで、ガ島泊地の敵艦船、ニューギニアのオロ湾の輸送船群、おなじくポートモレスビーの航空基地、おなじくミルネ湾の輸送船群などを攻撃し、多大の戦果をあげて作戦を終了した。

この一連の航空攻撃で、敵巡洋艦一隻、駆逐艦二隻、輸送船二十五隻を撃沈し、敵機百七十二機を撃墜、撃破した、と連合艦隊司令部は判断し、満足した。

しかし、連合艦隊司令部が信じた戦果はやはり幻で、実際は、駆逐艦、海防艦、タンカー、輸送船各一隻撃沈、輸送船一隻擱座《かくざ》、飛行機約二十五機撃墜、撃破という僅少《きんしょう》な戦果でしか

なかった。

　味方の未帰還は四十三機であったが、母艦機の被害が多く、被弾機をふくめると約五割が使えなくなった。そのため空母部隊は、トラックから内地に帰り、建て直しをしなければならなくなったのである。

　戦果と損失についてのこれらの事実を知れば、連合艦隊司令部も愕然《がくぜん》として、航空過信の誤りを覚《さと》ったかもしれない。しかし、幸か不幸か、幻の戦果を信じたために、時的に士気は高揚したのである。


「い号」作戦の終わりに近い四月十三日は天候が悪化し、航空部隊の出撃は中止され、草鹿の発案で、三十七期の陣中クラス会が開かれた。参加者は、草鹿、小沢のほか第八艦隊司令長官鮫島具重中将、輸送船指揮官の武田哲郎大佐、柳川教茂大佐の五人であった。このクラス会の模様を、草鹿は、小沢の死後に書いた手記『山本五十六元帥と小沢提督』のなかで、つぎのように述べている。

「最前線根拠地でこんなに多くの高級の級友が集まることは、珍しいことである。やがてすき焼きパーテーが始まった。どこからききつけたのか山本長官が、

『名誉会員たるものこれくらいのことはせねばなるまい』

　とブラックラベルのウイスキー一本をぶら下げて、ヒョッコリ入ってきた。みんなこの大先輩の来客を大喜びで迎え、陣中クラス会は一段と活気を呈した。酔うほどに無口の小沢が

山本さんに話しかけた。

『長官は敵地に飛び込む部下将兵に万葉ばりの和歌を書いて贈られるようですが、あれはあまり感心しませんな』

『またお前は俺《おれ》の悪口をいうか』

『いや、そうではありません。死地に乗り込む部下に対し、お前ばかり死地に投ずるのではない、俺も後からゆくのだというようにきこえますがこれは随分まずいですな』

『いやお前のいう通りだ、歌が未熟だからだ』

『だいいち連合艦隊司令長官はかけがえのない方だ。そう容易に死地にとびこんでゆけるものではない。あなたの生国越後には良寛和尚のように真実を読んだ歌人がおるではないですか』

『そうだ俺の国で一番偉い人物は上杉謙信と良寛和尚だ』

笑い声がおこり座ははしゃいだ。

やがて山本さんが提案した。

『ときにどうだ、先輩の鈴木貫太郎閣下（元宗谷艦長）に寄せ書きを書いて送ろうではないか』

一同はすぐに賛成した。まず山本さんが筆をとって巻紙のはじめに、挨拶のことばを書き、元宗谷分隊長、連合艦隊司令長官山本五十六と署名し、草鹿、小沢、鮫島各長官がこれにならった。

山本さんはいった。

『鈴木さんはきっとこの寄せ書きをよろこばれ、神棚に上げておかれるだろう』」

四月十八日、山本長官は壮烈な機上戦死をされた。出発前小沢は数十機の護衛戦闘機をつけることを申し入れたが、零戦九機（注・実際は六機）しかつけられなかった。（注・山本がそれ以上は必要ないと拒否した）

四月二十一日、山本長官の後任として古賀峯一《こがみねいち》大将が補せられ、四月二十五日トラックの旗艦武蔵に着任した。小沢が挨拶にゆくと古賀さんは、

『私が東京を出発する前に鈴木閣下の自宅へ挨拶に行ったところ鈴木さんはあの寄せ書きを非常に喜んでおられ、チャンと神棚にあげてあった』

といわれた。

『両雄の心自ら相通ずるものがある』

と小沢は深い感銘に打たれた。

山本さんは部下や知友に書をかいてあげたが、小沢も別に頼まないのに随分沢山の書をいただいていた」

四月十八日朝、山本らの搭乗する一式陸攻二機は、ブーゲンビル島ブイン上空で、待伏せていた米戦闘機P38十六機の襲撃をうけて撃墜され、山本機は全員戦死した。

山本の前線視察飛行にたいして小沢が護衛戦闘機を数十機つけるよう申し入れたということは、連合艦隊戦務参謀渡辺安次中佐が、『提督小沢治三郎伝』のなかで、

「山本連合艦隊司令長官が昭和十八年四月十八日ブーゲンビルで戦死される直前のことであった。小沢第三艦隊司令長官は連合艦隊司令部へ高田先任参謀（注・利種大佐）を差し向けて、

『山本長官の搭乗機の護衛戦闘機は五十機でも百機でもご要望通り出しますよ』

と意のある所を伝えて来られた。然《しか》るに実際は九機（注・六機が正しい）の戦闘機の護衛で出発せられた。この小沢長官の提言は私の脳裡に刻みついて消え去ることは出来ませぬ。茲《ここ》に永久に記録として残して置きます」

と書いていることからして、まちがいないであろう。

山本は、小沢をはじめ、第十一航空戦隊司令官城島《じょうじま》高次少将、陸軍の当時第八方面軍司令官今村均中将などが、視察飛行の中止や自重を熱心に説いたが一切うけ入れずに飛び、自分ばかりか、有為な人材十数名も死の道連れにした。

山本の死については、いまなお、戦争の前途に絶望した覚悟の自殺という説も多い。

元海軍大佐・空母葛城《かつらぎ》艦長・兵学校第四十八期の宮崎俊男は、『提督小沢治三郎伝』に「感激の一瞬」という題で手記を出しているが、そのなかに、こういうことが書いてある。

「私は終戦後要務で神戸から上京の機会を利用し、現役時代御世話《おせわ》になった老提督を輪番訪問するのを例としていたが、小沢さんもその中の一人であった。確かに三回御伺いしたと記憶するが、例によって種々歓談の後、将《まさ》に辞去しようとしたとき、

『もう帰るのか、では僕の眼の黒いうちに君にぜひ言うておきたいことがある』

とて急に坐《すわ》り直された。私は何事ならんとやや緊張のうちに耳を傾けた。小沢さんは言葉をつづけられた。

『君、ラバウルの南東方面艦隊司令部の幄舎《バラック》を覚えているかね』

『駆逐隊司令として半歳《はんとし》余りあの方面で転戦いたしましたからよく覚えております』

と申し上げると、

『そうか、あそこで山本長官が戦死する直前、山本、草鹿両長官と俺の三人で会議をやったことがある。議題はいかにしてこの頽勢《たいせい》を立て直すべきかというにあった。ところが、なかなか名案が出ない。長時間話し合った末、山本長官は言いだした。

戦《いくさ》のやり方を変えてみたい。さしあたり黒島（先任参謀。注・亀人大佐、第四十四期）を替えたいが、君は大学校教官二度の経験もあり、ひとつ今の戦局に対処する適任者を推挙してもらいたいと言う。俺は躊躇《ちゆうちよ》することなく君を推挙したよ』

『えっ！　私のような者を』

『ところが山本長官は宮崎というのはとかくの噂《うわさ》のある男ではないか、というから、それは百も承知です。しかしながら今の戦局に処するには常道ではだめです。宜《よろ》しく奇兵をもってすべし。宮崎なら何か名案を考えだす男と睨《にら》んでいる、というと山本長官はしばらく考えていたようだったが、ややあってそれではそういうことにしよう、ということで別れた。

俺はラバウルからトラックへ帰ってくると、山本長官が戦死されたというので、えらいことになってしまった、と思った』

『恐れ入りました。それでどうなされましたか』
『連合艦隊司令部も困っていることだろうと思い、長井純隆（先任参謀。注・大佐、第五十期）一人を残して幕僚全員を連合艦隊司令部へ投入したよ。様子がぜんぜん分らんのでね』
『たいへんなお話を伺いました。お蔭《かげ》様でよい死に土産ができました』」（一部の漢字を平仮名にし、一部の句読点を直し、読みやすくした）

この話は事実であろうし、またそのとおりならば、山本がこの直後に自殺するなどはありえないであろう。

小沢が宮崎を山本に推薦した理由はこうであった。

「小沢さんも私も艦隊には縁の深い方であった。したがって小沢さん特異の風貌に接する機会は非常に多かった。しかしながら同一勤務所ということになるとわずか三回しかない。最初は海軍大学校教官対甲種学生という間柄で二カ年を送った。大学校入校後月余にして小生感ずるところあり、故意に勉強を放擲《ほうてき》しサボ学生を極めこんだ。（注・この理由は書いてない）もちろん教官方の不評判はいわずもがな。宮崎は中佐には進級しないだろうと語る教官も出るしまつ。この間にあって小沢教官はどう見守っておられたであろう。

こんなこともあった。某教官担当の図上演習において私は赤軍（注・米軍）艦隊長官を命ぜられ、徹底的に米国流の作戦を実施し、青軍を翻弄《ほんろう》撃破したことがある。担当教官の講評は必ずしも芳しいものではなかったが、小沢教官は珍しくたびたび参観に来られ、温顔をもつてこの型破りの赤軍作戦を見ておられたことを覚えている。

次回は昭和十二年度の特別図上演習において当時大学校教官の末席を汚していた私は先任参謀の役を承り、あらかじめ赤軍長官たる教頭の了解の上に従来、ややもすれば赤軍側のとりたる迎合的態度を改め、特異の戦法をもって遠慮会釈なく青軍連合艦隊側に当たり、文字どおりこれを全滅せしめたことがあった。当時特修科学生（将官学生）の指導官をしておられた小沢さんは、終始熱心に観戦せられ、終演時、

『宮崎君変わったことをやったね』

とニコニコして述べられたことが印象に残っている。

さて最後は昭和二十年四月末、私は機械故障という誤報に起因して不幸予備艦となった天城《あまぎ》（注・空母）より、敢えて上申の末、艦長相互交代という異例の人事により、特攻空母葛城《かつらぎ》の艦長に補せられ、生来始めて小沢長官の部下となることができた。（注・二十年四月末は、小沢は軍令部次長、ついで五月二十九日、海軍総隊司令長官兼連合艦隊司令長官・海上護衛司令長官となる）葛城は特攻用小型戦闘機菊花二百機の搭載予定艦として準備中であったから、要務打ち合わせのためしばしば連合艦隊司令部（注・横浜市港北区日吉）に出頭する機会があった。

小沢長官はそのつど、

『宮崎君が来たようだ、何かご馳走《ちそう》をしてやれ』

と下命され、種々身に余る歓待をうけたものである。私は口数のすくない一見ヌーボー式に見える小沢さんに恩師として、また直属上官として、ますます心を引かれるようになった。

そしてついにこの人の下で玉砕する日の速かに来らんことを希《ねが》うようになった。しかしながらその日はついに来ないうちにとうとう終戦を迎えることになってしまった。その小沢さん今や亡し、痛惜に堪えない」（一部の漢字を平仮名にし、一部の句読点を直し、読みやすくした。宮崎は昭和四十七年に死去）

しかし、この時点で黒島にかわって宮崎が首席参謀になったとしても、「航空主兵・戦艦無用」の根本思想が変わらないかぎり、航空兵力の消耗が多く、戦果が少ない戦いしかできなかったであろう。

山本が戦死し、新連合艦隊司令長官には、横須賀鎮守府司令長官であった古賀峯一大将が親補された。

古賀は飛行艇でサイパンを経由し、四月二十五日、トラックに到着、旗艦武蔵に着任した。

五月三日、小沢は第一航空戦隊以下をひきいて内地に向けトラックを出港した。「い号」作戦で大きな損傷をうけた飛行機隊を、瀬戸内海西部柱島《はしらじま》ふきんで再建整備するためである。

〝鬼がわら〟の号泣

　昭和十八年（一九四三年）三月二十六日、アッツ島西方海面で日米艦隊の海戦がおこなわれた。日本側は細萱戊子郎《ほそがやぼしろう》中将（第三十六期）がひきいる第五艦隊で、旗艦重巡那智、重巡摩耶、軽巡多摩、駆逐艦二隻、第一水雷戦隊の軽巡阿武隈《あぶくま》、駆逐艦二隻であった。米国側は旗艦軽巡リッチモンドと重巡ソルト・レイク・シティと駆逐艦二隻であった。

　両艦隊は二万メートルで、たがいに相手を右舷《うげん》に見る反航の砲戦を開始した。日本側の二十サンチ砲二十門にたいして、米国側は八門、日本の十四サンチ砲十四門にたいして米国側は十門であった。しかし、双方命中弾がなかった。やがて米艦隊は南西に避退しはじめ、日本艦隊は北東からこれを追撃する態勢となった。遠距離での両軍重巡間の砲戦は約二時間半つづいた。その間、那智は二十サンチ砲弾七百七発、摩耶は九百四発を発射したが、命中したのはソルト・レイク・シティに四発、駆逐艦に一発だけであった。そのほか日本艦隊は四十三本の魚雷を米艦隊に向けて発射したが、一発も命中しなかった。

三時間半の砲戦の末、ソルト・レイク・シティは、同艦の重油に海水が混入し、缶《かま》の火が消え、エンジンが停止して動けなくなった。四隻の米駆逐艦は煙幕を張り、傷ついた同艦をかくし、これを救うために日本艦隊に突撃してきた。ところが、どういうつもりか、日本艦隊は針路を西に変え、米艦隊から遠ざかったのである。

海上に停止して、日本艦隊の肉薄攻撃に恐れおののいていたソルト・レイク・シティは、やがて重油から海水を排除し、エンジンを動かして東へ逃れた。

長時間の砲戦で、米軍の砲弾も、命中したのは那智への三発だけであった。両軍とも、当たらない距離で戦っていたのである。

この海戦はアッツ島沖海戦とよばれるが、優勢な日本艦隊の戦いぶりは、始めから終わりまで及び腰で、いいところがなかった。

かつて小沢は、連合艦隊参謀長のとき、「主砲はその最大射程ふきんにおいて有効な射撃ができるようにその術力を練成することが必要である」と主張し、連合艦隊の射撃訓練をこの方針でやり、好成績をおさめた。その結果、「最大射程射撃」の思想は合理的な妙案として日本海軍内に普及し、定着したとみられていた。

とすれば実戦にのぞんだ指揮官が、主砲の最大射程で砲戦をするのはあたりまえで、非難するには当たらない。

細萱の場合は、衆をもって寡を撃つものであったが、それでも、最大射程で有効な射撃ができるならば、味方の損害が少なくて敵を撃滅できるのだから、いいはずであった。だが、現実的には、有効な射撃がすくな過ぎた。

元海軍大佐の黛治夫は、日本海軍の砲戦術の権威だが、日本の戦艦主砲の平均命中率（訓練射撃の統計）は、射距離二万メートル、同航の射撃で約二十パーセントだという。戦艦主砲の口径は三十六サンチと四十サンチである。重巡主砲（二十サンチ砲）の平均命中率は射距離一万五千メートルで約十・三パーセントという。

アッツ島沖海戦では重巡二十サンチ砲、射距離二万メートル、はじめ反航、ついで追撃、弾着観測機による観測不能という、訓練とは条件のちがう射撃であった。しかしそれにしても、那智、摩耶ひっくるめての命中率が、〇・三パーセント（発射弾数合計千六百十一発、命中弾数合計五発）というのは、やはり距離が遠過ぎたのがいちばんの原因であろう。

アッツ島沖海戦での細萱艦隊は、わが身に危険の少ない「最大射程」に安んじ、「有効射撃」を怠り、打ち果たせる敵を打ち洩《も》らしたのである。小沢が主張した「最大射程での有効な射撃」は理想的だが、そのとおりにいかないのが現実であった。

小沢が海軍大学校の学生は一切読むなといった『海戦要務令』にはこう書いてある。

「決戦ハ犠牲ヲ厭《いと》ハズ敵ニ接近シテ果敢ナル攻撃ヲ行フヲ以《もつ》テ要訣《ようけつ》トス」

昭和十八年（一九四三年）六月八日、瀬戸内海西部柱島泊地で戦艦陸奥が爆沈した。原因不明の弾火薬庫爆発によるもので、艦長三好輝彦大佐（第四十三期）以下千百二十一名が死亡した。生存者は三百五十三名で、そのうち三十九名は重・軽傷者であった。

連合艦隊旗艦武蔵は、六月末に横須賀から呉《くれ》に回航された。まもなく古賀長官は、各艦隊の指揮官を武蔵に集め、陸奥沈没事件について、参謀長福留繁少将（第四十期）に説明させた。ところが説明が終わると、小沢がつけ加えるように発言した。

「大勢には影響はないと思う」

昭和二十年四月一日、沖縄上陸作戦のとき、米海軍は戦艦、巡洋艦各十数隻と駆逐艦五十隻以上で、嘉手納《かでな》の日本軍陣地に全力の艦砲射撃を加えた。そのために日本軍陣地は沈黙し、米軍は無血上陸をした。沖縄防衛の陸軍最高指揮官・第三十二軍軍司令官牛島満《うしじまみつる》中将は、

「戦艦一隻は陸軍三個師団に匹敵する」

と嘆いたと伝えられる。もちろん、戦艦が自由に艦砲射撃ができたのは、米軍が沖縄方面の制空権を握っていたからであった。

戦艦一隻の砲力は、空母艦載機約一千機の爆撃力を備えていると見られている。だから、戦艦が上空を戦闘機で守られているならば、やはり恐るべき戦力である。小沢が、陸奥爆沈にたいして「大勢には影響はない」といった真意は判《わか》らない。一同の意気消沈《しょうちん》をとどめようとしたのかもしれない。しかし、小沢の思想は、このときでも、戦艦軽視・海上航空兵力重視であったようである。

小沢艦隊は、七月十五日、ふたたびトラックに進出した。

八月九日、近藤信竹《こんどうのぶたけ》大将の後任として、栗田健男《くりたたけお》中将（第三十八期）が、重巡部隊を基幹

とする第二艦隊司令長官に就任した。この更迭によって、古賀が直率する第一戦隊（武蔵、大和）をのぞく全海上部隊は、いざという場合に小沢が指揮できるようになった。近藤は小沢より先任なので指揮できなかったが、栗田は小沢より後任だからである。

十月十九日から二十三日まで、小沢艦隊はマーシャル群島のブラウン環礁（エニウエトク）を基地としてウエーキ島方面に出動し、米機動部隊を求めた。

二日目、索敵機が一機、予定時刻を過ぎても帰らなかった。それまでも索敵機の帰還が遅れることはときどきあった。そのたびに小沢は、敵潜水艦を警戒しながら、駆逐艦に断続する煙幕を出させた。煙幕を見つけた索敵機がそれを辿《たど》って艦隊に帰るためである。夜になると、探照灯で夜空を照らした。

米機動部隊出現が予想されるこんども、小沢は躊躇《ちゅうちょ》せずに、探照灯で大きく夜空を照らした。しかし索敵機は、燃料切れの時刻を過ぎても帰らなかった。

翌朝、小沢は偵察機を飛ばし、巡洋艦数隻を横隊で走らせ、海上に浮いているはずの索敵機搭乗員三名を探させた。三名はライフボートに乗り、太平洋のただ中に浮かんでいた。発見したのは偵察機だった。

「発見」の報告を聞いたとき、艦橋でほとんど笑わない小沢が満面に笑みを浮かべた。六月二十日から野元に替った瑞鶴艦長の菊地朝三大佐（第四十五期）は、眼《め》から涙をふき上げていた。

軽巡大淀が現場に急行し、三名は救助された。

昭和十八年十月十二日から十月末にかけ、ラバウル基地にたいする敵航空部隊の空襲が激化した。敵が新たな作戦を開始する前触れであった。当時ラバウル基地には、約二百機の陸上機がいたが、不足と判断された。ラバウル基地からの飛行機増派要請をうけた古賀長官と福留参謀長は、山本五十六の「い号」作戦にならい、敵艦船および航空部隊をたたくために、小沢の第三艦隊からふたたび空母機をラバウルに投入することを決定した。「い号」作戦の実際の戦果が僅少《きんしょう》だったことには、まだ気づいていなかったのである。小沢は反対したが、押し切られた。

十一月一日、第三艦隊第一航空戦隊の瑞鶴、翔鶴、瑞鳳の空母機百七十三機は、小沢にひきいられてラバウルに進出した。

ラバウル基地航空部隊と第三艦隊第一航空戦隊合同のこの航空攻撃作戦は、「ろ号」作戦と名づけられた。

十一月一日未明、米軍大部隊が艦隊と戦闘機隊に護衛されて、ラバウルから飛行機で一時間あまり南東のブーゲンビル島中央南部のトロキナに上陸を開始した。ラバウル航空隊は、午前と午後の二回にわたり、上陸軍を乗せた米輸送船団を攻撃したが、米戦闘機隊にはばまれ、めだった戦果はあげられなかった。日没までに、米第三海兵師団約一万四千名が上陸を終了した。

夕刻、ラバウルの日本艦隊はトロキナ沖に向かい出撃した。第五戦隊の重巡妙高、羽黒と第三水雷戦隊の軽巡川内、駆逐艦三隻と第十戦隊の軽巡阿賀野、駆逐艦三隻である。第十戦隊は第三艦隊の駆逐艦部隊であった。

大森仙太郎少将（第四十一期）が指揮するこの夜戦部隊は、十一月二日午前二時三十分ごろ、トロキナ沖にちかづいた。それにたいして米軽巡四隻と駆逐艦八隻が迫ってきた。両軍とも偵察機の報告で、相手の動静をほぼ知っていた。しかし、相手をいち早くキャッチしたのは米軍で、日本軍よりも十五分早かった。米軍はレーダー、日本軍は望遠鏡だからであった。

軽巡川内は米軍の先制集中砲火を浴びて火災を起こした。川内の後につづいた駆逐艦五月雨と白露は衝突し、避退するほかなかった。

その後、約四十分間、両軍巡洋艦の間で砲戦がつづいた。遠距離のために双方とも命中弾が少なかった。魚雷もたがいに当たらなかった。その間に駆逐艦初風が妙高に衝突し、艦首をふっとばされた。

やがて川内と初風は米軍に撃沈された。米側では、駆逐艦一隻が航行不能となった。

十一月二日、夜明けにラバウルを飛び立った第三艦隊の空母機約百機が戦場に到着し、米艦隊に攻撃を加えた。しかし一隻も撃沈することはできなかった。

十一月五日、ラバウル湾に在泊していた栗田中将の第二艦隊第四戦隊重巡高雄、摩耶、愛宕、第七戦隊鈴谷、最上、筑摩、第二水雷戦隊軽巡能代その他が米空母機約百機の攻撃をうけ、高雄、摩耶、愛宕、最上、能代などが被弾し、死傷者三百名以上を出した。米正規空母サラトガと軽空母プリンストンから発進した空母機隊であった。これによって、栗田部隊のトロキナ逆上陸部隊支援作戦は中止となった。

夕刻、第三艦隊の雷撃機十八機が米空母攻撃に向かい、大型空母一隻と中型空母一隻を撃沈したと報告した。大本営はそれをラジオ放送し、第一次ブーゲンビル航空戦とよんだ。しかしじっさいは、日本雷撃機隊が攻撃したのは上陸用舟艇二隻と魚雷艇一隻で、投下した魚雷はすべて吃水《きっすい》の浅い艇の底を潜ったのであった。

十一月十一日、ラバウル湾内の艦隊は、ふたたび米空母機の攻撃をうけ、軽巡阿賀野と駆逐艦長波と涼波に魚雷が命中し、涼波は沈没した。その他多数の艦艇が爆弾による損傷をうけた。これらの空母機は、サラトガ、プリンストンのほかに、新鋭の大型空母エセックス、バンカーヒルと、プリンストンと同型のインデペンデンスから発進したものであった。

この日の午後、第三艦隊の艦爆二十機、艦攻十四機、零戦三十三機、基地航空部隊の彗星《すいせい》艦爆四機がその空母群に攻撃を加えた。だが、命中弾は一発もなかった。逆に、艦爆十七機、艦攻全機、零戦二機、彗星二機が帰らなかった。

米空母部隊は、日本機をレーダーでとらえ、戦闘機三十六機を約四十カイリ（約七十キロ）前方に待機させていた。また、艦艇の高角砲の弾丸弾頭にＶＴ信管（小型レーダーを内包する電波近接信管。飛行機に接近すると作動して弾丸が爆発する）を取りつけていた。その二つの防御力のために日本機の被害が甚大になったのである。

米機動部隊のこの防御戦法は、のちにそのままマリアナ沖海戦に使われる。

この時点で、日本海軍十八番の夜戦も、期待の海上航空兵力の攻撃も、もはや米軍には通用しないことがはっきりしたといえる。

しかし、さすがの小沢も、連合艦隊司令部も、軍令部も、情報収集力が弱いために、その変化に気づかなかった。

十一月一日には、第三艦隊の空母機百七十三機が勇躍してラバウルに進出した。しかし、航空戦は以上のような経過をたどり、十一月十一日の戦いが終わったあとの残存機は、艦爆七機、艦攻六機、零戦三十九機、合計わずか五十二機だけになり、搭乗員は半減していた。

十一月十三日、小沢は残りすくなくなった飛行機隊をひきいてトラックに帰った。飛行場で小沢は、作戦終了の訓示をしようとして台に上がった。しかしまばらになった搭乗員たちを見わたして口がきけず、号泣をつづけていた。

ラバウルでボロボロになった第一航空戦隊の航空兵力を再建するために、瑞鶴は十二月六日、トラックを出港し、内地へ向かった。小沢はトラックに残って艦隊を指揮するために旗艦を軽巡大淀に移し、つづいて翔鶴に移した。このころ、山田参謀長の後任として、連合艦隊旗艦武蔵艦長から古村啓蔵少将（第四十五期）が翔鶴に着任した。古村は小沢とおなじ水雷屋で、この人事は小沢の注文が通ったものであった。

アメリカ主力機動部隊撃滅の戦法

昭和十八年十一月十九日、マーシャル群島南方ギルバート諸島の日本海軍根拠地タラワ、マキンに、かつてない大規模な米空母機群が襲撃してきた。ミッドウェー海戦で日本艦隊を破ったレイモンド・A・スプルーアンス中将にひきいられた米主力機動部隊から発進してきたものであった。それは、

正規空母　エンタープライズ、サラトガ、エセックス、ヨークタウン（新）、レキシントン（新）、バンカーヒル
軽空母　プリンストン型五隻
護衛空母　八隻
新式戦艦　五隻
旧式戦艦　七隻（真珠湾で損傷したもの）
重巡　九隻

軽巡　五隻
駆逐艦　五十六隻
輸送船・上陸用舟艇　多数
という途方もない大兵力であった。
この部隊は、中部太平洋を突破して日本本土に進攻することを任務としていて、ギルバート上陸作戦は、その手はじめであった。
第三艦隊が健在ならば、この大敵に向かうはずであった。しかし、「ろ号」作戦で第一航空戦隊が消耗し、出撃することができなかった。
タラワ、マキンの日本海軍守備隊は、六倍あるいは二十倍の米上陸軍と五日間にわたって戦い、米軍に千名以上の戦死者を出させたが、十一月二十五日に全滅した。

十二月十五日、連合軍は、ニューブリテン島南西岸のマーカス岬に上陸してきた。同島北東端のラバウルまで約三百六十キロのところである。ついで十二月二十六日、同島西端のグロスター岬にも上陸してきた。

そのころのラバウル方面の情況を、元連合艦隊参謀・海軍中佐の千早正隆（第五十八期）は、『連合艦隊始末記』（出版協同社）に、つぎのように書いている。

「いまやラバウル航空要塞《ようさい》を扇の要とする南東方面はずたずたになっていた。十八年の初めにソロモン群島の南端（注・ガダルカナル）にしか及ばなかった敵の制海権は、いまやラバウルそのもののど元をさえ脅かそうとしていた。

（中略）ラバウル航空隊はまだ百数十機を持っていたが、その制空権はラバウルの上空に限られていた。しかも、ますます激しくなる敵の空襲の防戦にようやく疲れが見えていた。

さらに寒心にたえないことは、その一年間（注・昭和十八年）の防戦に兵力の損失がとてつもなく多かったことである。（中略）

駆逐艦、潜水艦の兵力は、開戦後に完成した新造艦を入れても開戦時の兵力の半分以下になっていた。航空兵力の損耗にいたっては、さらに悲惨であった。その一年間に南東方面（注・ラバウルを中心として、ソロモン群島、ニューギニア方面）だけで、実に六千二百余機、搭乗員四千八百二十四名を失ったのであった（搭乗員の数より航空機数が多いのは、地上で破壊されたものが含まれているからである）。その損耗の総数は、その年の生産機の約七割にも達していた。ということは、生産機の過半がラバウルを中心とする作戦で失われたことを意味していた。

戦争が始まったときには優位を誇った艦攻、艦爆は敵の新鋭機種に優位を奪われ、絶対の優位を示した零戦でさえ敵の新鋭機に挑戦を受けつつあった。日本の技術をもってしては製作することのできなかったB17やB24のような大型爆撃機は、その機数が飛躍的に増加するにつれて、大きな脅威となっていた。（中略）艦船についても同じであった。アメリカ海軍が一番恐れた日本の駆逐艦でさえ、敵のレーダーの進歩の前にはその神通力を失い始めていたことは、ブカ島に対する最後の東京急行の悲惨な末路に見たとおりである」

ブカ島に対する最後の東京急行とはつぎのようなものである。

ブカ島はブーゲンビル島北端で、ラバウルから三百キロばかりの島である。

昭和十八年十一月二十四日夜、第三十一駆逐隊司令香川清登大佐（第四十六期）がひきいる大波、巻波、天霧、夕霧、卯月は、ラバウルで乗せた陸兵九百名をブカ島に上陸させることに成功した。ところが、その帰途、レーダーを使って待ち伏せていた米駆逐艦五隻の奇襲攻撃をうけ、大波、巻波、夕霧が撃沈されたのであった。

昭和十七年八月から始められたラバウルからガダルカナルその他への東京急行は百回以上つづいたが、そのなかでもっとも悲惨だったのが、このブカ行便であった。これで東京急行は打ち切られ、南東方面での日米艦艇間の戦闘も終わりを告げた。

昭和十九年（一九四四年）一月に入り、米空母機延べ八百機が四回にわたりラバウルを空襲した。古賀は、南東方面艦隊司令長官草鹿中将の要請をまたうけいれて、一月二十五日、第三艦隊第二航空戦隊（隼鷹、飛鷹、龍鳳）の空母機百三十二機をラバウルに進出させた。第二航空戦隊は一ヵ月近く、敵約六百機と戦い、「ろ号」作戦のときの第一航空戦隊と同様に兵力を消耗し、二月二十日にトラックにひき揚げるときの残存機はたった四十六機となってしまった。

ギルバートを攻略した米軍は、一月三十日からマーシャル群島へ来攻してきた。連合艦隊司令部も、これが中部太平洋を進攻する大作戦の第二手だと気づいたが、反撃の中心である第三艦隊の航空兵力をつぎつぎにラバウルに投入して消耗したために、手の下しようがなかった。

二月一日、米軍は、猛烈をきわめるというほかない爆撃と艦砲射撃に掩護《えんご》され、マーシャル群島の中心クェゼリン、ルオットに上陸を開始した。爆弾と砲弾が合計一万五千トン、島には一インチも安全な場所がないという計算であった。ルオットの海軍部隊とクェゼリンの陸海軍部隊は、それぞれ孤立無援で戦い、二月六日に全滅した。

マーシャル群島に米軍の海空基地ができると、南洋方面の中心基地である東カロリン群島のトラック島が危険にさらされるようになった。二月五日、古賀は瀬戸内海で待機している小沢直率の第一航空戦隊と、トラックに在泊中の敷島部隊（長門、第七戦隊、第十戦隊）に、シンガポール南方リンガ泊地への移動を命じた。リンガ泊地はパレンバン油田に近く、燃料はいくらでもあるし、空襲の心配がなく、訓練も自由にできるところであった。栗田中将の第二艦隊主力（重巡六隻、駆逐艦数隻）と連合艦隊旗艦武蔵は、トラックとフィリピンの中間にある西カロリン群島のパラオ島に避難することになった。

二月十七日、トラック基地は米空母機延べ約五百七十機の二十四時間にわたる大空襲をうけた。正規空母四隻、軽空母五隻を基幹とする米主力機動部隊から発進した飛行機隊であった。その主力機動部隊の総指揮官は、やはりスプルーアンス中将で、九隻の空母以外に、戦艦六隻、重巡五隻、軽巡五隻、駆逐艦二十八隻をともなっていた。

十七日の空襲は早朝から夕方まで数次にわたり、湾内の艦船、飛行機、陸上施設などがめった打ちにされた。米機は夜になっても来襲し、新型レーダーを使って爆撃した。十八日早朝もまた来襲し、飛行場と陸上施設がふたたび爆破された。

日本の損害はつぎのようになった。

沈没　軽巡那珂《なか》、香取、駆逐艦四隻、輸送船三十隻、その他

損傷　水上機母艦秋津州、駆逐艦三隻、工作艦明石、その他

飛行機損失　三百機

死傷　約六百名

十七日に武蔵、大和、第三艦隊、第二艦隊などの連合艦隊主力が不在であったのが不幸中の幸いであった。実のところ、米太平洋艦隊司令長官チェスター・ニミッツ大将は、ここで日本の連合艦隊をいっきょに撃滅するようスプルーアンスに命令していたのであった。もしそれらが在泊していたならば、真珠湾どころではなく、世界史上の大事件になったであろう。米空母機のトラック大空襲の特徴は、二十四時間にわたり、執拗《しつよう》に攻撃をくり返したことにある。日本海軍の一過性の真珠湾攻撃とかなりちがう。「戦《いくさ》は人格なり」というのは、国民性にも適用されるものかもしれない。

トラックの惨事を知った古賀は、ラバウルよりトラックの方が火急だと判断して、ラバウルの全海軍航空兵力に、トラックへの移動を命令した。同地にいた第三艦隊第二航空戦隊残存機四十六機と陸上機百機以上は、二月二十日までにのこらずラバウルを去り、トラックへ

うつった。

日本本土からすると、トラックは母屋の門のようなところである。ここを占領されれば、つぎは玄関のマリアナ（サイパン、テニアン、ロタ、グアムなど）に踏みこまれる。そうなれば、母屋の日本本土もまず終わりとなる。

元海軍中佐千早正隆が、「その一年間（注・昭和十八年）に南東方面だけで、実に六千二百余機、搭乗員四千八百二十四名を失った」と書いているように、ラバウルにこだわったために、かけがえのない大航空兵力を失った。昭和十七年の損失を加えれば、損失はさらに何割かふえる。

ラバウルを基地としたニューギニア、ソロモン方面作戦は、地理的に不利で、はじめから一切やらない方がよかったようである。

主として山本五十六作戦の失敗であった。

ラバウルから、唄《うた》に歌われたラバウル航空隊が消えたあと、二月二十九日には、連合軍はラバウル背後のアドミラルティ島に上陸した。ラバウルは、周囲を敵に囲まれ、完全に孤立し、陸軍今村均中将、海軍草鹿任一中将以下陸海十万の将兵は籠城《ろうじよう》に入るほかなくなった。今村、草鹿のような有能な指揮官や精鋭十万の将兵は、もっと適所に配置されていれば、米軍にひと泡もふた泡も吹かせていたであろう。

千早正隆は、ラバウルを基地とする陸海空戦の決算を、おなじく『連合艦隊始末記』で、つぎのように書いている。

「ラバウルこそは日米間の主戦場として、日本海軍がそのほとんど全力を投じて戦った南東方面の中心であった。その戦闘の火蓋《ひぶた》は日本海軍が切ったものであったが、陸軍もよく協力して苦しみを分かった。服部卓四郎著『大東亜戦争全史』によると、陸軍は約二十七万の兵力をこの方面に投入し、航空機も約二千機を注《つ》ぎこんだ。

海軍はいままで見てきたとおり、連合艦隊の主力を注ぎこんだ。その使用機は約七千機にも達した。また船舶においても、この方面の作戦のために、軍用船の大部分を優先的に注ぎこんだ。

そのための損害は、陸軍約九万、海軍約四万、艦艇約七十隻（二十一万トン）、船舶約百十五隻（約三十八万トン）、航空機約九千機（陸海軍ともその投入したもののほとんど全部）に達した。思いもかけない大損害であった。そして日本はその防衛に破れたのであった。このような大損害は、日本の戦争計画を大きく狂わさずにはおかないだろう。そのような大損害でも、次の体制ができるまで時間を稼げたのならば、まだよかった。しかし現実は時間を稼ぐどころではなかった」

トラック空襲は東京にも衝撃をあたえた。二月二十一日、東条首相兼陸相は参謀総長を兼ね、嶋田海相が永野修身を引退させて軍令部総長を兼務するようになった。作戦と政治の一元化が急務であるという東条の考えが強行されたという。東条は、自分と、自分のいうことはたいていきく嶋田の二人で戦争をやるのがよいと思ったのである。

一方米軍は、トラック空襲直後の二月十九日、マーシャル群島西端のエニウェトクに上陸し、たちまちこれを占領した。エニウェトクはブラウン環礁のなかの島で、マーシャル群島中の最良の艦隊泊地であり、飛行基地でもあった。

二月二十三日、米機動部隊は追い討ちをかけるように、マリアナ群島のサイパン、テニアン、グアムに空襲をかけてきた。米軍のいちばんの狙《ねら》いは、サイパン攻略作戦に必要な写真を撮影することであった。

このころテニアンには、角田覚治中将（第三十九期）が指揮する第一航空艦隊（基地航空部隊）のうち、司令松本真実中佐がひきいる第七六一陸攻航空隊がいた。この部隊は竜部隊とよばれていた。二十二日午後二時、索敵機からの「敵機動部隊見ユ」の電報をうけた角田は、即座に竜部隊による攻撃を決意した。先任参謀の淵田美津雄中佐は、戦闘機隊（司令上田猛彦中佐の第二六一戦闘航空隊。虎《とら》部隊とよばれた）が内地から到着するまでは攻撃を見合わせ、竜部隊をふくめ全機をパラオに避退させた方がよいと進言したが、角田は聞きいれなかった。参謀長の三和義勇大佐（元連合艦隊航空参謀）は角田の意のとおりに動いた。

やがて布留川泉大尉を隊長とする夜間雷撃隊約五十機が、何隊かに分かれ、米機動部隊に向かい、つぎつぎに発進した。しかし戦果は一つもなく、四十二機が未帰還となった。布留川大尉も帰らなかった。

二十三日未明、戦闘機に掩護された急降下爆撃機数機がおなじく米機動部隊に向かった。しかしこれも戦果がなく、全機が未帰還となった。

淵田は、前記「小沢提督と母艦作戦」という手記で、この攻撃について、「戦闘機の掩護もつけない兵力の小出しでは歯の立つ相手ではないということが私には分り過ぎるほど分っていた」

と書いている。

マリアナにたいする米機動部隊の空襲は、やがては米軍がサイパン、テニアン、グアムにも上陸作戦をおこなう前触れである。軍令部と連合艦隊は、きたるべき、マリアナか、あるいはその前に、西カロリン群島ふきんでの海上決戦にそなえて、決戦部隊を編成することを決定した。米軍が西カロリンのパラオ、あるいはマリアナのサイパンに上陸作戦をおこなうときは、米機動部隊が上陸軍の乗る大輸送船団を護衛して来攻する。日本艦隊がそれをたたきにゆけば、当然決戦が起こるわけである。決戦部隊は昭和十九年（一九四四年）三月一日に編成され、第一機動艦隊という新名称がつけられた。司令長官は、それ以外にないという小沢治三郎中将であった。同艦隊の編成はつぎのとおりである。

第三艦隊

司令長官小沢治三郎中将（兼務）、参謀長古村啓蔵少将（第一機動艦隊参謀長と兼務）

第一航空戦隊　大鳳《たいほう》・瑞鶴・翔鶴

第六〇一航空隊（二百二十五機）

小沢治三郎中将直率

第二航空戦隊　隼鷹・飛鷹・龍鳳

第六五二航空隊（百三十五機）
司令官城島高次少将
第三航空戦隊　千代田・千歳・瑞鳳
第六五三航空隊（九十機）
司令官大林末雄少将
第十戦隊　矢矧《やはぎ》・阿賀野・第四・第十・第十六・第十七・第六十一駆逐隊
司令官木村進少将
第二艦隊
司令長官栗田健男中将、参謀長小柳冨次少将
第一戦隊　大和・武蔵・長門
司令官宇垣纒中将
第三戦隊　金剛・榛名
司令官鈴木義尾中将
第四戦隊　愛宕・高雄、摩耶・鳥海
栗田健男中将直率
第五戦隊　妙高・羽黒
司令官橋本信太郎少将
第七戦隊　熊野・鈴谷・筑摩・利根

司令官白石万隆少将
第二水雷戦隊　能代・島風・第二十四・第二十七・第三十一・第三十二駆逐隊
司令官早川幹夫少将
補給部隊　給油艦七隻

この第一機動艦隊は小沢の発案であった。小沢は、進攻米海軍にたいする海上機動決戦兵力として、昭和十八年末から、これをつよく古賀連合艦隊司令長官と軍令部、海軍省に進言していた。小沢は、自分が第一機動艦隊を指揮して米主力機動部隊と戦えば、それに勝てると信じていたようである。

参謀長の古村は遺稿（前記の手記）のなかで、つぎのようなことを書いている。

「昭和十九年三月一日、小沢長官がかねて提唱していた第一機動艦隊の編成が発令され、小沢中将の率いる第三艦隊と栗田中将の率いる第二艦隊をもって第一機動艦隊が編成され、小沢中将がその司令長官に親補せられた。（中略）

モリソンの戦史によれば、小沢長官は三つの帽子をかぶっていたとある。それは第一航空戦隊を直率し、第三艦隊司令長官であり、第一機動艦隊長官であったからである」

第一機動艦隊が編成された三月一日に、小沢はシンガポールのセレター軍港に碇泊《ていはく》中の第三艦隊旗艦翔鶴にいたが、将旗をセレター基地に移し、第一機動艦隊の指揮を執りはじめた。指揮下の各艦隊は、内地、パラオ、セレター、リンガなどに分散していたが、やがてリンガ泊地に集合することになった。

野村実は、このころ海軍少尉で瑞鶴の電測士であったが、昭和五十五年に出版した『歴史のなかの日本海軍』（原書房）の「軍令部作戦室から見るマリアナ沖海戦の小沢艦隊」のなかで、

「われわれはときどき、シンガポール島やマレー半島の戦跡を見て回った。また各飛行場を訪問し、飛行機隊の訓練の模様を見学した。そんなとき、ときたま、飛行場の指揮所の天幕のなかで、椅子《いす》にすわって、じっと搭乗員たちの訓練状況を見守る小沢さんを、見かけたものである」

と書いている。

第一機動艦隊にはいくつかの新しい特徴があった。その一つが、空母に空地分離方式を導入したことである。従来の飛行機隊は各艦長の指揮下にあったが、こんどは各航空戦隊に一個の航空隊を編成し、司令長官または司令官の直率とした。第一機動艦隊の中心航空兵力は第一航空戦隊の第六〇一航空隊二百二十五機である。その六〇一空の司令は、小沢が最適とみこんだ入佐俊家《いりさとしいえ》中佐（第五十二期）であった。入佐は、昭和十二年七月七日に「支那《しな》事変」が勃発《ぼっぱつ》した翌月の八月十五日、長崎県の大村基地から九六式陸攻二十機をひきいて東シナ海をわたり、南京飛行場を爆撃し、朝鮮半島南方の済州島に帰着した。といってもいまではめずらしくもなんともないが、当時ではそのような長距離飛行爆撃は世界でも前代未聞で、「海軍航空隊の渡洋爆撃」という新名称が生まれ、一世を風靡《ふうび》したのである。入佐は痩《や》せ型で温和な風貌《ふうぼう》の口数のすくない人物だが、他人がやりたがらない困難なことを黙々とやる指

揮官だった。小沢は第一航空戦隊を直率し、入佐に至難なアウト・レンジ作戦を実行してもらおうとしたのである。

二つ目の特徴は、各航空戦隊で新機種の飛行機を多く使用するようにしたことである。九九艦爆の多くが彗星艦爆に、九七艦攻の多くが天山《てんざん》艦攻にかわった。零戦の多くも改良型となり、増槽がとりつけられ、航続距離が増大し、二百五十キロ爆弾を搭載する戦闘爆撃機としても使えるようになった。

三つ目の特徴は、旗艦となる新型の重装甲空母大鳳が、三月下旬に内地を出発し、四月上旬にシンガポールに着くことである。飛行甲板を重装甲にした大鳳は、二百五十キロ爆弾に耐えるという。

四つ目は、第一機動艦隊は、小沢が「これで米機動部隊に勝つ」と信じている「アウト・レンジ戦法」で戦おうとしていたことである。参謀長の古村は、遺稿でこう書いている。

「私をはじめ幕僚は一軒の独立宿舎に泊り込み、小沢長官の発案のアウト・レンジ戦法、前衛部隊（第二艦隊及び第三航空戦隊）を主隊（注・第三艦隊第一航空戦隊）の前方一〇〇カイリ（注・約百八十キロ）に配備し航空部隊の先制攻撃に策応し（注・味方飛行機隊が敵各空母の飛行甲板を爆撃して飛行機の発着艦を不能にし、さらに戦果を拡大したならば、前衛部隊の戦艦、巡洋艦、水雷戦隊は突撃し）、敵を撃滅する戦法等を織り込んだ第一機動艦隊独得の戦策立案に当った。従来の連合艦隊とは全く異なり母艦中心の戦法とするため、全く新しい戦策を作りあげた」

アウト・レンジ戦法というのは、敵の攻撃可能距離外から一方的に攻撃する戦法である。日本海軍では、遠距離先制攻撃法といっていた。当時米軍機は、重装甲をしているほか、燃料タンクを防弾ゴムで包み、弾丸が命中しても防弾ゴムで自動的に弾孔をふさぐようにしていた。そのために米軍機の攻撃距離は三百カイリ（約五五〇キロ）が限度であった。日本軍機はそのような防御装置をせず、かわりに燃料を余計に積むので、攻撃は四百カイリ（約七百四十キロ）先まで可能であった。

淵田美津雄は、前記の手記で、

「敵の攻撃圏《ま》三〇〇浬《かいり》に対し、こちらは敵と四〇〇浬の間合をとって、一方的に先制攻撃を加えて、先ず敵空母の甲板を破壊して発着機能を封殺し、あと連続攻撃を反復しつつ戦果を拡大して、最後は栗田中将の率いる水上部隊でとどめを刺そうとの狙いであった（後略）」

と書いている。アウト・レンジ戦法は、アッツ島沖海戦のところで書いた「最大射程での有効な射撃」をさらに拡大した思想である。

小沢は、連合艦隊参謀長のとき、「最大射程での有効な射撃」とともに、「航空戦は、敵に先んじて敵を発見し、速かにわが攻撃隊を発進して、先ず敵空母を撃破し爾後《じご》の戦闘を容易にすることが先決である」と主張している。それがゆきつくところにゆきついて、アウト・レンジ戦法になったものである。

小沢は、寡をもって衆に勝つ戦法はこれしかないと信じたのであろう。それはまた小沢の人格であった。

敵にわたった軍機作戦計画書

第一機動艦隊の陣容がととのい、米機動部隊撃滅の戦法も決まった。あと、レーダー、防空戦闘機、対空火器（日本側はまだＶＴ信管の存在を知らなかった）への対策が残されていたが、それにたいしては深刻に考えていなかったようである。レーダーの探知を避けるために、敵艦隊から約五十カイリ（約九十三キロ）手前までは低空で飛び、そこから上昇して攻撃体勢にうつれとか、護衛戦闘機は味方攻撃隊の護衛に専念し、敵機撃墜は二のつぎにしろというようなものだった。

いちばんの問題は搭乗員の技倆《ぎりょう》であった。それが、プロというにはほど遠いものにしかなっていなかった。搭乗員たちは、まだアマチュアの飛行機乗りにも足りない訓練しかうけていなかったのである。野村実は、二月六日に第一航空戦隊の翔鶴、瑞鶴が瀬戸内海を出撃する直前の様子を、

「それまで空母が出撃するときには常に、飛行機隊を瀬戸内海西部の海面で、着艦収容する

のを例とした。しかし、このときは『翔鶴』も『瑞鶴』も、出撃前岩国沖で、基地物件とともに多くの飛行機を、ハシケで母艦に積み込んだ。

第一航空戦隊は、ソロモン方面の作戦で所属の飛行機隊を消耗した結果、このとき搭載した飛行機隊は新編成のもので、母艦に着艦する訓練が終了しておらず、着艦収容ができなかった。一部の飛行機隊は遅れて、あとから基地づたいに空輸された」

と述べ、ついで、リンガ泊地での訓練情況を、

「『瑞鶴』は三月二〇日、セレターを発し、同日中に南方一〇〇マイルにあるリンガ泊地に達した。『翔鶴』はすでに先行しており、ほかに第三戦隊、第七戦隊、『長門』それに若干の駆逐艦が在泊していた。(中略)

われわれのリンガ泊地進出後ただちに、小沢さんは飛行機隊の発着艦訓練を開始した。それは、まことに、すさまじいものであった。(中略)

このとき新編成の飛行機隊は、九九艦爆の替わりに彗星艦爆を、九七艦攻の替わりに天山艦攻を持った。彗星のエンジンと機体は、二式艦偵(注・二式艦上偵察機)と基本的に同様であり、天山は機体も速度も、九七艦攻よりも一回り大きくなっている。

発着艦訓練は、シンガポール島を発した飛行機隊がリンガに飛来し、『翔鶴』『瑞鶴』で訓練を行い、終わるとまたシンガポール島に帰っていく。(中略)

事故が続出した。私がこの眼《め》で見ただけでも、一〇件に近い。(中略)

彗星の一機は、かなり前部に着艦したためアック(注・飛行甲板に張ったワイヤーにひっ

かける機尾の鉤《かぎ》）がかからず、さりとてエンジンをふかして発艦速度に達しうる飛行甲板の長さが、得られない状況となった。このため、関係者全員がかたずを飲んで見守るなかを、映画のスロー・ビデオのように、飛行甲板の最前部から、前部機銃甲板にゆっくりと転落した。

また見張員の叫びで、訓練を終えてシンガポール島に向かう天山の編隊を見ると、空中接触を起こした天山の一機が、火だるまとなって炎上するのが望見された。

小沢さんは三月二五日、セレター基地から駆逐艦に乗ってリンガに来着し、将旗を『翔鶴』に復帰した。

リンガにきた小沢さんが、これらのすさまじい発着艦訓練を目の前にし、事故の多発に心痛したことは、疑問の余地がない。

いつのころからかわれわれの間では、小沢さんが、

『もう着艦訓練はやらなくてもよい。発艦だけできれば、空母から第一撃のみは可能であるし、第二撃は味方の陸上基地からやらせる。これ以上事故で人命を失うのは忍び得ない』

と言ったといううわさが、流れるようになってきた」

と述べている。たとえは適当ではないかもしれないが、プロ野球のゲームに、中学野球チームを出場させて勝とうとしているようなものではないかと思わされる。

昭和十九年（一九四四年）三月三十日、連合艦隊司令部指揮所のあるパラオが米機動部隊

の空襲をうけた。港内の工作艦明石その他の艦船がほとんど撃沈され、第一航空艦隊の飛行機約九十機が撃破され、死傷二百数十名を出した。

三月三十一日も空襲はつづき、軍需施設も工作施設も壊滅し、根拠地の機能が喪失した。連合艦隊司令部は、パラオは危険として、フィリピンのミンダナオ島南岸ダバオに急遽《きゅうきょ》移動することにした。午後十時、長官の古賀大将をはじめとする司令部全員は二式大艇二機に分乗してパラオを飛び立った。

二機はミンダナオ島に近づくうちに異常な低気圧にぶつかり、古賀一行の一番機は行方不明となった。参謀長福留中将らの乗る二番機はフィリピン中部のセブ島沖の海上に不時着し、福留以下九名はフィリピン・ゲリラの捕虜となった。しかし、四月十日、ゲリラと日本陸軍独立歩兵第百七十三大隊（大隊長大西精一中佐）の間で、捕虜をひきわたすかわりに日本軍がゲリラにたいする攻撃を中止するという取引条件で話し合いがついた。福留らは、四月十一日、ゲリラから日本陸軍部隊にひきとられ、ついで四月十二日、海軍第三十一警備隊セブ派遣隊にひきとられた。

海軍中央は、フィリピン・ゲリラの捕虜になっていた一行の代表である福留および作戦参謀山本祐二中佐を四月十七日に海軍大臣官邸に出頭させ、事情を聴取した。事件の糾明に当たったのは、海軍次官沢本頼雄中将、軍務局長岡敬純中将、人事局長三戸寿少将、軍令部次長塚原《つかはら》二四三《にしぞう》中将、同伊藤整一中将（注・当時は二人次長制）、第一部長中沢佑少将ら六名の将官で、問題は、ゲリラの捕虜になった事件関係者を軍法会議にかけるか否かであった。

沢本中将は糾明委員会会議の議長をつとめ、多数決でそれを決定することにした。表決の結果、三対二でこの事件は不問に付すということに決まった。報告をうけた海相兼軍令部総長の嶋田繁太郎大将もそれに同意した。

福留繁中将は六月十五日、この日はちょうど米海兵隊がサイパンに上陸した日だが、第二航空艦隊司令長官に親補された。嶋田海相による人事であった。のちに福留はフィリピンで神風特別攻撃隊を指揮する。

山本祐二中佐は五月一日、海軍大佐に進級し、第二十一駆逐隊司令、連合艦隊司令部付を経て、八月に第二艦隊先任参謀となる。

それだけであったら、海軍中央の処置は甘すぎるにはちがいないが、まだそれほど重大というほどでもなかった。しかし実は、福留らははなはだしく無責任なことをしていたし、海軍中央の糾明委員会も、たいへんな手ぬかりをやっていた。というのは、不時着のとき福留の手さげ鞄《かばん》がフィリピン漁民にひろい上げられ、ゲリラの手に渡ったのだが、その中に、「Z」作戦の詳細な機密図書と暗号書が入っていたのである。

「Z」作戦の機密図書というのは、昭和十九年三月八日、パラオ在泊の武蔵艦内で作成された機密連合艦隊命令作第七十三号の「Z作戦計画」で、「あ号作戦」（マリアナ沖海戦）や「捷《しょう》一号作戦」（フィリピン沖海戦）の原案となるものであった。これが敵手におちれば、連合艦隊の戦備と作戦企図はすべて明らかとなり、敵はそれを打ち破る手段を講ずることができるのである。

この図書のなかには、「Z作戦要領」と「Z作戦指導腹案」があったが、とくに「腹案」は、連合艦隊の死命を制するといえるものであった。はじめに「腹案」をかんたんに説明したい。

「一　集中兵力予想」の要点はつぎのようなものであった。

基地航空兵力としては、マリアナ地区、東カロリン地区、西カロリン地区、硫黄島、北東方面、南西方面、菲島（フィリピン）方面、横須賀の各地区で、昭和十九年三月、四月、五月に、それぞれ何という部隊にどういう機種の飛行機が何機配備されるかという明細が書いてある。

海上兵力は、同年三月末に、どの地区に、何という部隊がどういう艦種の艦艇を何隻持って配備されるかという明細が書いてある。たとえば、

○「リンガ」

一戦隊（長門）、戦艦扶桑《ふそう》、三戦隊（高速戦艦二）、七戦隊（重巡洋艦四）、重巡最上、十戦隊〔軽巡洋艦一、六十一駆逐隊（四）、十駆逐隊（三）〕、一航戦（空母三、うち大鳳は進出途次）

というものである。

先遣部隊（潜水艦）は、同年三月末作戦可能兵力が、

○中部太平洋方面

六艦隊　大型一三、中型七、小型七
十一潜戦　大型二、中型三、小型二
○北東方面　大型三
○東西方面　大型九
となっている。

海上機動部隊（空地分離となったので母艦はふくまず、飛行機隊のみ）の戦備は、おなじく同年三月末と四月末予想として、一航戦、三航戦、二航戦のそれぞれの情況が書いてある。

三月末の一航戦は、
○一航戦（六〇一空、戦闘機八一、艦爆八一、艦攻八一、偵察機九）
1　全機昼間基地作戦可能
2　全機昼間母艦発艦基地帰投可能
3　艦偵約半数夜間母艦基地帰投可能
4　各機種約半数母艦発艦機動戦可能
となっている。

四月末予想はつぎのとおりである。
○一航戦、三航戦　海上機動戦可能の見込み
○二航戦　海上機動戦稍《やや》困難ならん

「二　兵力の移動集中」はつぎのようなものである。
㈠　当分の間現配備を続行す
㈡　六〇一空（一航戦）の錬成終了（四日中旬頃）せば同航空隊は韮島方面に前進待機訓練し、爾余の第一機動艦隊兵力は「タウイタウイ」（注・ボルネオ北東）または「パラオ」に待機せしむ（後略）、
㈢　Z作戦用意又は発動に際しては「リンガ」方面配備全兵力（扶桑ヲ除ク）を太平洋方面に転進せしむ（後略）
「三　作戦要領」（「Z作戦指導腹案」のなかのもので、「Z作戦要領」とは別）は、「作戦指導の根本方針」、「航空作戦」、「海上兵力の作戦」、「作戦区分」、「潜水艦作戦」の五項目に分けて書いてある。
「作戦指導の根本方針」は、
㈠　われに最も有利なる戦略態勢（「マリアナ」、「カロリン」、西部「ニューギニア」）においては万難を排し全力を集中いわゆる全力作戦を実施し、爾余の方面においては、敵情、わが戦備により異なるも、おおむね方面部隊兵力を主体とする作戦を実施し、情況により主力を転用増勢す
㈡　連合艦隊司令長官は「マリアナ」、「カロリン」方面全力作戦の場合、連合艦隊の主力たる第五基地航空部隊（注・角田中将の第一航空艦隊）および第一機動部隊（注・小沢中将の第一機動艦隊）を直接掌握して戦場に臨むを建前とし、爾他の場合および戦況に

応じては各方面部隊指揮官をして作戦参加兵力を指揮せしむるを例とす
㈢（省略）
㈣　母艦基幹兵力をもってする海上機動戦は二航戦、三航戦など整備するまでは味方航空機の威力圏内において実施するを建前とす
（後略）

といったものである。

「航空作戦」のなかでとくに注目されるのは、攻撃目標の選定についてで、

1　撃滅すべき敵兵力の主目標は敵輸送船団なることを銘記し情況ゆるすかぎり輸送船団を攻撃す
2　敵が従来のごとき慣用戦法をもってまず航空撃滅戦を企図し、輸送船団出撃の数日前、敵機動部隊来襲する場合は、制空権獲得を目標とし、敵空母を先制攻撃撃破す　右の場合、敵空母撃沈を図るとともに全空母の機能喪失を目的とする戦法をもあわせ実施するものとす
（後略）

というようなものになっている。

「海上兵力の作戦」、「作戦区分」、「潜水艦作戦」も、それぞれ何項目かにわたり、作戦要領がしめされている。

このほか、「四　連合艦隊司令部の行動」と「五　Z作戦中南西方面正面に敵大挙来攻の

場合」などがあるが、省略する。

つぎに「Z作戦要領」だが、これは「各部隊の各戦機に応ずる作戦要領」のなかの「敵来攻する場合」という一つだけを代表的なものとして紹介しておきたい。

当該方面邀撃《ようげき》帯兵力の項では、「各種戦力の全力を挙げ、来襲敵機を撃破するとともに、上陸を企図する敵兵力をその上陸前および水際に撃滅、要地を確保す」

基地航空決戦兵力の項では、「一、すみやかに敵を捕捉《ほそく》その全貌を明らかにするとともに、触接を確保す　二、先制反復攻撃を加え、まず敵空母を撃破して制空権を獲得し、ついで輸送船団を反復攻撃これを撃破す　情況により敵空母攻撃と並行輸送船団を攻撃し、またはまず敵輸送船団に主攻撃を指向す」

海上決戦兵力の項では、「一、全力を挙げ基地航空部隊の作戦に策応、敵を攻撃撃滅す　二、母艦基幹の機動兵力は敵基地索敵圏外を行動するに努め、敵機動部隊を味方基地威力圏内において、その翼側より攻撃撃破す　三、水上兵力は主として敵輸送船団を目標とし、これをわが要地ふきんにおいて急襲撃破す」

（後略）

となっている。

以上で「Z作戦指導腹案」と「Z作戦要領」の説明を終わるが、「腹案」「要領」の文章は片仮名を平仮名とし、一部の漢字を平仮名とし、句読点を加えて読みやすくした。

戦後、連合国情報局のアリソン・インド米陸軍大佐の証言記録によると、この「Z作戦計画」図書は、連合軍によりつぎのように処理された。ゲリラの手でセブ島南部に送られ、夜アメリカ潜水艦に渡され、オーストラリアのブリスベーンにある陸軍情報部に運ばれた。そこで複写され、英文に翻訳され、実物と翻訳書はパールハーバーの米海軍情報部に送りとどけられた。アメリカ海軍は、Z作戦計画が奪われたことにより日本海軍が作戦計画を変更することを恐れ、潜水艦に書類ケースをのせて、飛行艇の不時着した海面に運ばせ、ふたたびそのケースを流した。

一方、福留中将や海軍中央の責任者たちは「Z作戦計画」図書や暗号書の行方をどう考えていたかというと、つぎのようであった。まず福留は、昭和四十六年に発行された同人著『海軍生活四十年』（時事通信社）のなかでこう書いている。

「……墜落した飛行艇の中に連合艦隊の作戦計画が残存していて、これがアメリカ軍の反撃作戦に非常に役立ったというのである。そんなことは絶対にあり得ない。飛行艇は五十メートルの高さから墜落し、たちまち猛烈な炎を上げて一晩中燃えていた。仮りに若干の書類など積み込んであったとしても焼け残っているはずはない。むろん十時間も泳いで命からがら助け上げられた私達がそんな書類など持って上るはずはない。明らかに誰《たれ》かが為《ため》にする作為にちがいない」

ところが、昭和十九年四月十三日、午後三時、セブ水交社（海軍士官集会所）で、出迎えにきた第三南遣艦隊（司令長官岡新中将、福留とおなじく第四十期）参謀山本繁一少佐にた

いしては、福留は、

「機密図書はフィリピン漁民の手に渡ったが、彼らはそれに関心を持たなかったようだ」

と語っていた。

同人は、『海軍生活四十年』が発行された昭和四十六年二月六日に死亡しているから、同書は遺稿のようなものだが、同書と山本繁一少佐に語ったことでは、どちらかがウソということになる。

作戦参謀の山本祐二中佐は昭和二十年四月七日、第二艦隊先任（首席とおなじ）参謀として沖縄特攻の戦艦大和とともに戦死していて、同人の証言はない。

海軍中央の考え方については、この問題にたいする糾明委員会のメンバーの一人であった軍令部第一部長中沢佑少将（のちに中将）が、当時の情況をくわしく戦後に語っている。昭和五十四年刊の『海軍中将中沢佑』（中沢佑刊行会編、原書房）のなかに、中沢自身の注として、こう書いてある。

「福留参謀長一行は現地陸軍部隊に救出され、四月十三日セブ市の水交社に到着、福留参謀長一行は、中央の命により、四月十四日輸送機でセブ発上京、四月十七日、本事件の詳細を口頭で大臣官邸において報告した（次官沢本中将、次長塚原、伊藤両中将、岡軍務局長、三戸人事局長、軍令部第一部長中沢少将等が福留中将、山本中佐から事情聴取）。然《しか》るに福留中将も山本中佐も意識してか否か、一言も、機密図書の件には言及しなかった。従って中央としては何事も知るに由なく、もちろん何等《なんら》処置していなかった。

福留中将はその著書（『海軍生活四十年』昭和四十六年刊）の中において機密図書が敵手に渡ったとの報道は虚報であると否定しておられるのであるが、善意か悪意か知らないが、これは誤りで、戦後米国側は、入手したことを報じ、更に戦後G・H・Qに勤めたわが幕僚（千早正隆中佐）（注・連合艦隊参謀）が現場を確認されておりその写が防衛庁戦史部にある」

ジョン・トーランド著『大日本帝国の興亡』（毎日新聞社訳、昭和四十五年刊）の第三巻『死の島々』には、Z作戦の詳細な機密文書と暗号書は福留中将の手さげ鞄《かばん》の中に収められており、中将はこの鞄を抱いたまま泳ぎ続けていたところ、数隻のカヌーが近づいてきたので、福留は捕らえられることを覚悟して、鞄を捨ててカヌーに引きあげられたが、漁夫のひとりがゆっくり沈んでゆく手さげ鞄を見て拾いあげた、と書いてある。

千早正隆は、その著『日本海軍の戦略発想』（プレジデント社、一九八二年発行）のなかで、「昭和二十三年、私はGHQ情報部戦史室で調査員として、太平洋戦史の編纂《へんさん》に従事していた。私は、情報部が保管しているおびただしい日本の押収資料のなかに価値あるものが少なくないのに気付き、押収資料を丹念に調べていた。たまたま『Z』作戦関係のものがあったので、念のためその日本文の原物をとり寄せた。

原物を見て私は、椅子《いす》から飛び上がらんばかりに驚いた。まぎれもなく本物であった。『Z』作戦計画は、『あ号』作戦と『捷《しょう》号』作戦を合わせたようなもので、実際には実施されなかったから、それほど実害があったとは思えない。が、問題は『Z』作戦指導腹案であった。それには作戦計画を発令した時点の三月十日現在における実兵力ばかりでなく、四月末までにおける兵力増強の詳細、その兵力の移動集中、攻撃法および攻撃目標にいたるまで、作戦構想の一切を述べているのであった。私は身の毛がよだつほど慄然《りつぜん》とした。一切の手の内を敵に知られ、しかもそれに気付くことなく死力を尽くして戦うなどとは、全く思いも及ばぬことであった。しかし、それは厳然たる事実であった。

両文書とも軍機（最高機密）の指定が付けられていた。『Z』作戦指導腹案は赤表紙が付けられ、赤表紙は水に濡《ぬ》れた跡が歴然としていた。発行部数とその配布先を示す番号は30分の4か5の小番号となっていた。同文書が福留参謀長機がセブ島で不時着したとき、なんらかの径路でゲリラ側に渡り、次いで米軍に渡ったことは、一点の疑いの余地もなかった。

情報部ではそれらの資料のコピーをとることは厳禁されていたが、他でも入手可能な作戦要領は別として、作戦指導腹案だけは残すべきだと考えて、私はひそかにそれを筆写して、情報部が所在していた郵船ビルから持ち出した。そして後年になって、防衛研修所戦史室が創設されたとき、その筆写コピーを同室に渡した。同コピーは『Z』作戦指導腹案として日本に現存する唯一の文献となった」

「配布先を示す番号が30分の4か5の番号になっていた」ということについて、千早は、こういっている。

「福留さんのものなら順位からいって、分子は2でなければならない。アメリカ側は、押収した二部の秘密書類のうち、一部を海に流して日本軍の目をごまかそうとしたそうですから、海へ流したのは分子が2のもので、わたしが見たのは山本祐二中佐のものと考えられるわけですよ」

ところで、福留も山本も、海軍中央の将官たちに、「Z作戦計画」図書や暗号書のことは一言も話さなかったというが、一方将官六名も誰ひとり機密文書や暗号書の糾明をしなかったようである。ワケがありそうに思えるが、残念ながら不明である。ただ一つ考えられるのは、「Z作戦計画」図書や暗号書が敵の手に渡ったことが明らかになると、海軍の威信はまったく地に墜《お》ちるし、海軍部内の統制はとれなくなり、そのまま戦争をつづけるよりも始末がたいへんだということである。だから、臭いものにはフタ、知らぬが仏を決めこむ方がベターだとしたのではないか、ということである。

それを暗示するのがつぎの中沢の発言である。

『週刊文春』の昭和四十八年五月十四日号に、――「海軍乙《おつ》事件」の真相を説く中沢中将――という記事が掲載された。乙事件というのは、山本五十六連合艦隊司令長官一行の遭難事件を「甲事件」と称したのにたいして、古賀長官一行の遭難事件を「乙事件」と称したのである。そのなかで中沢は、

「海軍省と軍令部から、次官、次長ら五名が出席して（注・誰か一人欠席していたのか）、軍令部で事情を聴取しました。（注・大臣官邸の事情聴取とは別と思われる）わたしも一緒です。しかし、その時点では、わたしたちも機密書類のことは知らなかったし、福留さんもふれな

かったんです。
ところがひと月もたたないうちに敵の情報によって真相を知ったわけであります。（注・マリアナ沖海戦の一ヵ月あまり前）福留さんと山本中佐が奪われた機密書類は、向う一年間の作戦計画で、〝Z作戦計画〟とよばれるものだったんです。それをハワイにいたニミッツ（大将）が潜水艦を派遣してゲリラから受け取っているんですよ。けれど結局、レイテ沖海戦は敗《ま》けていますよ。総力の違いがひどすぎた。わたしは最初から開戦反対だったのであります」

といっているのである。

海軍中央は、五月中ごろまでに事件の真相を知った。しかし、改めて福留、山本の糾明もしなければ、作戦計画の変更、司令部用暗号の切り替えもせず、そのままあ号作戦（マリアナ沖海戦）、捷号作戦（フィリピン沖海戦）を強行した。

なぜそうしたかで、もうひとつ考えられることがある。それは、この事件が軍法会議で明らかになれば、嶋田海相兼軍令部総長も退陣しなければならなくなるおそれが十分ということである。

嶋田が福留を第二航空艦隊司令長官に就任させたのは、米海兵隊がサイパンに上陸を開始した六月十五日で、この日は、連合艦隊が「あ号作戦決戦発動」の命令を下し、「皇国ノ興廃此《こ》ノ一戦ニ在リ各員一層奮励努力セヨ」の電報も発した日であった。

嶋田は、「Z作戦計画」図書が米軍の手に渡ったことを、中沢同様に知っていたはずである。しかし、この人事によって、福留はシロだとして海軍部内の疑惑を一掃し、自分の安泰も図ろうとしたのではなかろうか。

なお中沢は、「結局、レイテ沖海戦は敗けていますよ」と、「Z作戦計画」図書が戦争に関係がなかったかのようにいっているが、じっさいにはマリアナ沖海戦でもフィリピン沖海戦でも米軍に利用され、小沢機動艦隊をはじめとする日本軍がそのために苦戦し、犠牲をふやすのである。そのことは、追い追い触れることにしたい。

飛べない空母飛行機隊

重装甲空母大鳳は四月五日、内地からシンガポールに到着し、ついでリンガ泊地に進出した。艦長は前瑞鶴艦長の菊地朝三大佐であった。

四月十五日、小沢は旗艦を翔鶴から大鳳にうつした。野村実は、そのころの訓練のもようを、

「発着艦訓練が一応終了すると、一九年四月中、われわれの主要な訓練項目は、全艦隊と飛行機隊との航空戦教練であった。

（中略）『長門』『金剛』『榛名』の各戦艦が、それぞれ一艦ずつ、『大鳳』『翔鶴』『瑞鶴』に付き添う。この艦隊をシンガポール島を発した飛行機隊が攻撃する。

そのころ、『瑞鶴』の対空レーダーは、かなりの威力を発揮するようになっていた。もともとこれらのレーダーは一年以上も前から、空中の大編隊に関しては、調子の良いときには、一〇〇粁《キロ》をかなり越える距離から探知していた。欠点は確実性に欠けることであった。

しかし機器が改良され、正規の教育を受けた電測員が配置されるようになると、その能力と信頼度は急速に向上した。（中略）

まずレーダーが、シンガポール島方面から接近する編隊を探知する。それはわれわれの空母が、飛行機隊からの爆撃や雷撃を受ける一時間近い前である。その後飛行機隊指揮官が『突撃準備隊形作レ』と下命したのであろう。編隊は分散を始める。分散した編隊のうち艦爆隊が頭上に近づき、レーダーの指示する方向と距離に、眼鏡見張員がけたたましく編隊発見を報ずる。この編隊の彗星はやがてつぎつぎに急降下にはいる。

そのころ水平線近くの海面を見ると、艦攻隊が一機一機と、海面をはうように四周から接近してくる。やがて空母の両舷《りょうげん》から、高度差をもった天山が、魚雷発射行動ののち行き交う。

以上がそのころの航空戦教練の、典型的な形式であった。

そのころわれわれの間でも、次期決戦において小沢さんの採るべき作戦計画の基本は、ほとんど常識化していた。まず新機種の飛行機隊が米空母群をアウト・レンジして、その発着機能を奪う。その直後全艦隊が敵に肉迫し、最後の一艦まで徹底的に敵を撃滅する。『瑞鶴』のガン・ルーム（第一士官次室）でも、みんなこれを信じていた。（中略）

航空戦訓練の末期に、『大鳳』で図上演習があった。私は、艦長（貝塚武男大佐、第四十六期）と航海長（矢野房雄中佐、第五十五期）に従って、その研究会に出て傍聴した。参会者であふれる『大鳳』士官室の最上席で、じっと参会者の発言を無言で聞き入る小沢さんを見た。（中略）

リンガ泊地には、前年末に竣工《しゅんこう》した爆撃標的艦の『波勝』がいた。軍令部は同艦を、連合艦隊に付属させていた。

艦爆隊は、この『波勝』を目標として、実際に急降下して爆弾を投下した。

艦攻隊は、われわれの空母を目標として、駆水頭部による魚雷の実射を行った。

駆水頭部には、魚雷の実用頭部の爆薬の代わりに、水が充満している。空母の艦底を通過するよう、魚雷の航走深度を調定し、魚雷は航走の終期において、駆水頭部から排水し、浮力を得て海面に浮上する。こうして貴重な魚雷の回収が、可能となるのである。

ある日の演習において、『瑞鶴』は十数機の天山の攻撃を受けた。艦長は、右に左に必死に回避運動を行った。しかし、真赤に塗られた駆水頭部の先端に電灯を光らせた数本の魚雷は、確実に『瑞鶴』の艦底を通過した，われわれは、『瑞鶴』はほとんど轟沈《ごうちん》するほかないと感じた。

私はその日、いつものとおり艦橋最上部の戦闘艦橋で、レーダーの指揮に任じていた。そのときの悲惨な事故の光景が、いまでもあざやかに脳裏に焼きついている。

『瑞鶴』の右前方から襲撃してきた天山が、『そこだっ』と思う距離に近づいても、魚雷を投下しない。接近し過ぎて投下すれば、魚雷は艦体に激突する可能性がある。息を飲む間に、天山は艦首すれすれに左舷にかわった。ほっとして同機を見送ると、同機は、引返して魚雷を発射しようとでも思ったのだろうか。右に旋回しようとした。その瞬間、右翼端が海面に接触し、機体も搭乗員もあっという間に四散した。

やがてどこからか近づいた中攻一機が、そのきれいな波紋の上を、悲しげに旋回した。教練を指導していた航空隊司令（注・入佐中佐と思われる）が、乗っていたのであろう。（中略）

空地分離方式の導入以後、われわれと搭乗員との関係が、以前よりもかなり疎遠になっていた。すでに出撃の気配が濃厚になっていた。われわれがセレター軍港に在泊する機会に、出撃時『瑞鶴』に乗艦する搭乗員や整備員の士官たちと、懇親の機会を持とうとの話が持ちあがった。

一夕われわれは、ジョホールの有名な戦跡の陸橋を越え、ジョホールバールのささやかな料亭に集まった。所定の時刻になっても、搭乗員側がやってこない。

不安な気持で待つうちに、彗星の一機が、飛行場に着陸する直前に墜落し、搭乗員が殉職したとのニュースが伝えられた。搭乗員側の大部は、とうとうこなかったように記憶する。

艦長以下われわれは、暗い気持で宴席を終え、そうそうに引きあげた。

『瑞鶴』は五月七日、セレター沖を発して再度リンガに進出した。われわれは、これでいよいよ出撃との気持を持った。

リンガ泊地には、われわれが不在の間に、『大和』が入泊していた。久しぶりに見るその勇姿のみが、われわれの暗い気持を引きたてた」

野村はこの直後に、東京通信隊付兼軍令部付の辞令をうけ、五月十日に瑞鶴を退艦し、東京霞ケ関《かすみがせき》海軍省ビル内の軍令部に転勤した。

戦艦大和が重巡摩耶、駆逐艦二隻とともに、四月二十一日、呉《くれ》を出発し、リンガ泊地に到着したのは五月一日であった。ちょうど十日かかったわけである。

五月一日にリンガ泊地に碇泊《ていはく》していたのは、戦艦の長門、金剛、榛名、扶桑、重巡の愛宕、高雄、鳥海、妙高、羽黒、熊野、鈴谷、利根、筑摩、最上、軽巡の能代、矢矧、空母の大鳳、翔鶴、瑞鶴その他であった。

飛行機隊の発着艦、航法、索敵、攻撃、防御などの訓練は、あと三ヵ月はつづけるべきだが、搭乗員の技倆《ぎりよう》は出撃できないことはないというていどにちかづきつつあった。

こんどの戦いはミスが許されないとあって、小沢は要所に万全をはかったが、索敵強化もその一つであった。ミッドウェー海戦の敗北は索敵の失敗が最大原因と見られるだけに、小沢のそれにたいする配慮は徹底していた。ミッドウェー海戦での索敵法は一段索敵で、そのうえ利根、筑摩の索敵機の発進が遅れるというまずさがあった。小沢は、先制敵発見のために三段索敵を実施しようとしていた。さらに完璧《かんぺき》を期して、入佐を六〇一空の司令に迎えたように、一人の若い偵察将校を同空に迎えていた。古村参謀長は、そのことを遺稿で、こう述べている。

「シンガポール方面で訓練中、私は長官の命によって東京へ作戦打合せのため青木参謀（注・武中佐・航空参謀、第五十一期）を帯同し、中攻を仕立てて往復したことがありました。そのときは作戦打合せのほか、優秀な偵察将校を一名、六〇一空に配員して貰《もら》う様申し入れる用件もありました。この注文に応じて着任したのが、小山田豊彦《こやまだとよひこ》大尉（第六十八期）です。

小山田君は海軍の大先輩小山田仲之丞少将（第三十三期）の令息で、兄正一少佐（第六十期）は水雷屋であり、兄弟揃《そろ》って海兵の恩賜組で、優秀な人物でありましたが、六月十九日の戦闘後、小山田大尉は母艦帰投を断念してテニアン飛行場に着陸したところ敵戦闘機の機銃掃射に遭い戦死してしまいました。兄の方も魚雷艇隊の指揮官をしてコレヒドールで戦死されました。誠に気の毒な想《おも》い出《で》であります。実は小山田大尉はこの時私の長女と婚約の仲でありました」

四月一日夜半に飛行艇に乗ったまま行方不明となっていた古賀峯一連合艦隊司令長官一行の消息はついに判明せず、殉職と認定され、五月三日、後任として横須賀鎮守府司令長官の豊田副武大将（第三十三期）が連合艦隊司令長官に親補され、千葉県木更津《きさらづ》沖の旗艦軽巡大淀に着任した。

古賀大将一行の遭難について、五月五日、大本営はつぎのように発表した。

一、連合艦隊司令長官古賀峯一大将は本年三月前線に於《おい》て飛行機に搭乗全般作戦指導中殉職せり

二、後任には豊田副武大将親補せられ既に連合艦隊の指揮を執りつつあり

この発表とともに古賀大将は元帥府に列せられた。

豊田が連合艦隊司令長官に就任した五月三日、軍令部は「あ号作戦」を発令した。小沢第一機動艦隊と角田第一航空艦隊（基地航空部隊）をいっきょに米主力機動部隊にたたきつけ、これを撃滅しようというものである。

軍令部が予想する決戦海面は西カロリン群島南方であった。

連合艦隊司令部も五月三日、「あ号作戦計画」を発令した。

一、連合艦隊ハ主作戦ヲ中部太平洋以南「ニューギニア」北岸ニ至ル正面ニ指向シ　友軍ト協力同方面ニ決戦兵力ヲ集中シテ一挙ニ敵進攻兵力　就中敵機動部隊ヲ覆滅シ以《もっ》テ敵ノ反攻企図ヲ全面的ニ撃摧《げきさい》セントス

二、本作戦ヲ「あ号作戦」ト呼称シ其《ソ》ノ作戦要領ヲ別冊第一乃至《ないし》第三ノ通定ム

（後略）

連合艦隊の予想する決戦海面は、第一がパラオ付近、第二が西カロリン群島ふきんであった。また、この計画のなかに、

「航空攻撃ハ敵母艦ノ航空攻撃圏外ヨリ大兵力ヲ以テ、昼間先制攻撃ヲ行フヲ重視ス」

という、小沢のアウト・レンジ戦法に同意する見解が示されてあった。

五月六日、大本営政府連絡会議は、海軍が新たに六万総トンのタンカーを徴用することを認め、小沢機動艦隊はマリアナ海域まで出撃することが可能となった。

一方米国統合参謀本部は、三月十二日、つぎの戦略計画を関係各部隊に発令していた。

「ホランジア（注・ニューギニア中央北部海岸）攻撃は、四月十五日に実施する線で承認する。トラックは徹底的にたたいたうえで放置する。ニミッツの部隊は、六月十五日にマリアナ諸島に侵入し、九月十五日にパラオ諸島に向かう。マッカーサーのミンダナオ侵攻は十一月十五日とし、ニミッツの部隊はマッカーサーの作戦を支援する。その後ルソンと台湾のい

ずれに向かうかは未決のままとするが、目標は一九四五年二月十五日とする」（E・B・ポッター著『提督ニミッツ』南郷洋一郎訳・フジ出版社刊）

これは海軍のニミッツ大将が主張するマリアナ進攻による中部太平洋進攻作戦、いわゆるニミッツ・ラインと、陸軍のマッカーサー大将が主張する南西太平洋進攻作戦、いわゆるマッカーサー・ラインとの妥協案であった。

この戦略計画にもとづき、マッカーサー指揮の米軍は四月二十二日、ホランジアに上陸し、作戦を進めていた。

日本側は、マーシャル群島方面から近づくニミッツ・ラインと、ニューギニア方面から近づくマッカーサー・ラインに眩惑《げんわく》され、両面に備えなければならなかった。

また、前記『提督ニミッツ』によると、米軍は、福留中将の手さげ鞄から入手した日本連合艦隊の「Z作戦計画」図書をつぎのように利用した。

「マッカーサーはその入手した『Z作戦』の計画書を英語に翻訳させ、その要点を無線でニミッツに知らせた。

原文の写真コピーがオーストラリアからハワイへ空輸された。その再翻訳は、『Z作戦』が、マリアナ・カロリン・ニューギニアを結ぶ線の西方に侵入した米軍に対して、日本海軍が決定的な発動をすることを規定していた。ハワイでは『Z作戦』が次の『あ号作戦』に取って代えられることを知っていた（注・暗号解読と思われる）が、『あ号作戦』は『Z作戦』より詳細にしたものであると考えられていたから、『Z作戦』の翻訳は、直ちにマーシャル諸島に集結している第一線指揮官に直送され、その後の作戦に重要な役割を果たすことになった」

リンガ泊地の小沢艦隊は、五月十一日と十二日の二手に分かれて同泊地を出港し、ボルネオ北東のタウイタウイ泊地に五月十四日と十五日に入港した。翌十六日、内地から戦艦武蔵、第二航空戦隊の空母隼鷹、飛鷹、龍鳳《りゅうほう》、第三航空戦隊の空母千代田、千歳、瑞鳳が到着した。これで第一機動艦隊の全軍五十六隻が勢ぞろいしたのである。

タウイタウイを前進基地にえらんだのは、パラオとニューギニア北西のビアク島にほぼ等距離で、米機動部隊がどちらに出現しても出撃しやすいようにということであった。

五月十九日午前九時三十分、旗艦大鳳に集合した指揮官たちを前に、小沢は、「機動艦隊タウイタウイ集結に際し各級指揮官に訓示」をおこなった。元海軍少将の渋谷清見（第四十五期）は、それについて、

「あ号作戦のとき、私は空母隼鷹の艦長として参加したが、いちばん印象に深かったのは、機動艦隊がタウイタウイ集結時における小沢長官の次の訓示であった。

『こんどの作戦では一部の部隊に犠牲を強いることがあるから覚悟せよ』

これは前衛部隊として最前線に配した第三航空戦隊（大林少将指揮の千歳・千代田・瑞鳳）および第二艦隊の大部（栗田中将指揮）を意味したもので、作戦の要求上やむを得ないこととはいえ、元来心優しい長官の人柄だけに、その胸中の気持が察せられてならなかった」

と、戦後に回想している。第二航空戦隊先任参謀であった寺崎隆治は、

「長官は航空部隊の先制攻撃が成功すれば、直ちに前衛の水上部隊を敵に近迫させて撃滅する肚《はら》で、これがためには前衛部隊に犠牲になってもらいたいと、その心中を述べたのだ」

といっている。

だが小沢の副官の少佐であった麓多禎だけはそれとちがい、

「ミッチャー（注・日本機動部隊と決戦に当たった米第五十八機動部隊司令官ミッチャー中将）は部下たちに、どんなことがあっても救助にゆく、そのつもりで戦ってくれといっている。小沢さんは犠牲を強いるといっている。部下たちがこの人のためならと思うのは、ミッチャーの方ではなかろうか」

と、批判的にいっている。

小沢の訓示にたいするうけとり方はさまざまだったようだが、容易ならない戦になるとは誰もが感じとった。その後、数日間にわたって図上演習、兵棋演習、戦務演習があり、アウト・レンジ戦法の徹底が図られた。しかし、アウト・レンジ戦法に反対だった関係者もいた。

当時軍令部航空参謀の源田実中佐（第五十二期）は、

「自分はアウト・レンジには反対でリンガに出張したとき、第一機動艦隊司令部に忠告してきた。その理由は、航空攻撃の時発進適当なウォーミング・アップが必要で、発進後三十分ないし一時間が適当である。これより早くても遅くても不適当である。従って発進距離は二百浬《かいり》、多くても二百五十浬以内が適当である」

といっている。第二航空戦隊航空参謀の奥宮正武少佐（第五十八期）は、「大鳳の打ち合わせでアウト・レンジにたいする反対意見を述べた。それは当時の練度では自信がなかったからである。ただし、意見を述べただけで議論はしなかった」

といっている。第二艦隊参謀大谷藤之助中佐（第五十六期）はこういっている。

「長いヤリをのばして敵を攻撃し、敵のヤリを届かせない。また母艦を後方、水上部隊を前におき、敵の攻撃を水上部隊で吸収するというのが〝アウト・レンジ〟だが、これは航空作戦としては邪道ですな。飛行機で敵を攻撃するのだから、できるだけ飛行機は戦闘以外のエネルギー・ロスを避けねばならん。遠くから飛んでいっては、行くだけで疲れてしまう。とくに当時はパイロットの訓練が不十分だったから、なおさら遠距離攻撃は危険なわけで、私は最初からダメだと思うとった」（児島襄《こじまのぼる》『参謀』より）

連合艦隊航空甲参謀の淵田美津雄中佐（第五十二期）は、手記につぎのように書いている。

「小沢中将はわが艦載機の性能が敵に比べ航続距離が長いのを活用苦心研究の結果、自らアウト・レンジ戦法を案出した。アウト・レンジ戦法は、図上の算術として筋が通るばかりでなく、また戦術としてもよく母艦の本質を衝《つ》いている。（中略）

しかし、これらの攻撃隊にはアウト・レンジの戦法は荷が重過ぎた。敵までの距離三五〇浬から四〇〇浬もあっては、攻撃隊の進撃速度一五〇節では二時間半はたっぷりかかる。そのうちに敵情は変わるであろうし、索敵機の触接も期待できないから、攻撃隊が目標を捕捉するかどうか懸念された」（『小沢提督と母艦作戦』より）

これらの発言にたいして、軍令部第一部長中沢佑少将は、

「昭和十二年、連合艦隊司令部で小沢少将が参謀長、私が先任参謀で勤務した時、航空機、大砲、水雷いずれもアウト・レンジをやり、戦闘は最後の五分間ではなく、最初の五分間という思想で連合艦隊戦策を作成し、その戦策に基づいて訓練を行なった。この考えは小沢長官の元来からの戦術思想であった。

軍令部においてもマリアナ海戦当時はこの思想であり、アウト・レンジに反対の意見を聞いた記憶がない」（『戦史叢書　マリアナ沖海戦』）

と反論している。また、『戦史叢書　マリアナ沖海戦』には、

「連合艦隊司令部関係者、井口兼夫三航戦参謀、川村匡六五三空副長も同様の回想をしている」

と書いてある。第一機動艦隊先任参謀の大前敏一大佐（第五十期）はつぎのように反論している。

「長官からは黎明《れいめい》時敵との距離を五〇〇浬にもってゆくように強く要望された。源田部員から反対の意見を聞いたこともなく、また打ち合わせなどで反対意見を聞いたこともない」（『戦史叢書　マリアナ沖海戦』）

このほかに、同戦史叢書には、

「軍令部においても中沢回想のように研究会等で反対意見を聞いていない。従って、アウト・レンジ戦法は一部に練度の関係上懸念していた人があったと思われるが、

大勢はこの方策を是認し、これにより勝利を得られるものと信じていたというべきであろう」

と書いてある。

念のために、これらの人びとの発言は、すべて終戦後であることをつけ加えておきたい。では、最も難点である搭乗員の練度向上のために、タウイタウイでどうしていたかということだが、それがほとんど何もしていなかった。なぜなら、訓練のために泊地外の海面に出てゆけば、米潜水艦が多数待ちうけていて魚雷攻撃をかけてくるので、泊地内にいて、訓練ができなかったのである。

五月十四日夜、駆逐艦電《いなずま》が泊地ちかくで米ボーンフィッシュに雷撃されて沈没した。

五月二十二日、泊地外に出て飛行機隊の発着艦訓練をはじめた千歳は、米潜ブファーの魚雷を二本うけたが、幸い不発であった。しかし訓練は中止しなければならなかった。発着艦訓練をするときは、空母は風上に向かって直進し、変針することができない。潜水艦からすれば絶好のチャンスとなる。

五月二十四日、タンカー建川丸が米潜ガードナーに撃沈された。その後、駆逐艦水無月、早波、風雲、谷風がつぎつぎに米潜に雷撃されて沈没した。

この間の飛行機隊の情況を、淵田は手記に、

「ここに問題となったのは母艦に缶詰にされている搭乗員の練度の保持であった。発着艦でさえまだハラハラさせる腕前なのに、一ヵ月も訓練がとだえている。(注・一カ月というと、

六月十日ちかくになる）そこで待機中に、敵潜の危険を冒して湾外に出動、第一、第二、第三航空戦隊は一回ずつ発着艦訓練を行なった。まず第二航空戦隊が出動したが、隼鷹で二機、飛鷹で一機が着艦をしくじって大破した。口さがないのがいて、

『航空参謀、これは航空自滅戦だね』

という有様。まさにその通りだから、奥宮航空参謀は返す言葉もなく暗澹《あんたん》とした気持であったという」

と書いている。

ニミッツは、Z作戦計画図書によって、小沢艦隊のタウイタウイ進出、兵力、飛行機隊の練度を知っていた。そこで潜水艦部隊を派遣し、小沢艦隊のタウイタウイ封じ込め作戦を策した。かれは、きたる六月十五日に、米軍がサイパン上陸作戦を開始することを十分すぎるほど知っていた。それまでに小沢艦隊の兵力を極力減少させる必要があるとしての一手であった。小沢艦隊をタウイタウイ泊地に封じ込めておけば、同艦隊飛行機隊の訓練はできず、搭乗員の練度はますます低下する。泊地から出てくれれば潜水艦で雷撃する。レーダーの性能がいい米潜水艦は、夜間、半潜航で日本駆逐艦を雷撃撃沈した。泊地外に出られなくなった小沢艦隊は、ニミッツの思う壺《つぼ》にはまったのである。

搭乗員の練度は、六〇一空（第一航空戦隊）を例にとると、つぎのようであった。

士官搭乗員たちは、トラックから内地に帰ったラバウル生き残りの第一航空戦隊士官搭乗員たちに、昭和十八年九月十五日に練習航空隊を卒業したばかりの兵学校第七十期の中尉た

ちを加え、昭和十八年十二月から九州鹿屋《かのや》で再建訓練を開始し、昭和十九年二月十五日に六〇一空を編成した。

下士官搭乗員の過半数は偵察専攻の第九期甲種飛行予科練習生で、基幹搭乗員は第五期甲種飛行予科練習生前後の上飛曹が十名ぐらいであった。昭和十八年十二月に鹿屋配属となり、彗星で離着陸できるていどでシンガポールに進出した。甲飛九期の隊員たちの鹿屋入隊までの飛行時間は百時間ないし百五十時間であった。（注・六百時間以上で一人前といわれた）

六〇一空の搭乗員たちの入隊後の訓練期間は、昭和十八年十二月上旬から十九年五月上旬までで、約五ヵ月間であった。それが第三航空戦隊の六五三空では三ヵ月、第二航空戦隊の六五二空では二ヵ月しかなかった。

対する米空母飛行機隊の搭乗員たちは、一年以上の訓練を経ていた上に、定員の三倍の搭乗員がいて、それが交替で戦っていた。

リンガ泊地を出撃するころの搭乗員の練度を、二航戦の奥宮参謀は、

「搭乗員の練度は格段に落ちていた。これまで八回飛行機隊の編成をやったが、この時は特に索敵の練度に大きな疑問があった。以前は敵を発見したならばすぐ攻撃隊を出したが、この時は三機の索敵（天山）をやってから攻撃隊を発進させた。索敵に自信がなかったからである。（注・マリアナ沖海戦のとき）

また爆撃訓練でも前には対摂津（注・標的艦）爆撃訓練で九機が実施し九発命中することもあったが、このころは九機とも不命中のことがあった。

指揮官が非常に若くなってしまい、敵を発見するかどうか、発見しても命中させることができるか、いずれも疑問を持っていた」

といっている。

ニミッツの大謀略

小沢艦隊と角田基地航空部隊の兵力分散・削減を狙《ねら》うニミッツとマッカーサー協同の第二手は、マッカーサーが指揮する米軍のニューギニア北西ビアク島上陸作戦で、日本の海軍記念日に当たる五月二十七日に開始された。マッカーサーは、はじめ同島攻略を八月に予定していた。しかし、「Z作戦計画」から見て、日本連合艦隊の戦力がととのわない早い機会の方が得策であるし、六月十五日にニミッツのサイパン上陸作戦が開始されれば、日本連合艦隊は嫌でもサイパン方面に移動せざるをえないと判断したようである。ニミッツは、日本連合艦隊がビアク島にひっかかっている間に、サイパン上陸作戦を開始しようと考えていた。五月二十七日を上陸日にえらんだのは、日本海軍が面目にかけても出てくるであろうし、出てくればサイパン方面が手薄になる、と見たように思われる。

元連合艦隊参謀長で、このときは大和・武蔵・長門などを率いる第一艦隊第一戦隊司令官であった宇垣纒中将の日記『戦藻録』の五月二十七日には、こう書いてある。

「栄誉ある海軍記念日を迎え暁天東北を望んで先輩に相済まざる心に満つ。（中略）予《かね》て期したる北岸西進の敵の地道なる攻撃は我方の最も痛しとする処《ところ》にして、ビアクは多数飛行場の建設も可能にして爾後《じご》亀首（注・ニューギニア北端の頭部）の飛行場の維持困難となり、パラオは其の攻撃圏に入り、ミンダナオ東方機動部隊の行動不可能となり、『あ』号作戦成立せざるに至る。（注・日米決戦海面は、軍令部、連合艦隊ともマリアリ沖ではなく、戦いやすい西カロリン群島ふきんと希望的に予想していた）即《すなわ》ちビアクは戦局の分岐点たる関ヶ原たり。直に手を下さざれば遂に時機を失して如何《いかん》とも為《な》し難きに至る。憂已《や》み難くして〇〇三〇（注・五月二十八日午前零時三十分）内火艇を用意して大鳳に到り、長官、参謀長（就寝中）に面接意見を述べたり。其の要点は左の二点に帰着す。

一、ビアク島の保持断じて必要なれば飛行機を増勢する事急務なり。強力に阻止する事即ち戦機を作為す。

二、現『あ号』作戦は虫の善すぎる計画なり。（注・米機動部隊が日本の希望する西カロリン群島ふきんに向うからやってくるという予想）邀撃《ようげき》作戦は敵の出様を待つ所にしてニューギニア北進の敵に対しても機動部隊兵力を以て作戦するの計画準備あるを要す。

長官了解あり。〇二二〇帰艦す。お役に立たば正に記念日たり」

これにたいして、宇垣に「就寝中」と書かれた古村は、遺稿のなかで、

「五月二十七日米軍は遂にニューギニアの要衝ビアク島に上陸を開始した。同地の海軍守備隊からは刻々戦況が打電され、小沢長官も、一応対策を検討していたが、敵の機動部隊を撃

滅するのが主任務であったので、要衝ビアク島奪回のためには、まだ機動艦隊が出撃する時機ではないと判断した。

ところが、大和、武蔵、長門の第一戦隊を指揮する宇垣中将はその夜十一時過ぎに、旗艦大鳳をあわただしく訪れ、小沢長官と長官室で面談し、『艦隊としては速かに何らかの処置をとるべきである』と強く主張した。宇垣中将の戦藻録にも『艦隊司令部に行って見れば参謀長は既に寝ていた』と書かれてあるとおり、私は休んでいた。副官が起こしに来たので長官室に行ってみると、宇垣中将がえらい権幕で長官に意見を申し上げているところであった。その時の有様は、今日でもはっきり覚えている。

宇垣中将はかつて軍令部の要職にあって空母中心の軍備を押え、戦艦大和、武蔵の建造を主張した中心人物であり、開戦よりガダルカナル撤退戦まで連合艦隊参謀長として山本長官を補佐し、全作戦の指導に当たった人である。今また第一戦隊司令官としてビアク島のことが心配でたまらず、この戦勢を何とかして挽回《ばんかい》しようとあせっているように見受けられた。小沢長官は宇垣中将の心中を十分察せられ、穏やかな口調で応対され、約一時間ののちに帰ってゆかれた」

と述べている。

しかし、当時瀬戸内海西部の柱島《はしらじま》にいた大淀艦上の連合艦隊司令部も、宇垣と似た心理状態になっていたようで、翌五月二十九日には、ビアク島奪回をねらう「渾《こん》作戦」を発令した。参謀長草鹿龍之介少将は、その著『連合艦隊参謀長の回想』（光和堂）のなかで、

「ビアク島というのは小さな島であるが、ここには相当に大きな飛行場ができる。もし敵がそこに上陸し、攻略して立派な飛行場をつくり、その当時いちばんものをいっていたB24が進出でもすれば、それこそわが南西方面（注・フィリピン、蘭印方面）は、まったくB24の勢力範囲にはいってしまう。そうなるとタラカン（ボルネオ）の大事な油田地帯もその空襲の的になるわけで、非常な脅威をうける。だからなんとかしてここを奪われないようにしなければならないと考えた。これはわれわれが『あ号作戦』を計画しつつあるときで、すでに計画はほとんどできていた。

しかし私はビアクに対してこのように考えていた。それは、わが方からいってもビアクは非常に大事なところであるし、その反対に敵からいっても、これはちょうどマッカーサー・ラインの尖端《せんたん》をそこへもってきているから、そこを奪うということは、これまた大事なことである。日本の南洋方面の枢要な地を空襲下にいれるのであるから大事な要地になるわけである。

私のその当時頭にあったことは、いくら守勢作戦になっても、ただ手をこまねいて敵の来るのを待つという手はない。まず第一に積極的に敵の所在を知らなくてはいけない。所在を知ったならばなんとしても所望のところに敵をひっぱらねばならない。

そこで、どうひっぱるかということを考えていたのであるが、そのとき、このビアクに敵がやってきて、しかも大事なところであるから〝よしッそのビアクをうんと叩《たた》いて、そこで上陸する敵をさんざんやっつけて、どうしても敵がそこを防がねばいけないというふうにもっていって、そこへ敵機動部隊をひきつけてやろう〟と考えていた。この考えは私ひとりの考えではなく、もちろん、幕僚がいろいろ研究もし、豊田長官もちゃんと承知されてのことである。しかし参謀長である私自身も深くそう考えていた」

といっている。

渾作戦は陸軍二個大隊約五千五百人を巡洋艦、駆逐艦隊に乗せ、ミンダナオ島西岸のザンボアンガからニューギニア北東のビアク島にはこび、六月三日に逆上陸させて同島を確保し、米主力機動部隊をそこに誘出して撃滅しようというものであった。

それに先だって、豊田連合艦隊司令長官は、五月二十七日夜、角田一航艦司令長官に、パラオ（西カロリン）方面の戦闘機七十機、艦爆十六機、偵察機四機をニューギニア北西のハルマヘラ島方面に転進させるよう命令していた。

その後も豊田は、第一航空艦隊の飛行機隊をビアク島方面へ増派し、その機数はのべ約四百八十機（主として第二十二、第二十六航空戦隊所属）となった。

六月三日に予定されたビアク島逆上陸作戦は、途中でB24に発見されて中止となり、態勢を立てなおした作戦部隊は六月八日にビアク島に接近した。しかし、米戦艦・巡洋艦・駆逐艦部隊に反撃され、上陸作戦は失敗した。暗号が解読されていたのであった。

しかしヤマ場と判断した豊田は、六月十日、第一戦隊の大和・武蔵以下を率いる宇垣に、ビアク方面の米海上兵力と米上陸部隊の撃滅、味方陸兵の輸送、米機動部隊誘出作戦を命令した。「本作戦の必成を期するの腹を定めたり」とした宇垣は、小沢、栗田に別れを告げ、同日午後四時、大和以下の艦隊をひきいてタウイタウイを出撃し、ニューギニア西北西のハルマヘラ島のバチャン泊地に向かった。突入は六月十五日の予定であった。

トラック島の第一航空艦隊第一二一航空隊は、東方マーシャル群島方面の敵情偵察をつづけていた。

五月三十日、同隊飛行隊長千早猛彦少佐（第六十二期）は、新鋭偵察機彩雲で同群島上空を飛び、米正規空母五隻、戦艦三隻その他が在泊しているメジュロ泊地の写真撮影に成功した。

六月五日、同隊隊員の彩雲がメジュロ上空を飛び、正規空母六隻、軽空母八隻、戦艦六隻ほか多数が在泊しているのを確認した。

六月九日、千早少佐はふたたびメジュロ上空を飛んだ。しかし、米大機動部隊は消えていた。

千早少佐の報告をうけ、連合艦隊は、六月十日、「あ号作戦決戦準備」を発令した。

メジュロから消えた米機動部隊は、六月十一日午後、グアム島東方約百七十カイリふきんに現われ、サイパン、テニアン、ロタ、グアムへ、大規模の空襲をしかけてきた。殊勲の千早少佐はこの日マリアナ方面で戦死した。彼はハワイ攻撃以来の歴戦の勇士で、二階級特進して大佐となった。

翌十二日も米空母機群の空襲はくり返された。サイパン島へは延べ五百機が来襲し、飛行場、港湾施設、工場、陣地が撃破された。それに加えて、米戦艦・巡洋艦などが艦砲射撃を開始し、海軍砲台、高角砲陣地などが破壊された。

しかし嶋田以下の軍令部も、豊田、草鹿以下の連合艦隊司令部も、まだ米軍のサイパン上陸作戦ではあるまいと見ていた。草鹿は、

「六月九日の千早機の偵察によって『あ号作戦決戦準備』が下令されたのであるが、その間私の考えておったことは、あくまでビアクを攻撃する。すなわち『渾作戦』をやることであった。私自身は、この作戦を非常に高く評価していた。ビアク島そのものが、わが南西方面に対する敵作戦の要衝であることと、またそれだけに、敵の進攻作戦を防ごうとするわが方からみると、このビアク付近というものは第二のラバウルといったようなところで、わが方としてはどうしてもそこを守りたい。敵からいうと、どうしてもここをとらなくてはならない。ここで失敗したならば比島攻略の出端《ではな》を挫《くじ》かれることになるということで、敵としては、いや応なしにここを奪らなければならない。したがって、ここの作戦を有利に展開することは、敵機動部隊をここへひっぱりつけることになると私自身も考えていた。

ただ、それにつけても私が非常に考えることは、そういうふうにやるにしても、サイパンの防備というものが、われわれの作戦のうえからいって難攻不落であるということが絶対必要になってくる。（中略）サイパンの防備さえ強靱《きょうじん》であれば、敵部隊がそこへひっついてしまう。そうなればわが方は落ちついて仕事ができるということになる。どっちからいっても、サイパンの防備――パラオも同様であるが――は大きな戦略的見地からいって非常に必要である」

と述べているが、これは、ニミッツとマッカーサーがまいたビアクというワナにまんまとひっかかっていたというものではなかろうか。

日本海軍のなかで、米海軍はまっすぐマリアナにくると判断し、五月上旬からそれを進言していたのは、軍令部第五課（情報担当）と、連合艦隊情報参謀の中島親孝中佐（第五十四期）だけであった。第五課は米軍機と米潜水艦のマリアナ偵察のやり方によって、中島は米軍の通信分析によって、米海軍がマリアナに進攻してくると判断したのであった。しかし、軍令部、連合艦隊司令部とも、彼らの進言をだれも取りあわなかった。たとえ米海軍でも、米軍基地から遠く、防備も強靱で、占領しても維持補給が難しいマリアナまでいっきょに進出してくるはずがない、ニューギニア北岸沿いに西進し、来るとすれば西カロリン諸島だろうというのであった。

サイパンの防備が強靱だという海軍首脳部の認識はどこからきたかといえば、陸軍がそういったからということであった。

『作戦部長・人事局長の回想　海軍中将中沢佑』という本のなかに、当時軍令部作戦部長であった中沢の、サイパン防備についての回想がある。それはつぎのようなものである。

「陸軍側は海軍側の要請に応《こた》え、二月二十五日、第三十一軍（軍司令官、小畑英良中将）を編成、その後、更に軍令部の強い要望により、四月六日第四十三師団（在名古屋、師団長斉藤義次中将）を増派することに決定、三月一日以降『松輸送』を開始、中部太平洋の陸兵展開に着手した。

第四十三師団のサイパン増派については、海軍としても大いに責任を感じ、私は横浜の護衛船団司令部に赴き、指揮官の参集を求め、同師団の重大性を説き、無事サイパンに送り込むよう強調激励した。幸い同師団は五月十九日（注・小沢がタウイタウイで指揮官たちに『一部に犠牲を強いる』戦いをすると訓示した日）、一兵、一物も損することなく目的地に到着した。その直後宮中における統帥部連絡会議席上、東条参謀総長は私に向い、『ご安心下さい。四十三師団はお蔭《かげ》さまで、無事サイパンに到着しました。サイパンの防衛はこれで安泰です』と申された。

私は、これに対し、

『四十三師団が無事増強されたことは慶賀の極みでありますが、サイパンの防衛は決して安心ではありません』と応酬したことをハッキリ記憶している」

同書には、これにつけ加えて、当時軍令部作戦課長（第一課長）であった山本親雄が、編者の一人として、つぎのような注を書いている。

「（編者山本注）五月十九日第四十三師団がサイパンに上陸後、防備施設の構築指導のため、派遣された参謀本部作戦課主務部員晴気少佐が帰任し、宮中の作戦打合せ会で報告後、私（軍令部作戦課長）が、

『敵艦隊がサイパンに来攻したとき少くとも一週間、飛行場を確保してもらいたい』

と要請したところ、東条総長は直ちに、

『一週間や十日は問題ではない、何か月でも大丈夫、決して占領されることはない。二か師

団配属したから大丈夫、もし敵が十か師団も一度にきたら別だが、まず五か師団だろう』

と答えられた。

打合せ終了後、私が晴気部員に、

『総長は大変な自信をお持ちであるが、その根拠は何ですか』

と尋ねたら、晴気部員は、

『サイパンに送った師団の装備は、わが陸軍最精鋭の満州第一師団の装備の二倍にしてあるからです』

と答えた。

因《ちなみ》に晴気少佐は終戦直後自決した」

中沢の回想は、また、つぎのようにつづいている。

「昭和十九年五月米艦隊の南太平洋における反攻は熾烈《しれつ》の度を高め、当初は、ニューギニア北岸沿いに西航し比島に向わんとする公算大なりと判断された。然るに五月二十六日、米軍はビアク島に上陸してきたので、連合艦隊は在マリアナ、カロリン群島の航空兵力の一部にニューギニア転進を命じた。

（編者注）この転進により、第一航空艦隊（基地航空部隊）の兵力は著しく消耗し、六月十一日には四三六機、十八日には一五六機となっていた。

ビアク島に陸軍兵力を投入して、その奪回を企図することに関し、陸海、一致するまでに日数がかかり、五月二十九日に至り、連合艦隊司令長官は『渾作戦』（ビアク島奪回作戦）

を発令した。その後渾作戦は、戦況により中止したり、再び攻撃に向かったり、第三次まで繰り返し、動揺していた。

ところが六月十一日敵機動部隊はマリアナ各島に来襲、十三日、敵艦隊はサイパン、テニアンに対し艦砲射撃を加え、サイパン西方海面の掃海を開始した。ここに至り、連合艦隊司令長官は十三日夕刻（注・午後五時二十七分）、『あ号作戦決戦用意』を下命した。この日軍令部総長（注・海相兼務の嶋田繁太郎大将）より、『あ号作戦決戦用意』の旨奏上いたしたところ陛下より、

『あ号作戦の決意は洵《まこと》に結構である。国家の隆替に係る重大な作戦であるので、日本海海戦の如き成果を挙げて欲しい。作戦部隊を激励する様に』との御《お》言葉があり、総長は直にこれを連合艦隊部隊に伝えた。

六月十五日早朝、米軍はサイパンに上陸を開始したので、〇七一七連合艦隊司令長官は『あ号作戦決戦発動』を発令、次いで〇八〇〇『皇国ノ興廃此ノ一戦ニ在リ、各員一層奮励努力セヨ』と発電、全軍将士の奮起を促した」

連合艦隊司令部と軍令部の首脳陣が、軍令部第五課と中島情報参謀の進言を初めて信じた日が、このように六月十三日だったのである。

それまでは誰もが、定石として、あるいは希望的観測で、ニューギニア北岸から西カロリンへの来攻を予期していたのであった。

日本側にとって、西カロリンの方がなぜつごうがいいかといえば、小沢艦隊の待機位置か

ら近くて燃料補給の不安がなく、味方基地航空部隊の協力も得やすいからであった。

ニミッツにそこをつけこまれたようである。

六月十三日に初めてそれを信じたというのは中沢の回想にもあるが、ビアク説の筆頭である草鹿もおなじで、

「十三日も、敵はそれらの島々に対して空襲を続行し、とくにサイパン島の海岸陣地や砲台には猛烈な艦砲射撃を加えてきた。そのうちに敵の駆逐艦か掃海艇かが、ガラパン泊地の掃海をはじめた。そこで、いよいよ敵の上陸が必至であるとみたので『あ号作戦決戦用意』が発令された。それと同時に『渾作戦』は一時中止することになった。そして小沢部隊はその全力をマリアナに傾注することになった」

といっている。「渾作戦は一時中止することになった」というのは、捨てきれない未練があったのではなかろうか。

これでビアク島守備隊約一万名は連合艦隊に見捨てられ、その後孤立無援で戦うが、八月中旬に全滅する。

マリアナ攻略に来襲した米上陸部隊、およびそれを掩護《えんご》する米海上部隊はつぎのようなものであった。

上陸部隊はリッチモンド・ケリー・ターナー海軍中将が指揮する第五上陸作戦部隊とよばれる統合攻略部隊で、海兵隊・陸軍部隊合わせて十二万七千五百七十一名（うち海兵隊が三分の二）という大部隊であった。

それにたいするサイパン防衛の日本軍は、中部太平洋方面艦隊司令長官南雲忠一中将を最高指揮官とする陸海軍部隊で、三万一千六百二十九名（陸軍二万五千四百六十九名、海軍六千百六十名）であった。

米海上部隊はマーク・A・ミッチャー中将が指揮する第五十八機動部隊（TF五十八）で、そのうちの高速空母部隊はつぎのようなものであった。

第一群　正規空母ホーネット、ヨークタウン、軽空母ベローウッド、バターン
第二群　正規空母バンカーヒル、ワスプ、軽空母モンテレー、キャボット
第三群　正規空母エンタープライズ、レキシントン、軽空母プリンストン、サンジャシント
第四群　正規空母エセックス、軽空母ラングレー、カウペンス

艦砲射撃の主力である戦艦部隊は、新鋭のワシントン、ノース・カロライナ、アイオワ、ニュー・ジャージー、サウス・ダコタ、アラバマ、インディアナの七隻である。

このほか、重巡八隻、軽巡十三隻、駆逐艦六十九隻が伴われていた。

ミッチャーは第三群の空母レキシントンに乗っていた。

海上部隊と上陸部隊を統括指揮するのは、第五艦隊司令長官レイモンド・A・スプルーアンス大将で、彼は旗艦の重巡インディアナポリスに乗っていた。

総指揮官の太平洋艦隊司令長官チェスター・W・ニミッツ大将は、ハワイにいて采配《さいはい》を振るっている。

米上陸軍約二個師団は、猛烈な艦砲射撃に支援されて、六月十五日午前七時四十分からサイパン島に上陸を開始し、午後にはオレアイ、チャランカノア（サイパン島南西海岸）間に幅約四キロ、縦深数百メートルの橋頭堡《きょうとうほ》を築いた。

六月六日には、米・英・カナダ連合軍十七万六千五百人がノルマンジー上陸作戦に成功し、ドイツ軍に反撃を開始していたが、それに呼応するかのようであった。

日本軍は水際で敵を撃滅しようとして陣地を海岸ちかくに築いていたが、米戦艦・巡洋艦などの徹底的な艦砲射撃で粉砕され、米軍の上陸を許したのである。

六月十六日、米軍は砲爆撃を続行し、後続軍をつぎつぎに上陸させつづけた。在島日本軍は夜襲によってこれに反撃した。しかし、米軍の圧倒的な銃砲火と強力な戦車に次第に押され、十七日夕刻には早くもアスリート飛行場が米軍の手に落ちた。

東条は、「一週間や十日は問題ではない、何ヵ月でも大丈夫、決して占領されることはない」といったが、アスリート飛行場は米軍上陸開始後三日で占領されたのであった。

しかもその飛行場はかれらの手でたちまち修復され、翌十八日には米軍機が発着し、日本軍攻撃に利用されはじめたのである。

無力化された陸上飛行機隊

艦隊がタウイタウイに在泊しているあいだに、小沢が図上演習で各級指揮官にだめ押しをした「あ号作戦」の戦法を、参謀長の古村は、遺稿でつぎのように書いている。

「戦法の要点は次の通りであった。

㈠ ミッドウェイの戦訓を十分に採り入れ索敵を周到に行う

㈡ わが飛行機隊の航続距離が敵より大きいことを利用しアウト・レンジの先制攻撃を加えること（注、わが母艦群の攻撃距離三〇〇—四〇〇浬《かいり》、敵の空襲距離二〇〇—三〇〇浬）

㈢ 敵のレーダーにより早期に発見されることを防ぐためわが飛行機隊は敵空母群より五〇浬付近までは低空飛行をなし、それより高度を上げ敵の上空より急降下攻撃を行う

㈣ 有力なる前衛部隊（第二艦隊、第三航空戦隊）を主力の前方一〇〇浬に配備し、飛行機隊の攻撃に策応して敵に肉薄し、大和、武蔵の砲戦力と優秀なる魚雷戦力を発揮して

敵を撃滅する

小沢長官はこの戦法に基づき急速訓練を実施したのである。

これは出撃直前における小沢長官の訓示にも明示され『一部兵力の犠牲も辞せない』との覚悟を強調されたのは、飛行機隊の劣勢をカバーするため、栗田中将の率いる前進部隊の捨て身的な用法を意味したものである。この訓示を行ったとき、小沢長官の眉宇《びう》には非常な決意がうかがわれた。米国戦史家モリソンは『小沢は頭デッカチの陣形でやってきた』と不思議そうに評しているが、その魂胆はここにあったのである。（頭デッカチとは前衛を主隊の前方一〇〇浬に配したことをいう）」

小沢艦隊は、六月十三日、タウイタウイを午前九時に出港し、フィリピン中部西方ギマラス島（パナイ島とネグロス島の中間）の泊地に向かった。飛行訓練が一ヵ月もできなかったので、搭乗員たちから強い要請をうけ、ギマラスふきんの陸上基地を使い、飛行訓練をしようというのであった。

泊地の外に出た各空母は、一斉に飛行機隊の発着艦訓練を開始した。まもなく、大鳳の対潜直衛機が着艦に失敗し、前甲板の飛行機に追突して一機炎上、五機大破という事故を起こし、搭乗員が殉職した。そのとき、甲板上で飛行機の装備をしていた清水兵曹は海にふっとばされた。しかし、彼は運がつよく、まもなく救助された。焔《ほのお》をふき上げる大鳳艦上の事故を見た他艦の将兵たちは、不吉な予感にとらわれ、暗い気持になった。

豊田連合艦隊司令長官が「あ号作戦決戦用意」を下令したのは、すこし前の午後五時二十七分であった。

六月十四日、小沢艦隊はギマラスに入泊し、各艦は燃料その他を補給した。

六月十五日、午前七時十七分、豊田司令長官は「あ号作戦決戦発動」を下令した。

○七・一七　連合艦隊電令作第一五四号

一、敵ハ十五日朝有力部隊ヲ以テ「サイパン」「テニヤン」方面ニ上陸作戦ヲ開始セリ

二、連合艦隊ハ「マリアナ」方面来攻ノ敵機動部隊ヲ撃滅シ次デ攻略部隊ヲ殲滅《せんめつ》セントス

三、「あ」号作戦決戦発動

ついで午前八時、

「皇国ノ興廃此ノ一戦ニ在リ　各員一層奮励努力セヨ」

という、日本海海戦と同一の電報を発した。

旗艦大鳳はマストにZ旗を掲げ、小沢艦隊は直ちにギマラスを出港、夕刻五時三十分にはフィリピン中部のサンベルナルジノ海峡を通過して東へ進んだ。

六月十六日午後三時三十分、小沢艦隊は、ハルマヘラのバチャン泊地からきた宇垣の大和・武蔵など渾作戦参加部隊と合流した。

小沢艦隊の動静は、十三日にタウイタウイを出撃してから、各海面に配置されていた米潜水艦によって、つぎつぎにハワイ経由で、サイパンのスプルーアンスに知らされていた。

日米主力機動部隊が決戦するマリアナ沖海戦（「あ号作戦」）の双方の兵力は、『モリソン戦史』によると、つぎのとおりであった。

艦艇	日本	米国
正規空母	五	七
軽空母	四	八
戦艦	五	七
重巡	一一	八
軽巡	二	一三
駆逐艦	二八	六九
合計	五五	一一二
飛行機		
戦闘機	二二二	四七五
急降下爆撃機	一一三	二三二
雷撃機	九五	一八四
空母機計	四三〇	八九一
艦載水上偵察機	四三	六五
合計	四七三	九五六

小沢は、スプルーアンスの性格やその艦隊の内容を、資料や偵察機の情報でほぼ知っていた。しかしスプルーアンスは、「乙《おつ》事件」で入手した「Ｚ作戦計画」図書によって、いっそうくわしく、小沢艦隊と角田艦隊の内容を知っていた。ジョーゼフ・Ｄ・ハリントン著、妹

尾作太男訳の『ヤンキー・サムライ』（早川書房）のなかには、つぎのようなことが書いてある。

「オーストラリアでは、一九四四年五月二三日付の連合軍翻訳通訳作業隊レポートの中に、Z作戦計画の訳文が収録された。（中略）このころには、日本軍の司令官たちは、Z作戦計画を彼らのいつもの型式で、別の作戦計画に作りあげていた。これが〝あ号作戦計画〟と呼ばれるもので、古賀提督が考えていた作戦計画の最新版であった。レイモンド・スプルーアンス提督はマリアナ攻略に出動するとき、麾下《きか》の空母一五隻に搭載された九五六機に対して、日本軍は空母九隻で四六〇機であることを知っていた。スプルーアンスはまた、日本がどのような陸上機を保有し、それをどこで、いかに制圧するかもわかっていた。

（中略）

マリアナ諸島に接近するにつれて、スプルーアンスは、日本本土を遠く離れた地域に点在する日本軍の航空基地の一ないし二個所に麾下機動部隊航空兵力のほとんど全力を投入し、日本軍を圧倒した。彼はそれから攻撃をサイパン、テニアン、グアムに集中した。スプルーアンスがとったこれらの作戦は、古賀提督がスプルーアンスを罠《わな》にかけるため、慎重に計画していた防御網を破壊したばかりでなく、その防御網の中心にも大きな打撃を与えた」

著者のハリントンは一九二三年生まれ、第二次大戦中海軍に勤務し、一九六三年に退役し、日本関係の著述を始め、『人間魚雷・回天』『ミッドウェー海戦』『イ号潜水艦長』などの著書がある。

元参謀本部作戦課長・陸軍大佐の服部卓四郎は、その著『大東亜戦争全史』のなかの「マリアナ基地航空の潰滅《かいめつ》」で、つぎのように書いている。

「五月下旬頃《ごろ》、艦隊司令長官角田中将はその司令部をテニアン島に置いて第六十一航空戦隊を直率していた。第二十二及び第二十六航空戦隊はその司令部をそれぞれトラック及びパラオに置いてカロリン及びマリアナ方面の作戦を、又二十三航空戦隊はケンダリー（注・蘭印セレベス島南東岸）に置いて主として濠北方面の作戦を担当する態勢にあった。艦隊の全整備実数は一、一八八機に達していた。

その後敵のビアク島上陸に伴い同方面作戦強化のため艦隊の約半数に近い四八〇機（主として第二十二及び第二十六航空戦隊所属）を逐次同方面に転用せられたること前述の通りであるが、六月上旬その勢力は依然マリアナ方面に位置していた。

右の如《ごと》き態勢を以《もっ》て第一航空艦隊のマリアナ方面兵力は敵の攻撃を受けたが、その終焉《しゅうえん》は余りにも呆気《あっけ》なく又瞬間的であった。即《すなわ》ち我が航空部隊は主として哨戒《しょうかい》の不備と後述する連合艦隊の攻撃抑制方針とに基因して又もや敵の先制攻撃を受け、その主力は六月十一日以後数日間の敵の攻撃により空しく地上において戦力を喪失し、十八日までには少数の攻撃隊の編制さえ困難となった。固《もと》より一部兵力は敵を邀撃《ようげき》し又は艦船攻撃を企てたが大勢を左右するに足りるものではなかった。かくして『あ号作戦』においては我が機動部隊の決戦以前に敵空母兵力の約三分の一を撃滅するはずであったところの第一航空艦隊は殆《ほとん》ど戦わずしてその主力を失うこととなり、爾後《じご》は僅《わずか》に残るカロリン方面配置兵力と濠北方面（注・ビアク方面）よりの帰還兵力に期待を懸けざるを得ないこととなった」

ついで、「第一航空艦隊の潰滅」では、

「今や基地航空作戦の期待が濠北方面より帰還すべき四八〇機に懸けられていたことは前述の通りである。しかしこの期待は全く裏切られる結果となった。即ち主として基地整備の不良と搭乗員の術力不足のため、機材は破損し、兵員はマラリアに冒され、戦力として殆ど期待し得ない状況であった。勿論《もちろん》濠北方面における作戦損耗もあったが、大部は自滅に等しい結果となった。

かくして『あ号』作戦決戦に参加し得る兵力としては、内地よりの八幡部隊及びトラック方面に僅に残る兵力のみとなった。即ち角田中将はトラック方面部隊の主力を、決戦発動と共にグアム島に転用して決戦に参加せしめんとしたが、同部隊はグアム上空において敵戦闘機群と交戦して兵力を消耗し、爾後は少数兵力を以てサイパン周辺の敵艦船を攻撃したに過ぎなかった。八幡部隊もまた敵機動部隊と交戦して敵に大なる打撃を与えないうちに決戦兵力としての能力を喪失した。

かくて、我が海軍基地航空部隊の殆ど全力を以て編成した第一航空艦隊も、敵に対して何等《なんら》有効な打撃を与えず、又我が機動部隊に対して適切な敵情すら与え得ずして潰滅するに至った。（中略）

実際『あ』号作戦に参加して戦闘を実施し得た機数は総数の僅に二〇％に過ぎなかったのである」

と書いている。

米主力機動部隊の三分の一を撃滅する任務を与えられていた基地航空部隊の角田第一航空艦隊は、Z作戦計画を利用したニミッツのビアク作戦とスプルーアンスの先制攻撃によって、かれら二人の思惑どおり、日米主力機動部隊決戦のまえに潰滅されたのである。

この当時軍令部勤務の野村実中尉は、『歴史のなかの日本海軍』のなかの「軍令部作戦室から見るマリアナ沖海戦の小沢艦隊」で、マリアナ沖海戦時の第一航空艦隊の兵力を、つぎのように書いている。

「角田覚治中将の第一航空艦隊は、飛行機定数からすると、実に一、七五〇機の大兵力のはずであった。しかし、海軍中央部が部隊に配当し、かつ現地に展開し得たのは定数の半数以下である。そしてマリアナ空襲の開始された六月十一日には、その兵力は四三五機と考えられた。

右の兵力も、小沢さんの決戦突入までには消耗を続け、六月十八日に軍令部が得た情報では、決戦策応兵力一五六機であった（注・これらの機数は『戦史叢書』もおなじ）」

小沢にとって第一航空艦隊は、まるで頼りにならない弱小部隊になり下がっていたのである。

井上成美元大将は、昭和十六年一月に及川海相に『新軍備計画論』を提出し、太平洋に散在する島嶼《とうしょ》を航空基地化して米艦隊に対抗するよう提唱した。島は不沈空母であるから、空母よりもいいというのである。しかし、現実に、トラックやマリアナの基地航空部隊が米機動部隊に潰滅させられているのを見ると、この説はかならずしも当を得たものとはいえないようである。

ただ、小沢艦隊のマリアナ到着が六月十八日ではなく、六月十四日か十五日であったならば、基地航空兵力もそれほど減少していなかったし、米上陸軍も上陸まえか上陸中であったから、角田部隊が小沢艦隊と協力して、もう少し有利な戦いを進められたろうと思われる。

小沢艦隊の進出が遅れたのは、軍令部（大本営海軍部）と連合艦隊司令部の判断が悪く、米軍が掃海をはじめた十三日の夕刻になって「あ号作戦決戦用意」を発し、上陸を開始した十五日の朝になってようやく「あ号作戦決戦発動」を発したからであった。ビアクに惑わされていたのである。

小沢艦隊がマリアナ沖の決戦海面に進出したのは十八日の午後だが、そのとき米上陸部隊はすでにサイパンのアスリート飛行場を確保して使用しはじめており、戦いに余裕ができていた。そのためにスプルーアンスは、上陸部隊を支援していた海上・航空部隊のほとんどを小沢艦隊にふりむけることができたのであった。

こうなると、スプルーアンスにとって小沢艦隊は、恐ろしいものではなかった。航空兵力では小沢艦隊はミッチャー艦隊の二分の一で、搭乗員の練度も段ちがいに低い。海上兵力も二分の一しかない。防御力にしてもミッチャー艦隊は戦闘機が四百七十五機で小沢艦隊二百二十二機の二倍以上あるし、小沢艦隊にない命中率の高いＶＴ信管付対空弾丸も持っている。

恐ろしいのは、ミッドウェー海戦で米軍が南雲艦隊にかけたような不意打ちをかけられることだが、偵察機、レーダーによる見張りに手ぬかりがなければ大丈夫だ。あとは日本の奇襲艦隊による米輸送船団にたいする攻撃だが、ミッチャー艦隊が輸送船団から離れ過ぎなければ、それに対応することができる。というようなものであった。

ただスプルーアンスは、小沢のアウト・レンジ戦法については気がついていなかった。小沢は、スプルーアンスほど相手の事情をくわしく知ることができなかったが、ほとんどの点で米艦隊が小沢艦隊より優勢であることは知っており、その米艦隊を破ることができるのはアウト・レンジ戦法による先制攻撃しかないと思っていた。

攻める小沢、守るスプルーアンス

小沢艦隊が六月十五日夕刻に通過したフィリピン中部のサンベルナルジノ海峡から見ると、サイパン島はその東北東約千二百五十カイリ（約二千三百キロ）の洋上にある。平均速度十八ノットで二日と二十二時間かかる。

小沢艦隊は六月十七日午後三時三十分、巡洋艦以下にたいする洋上補給を終えて、つぎのような軍隊区分をした。

本隊
　甲部隊　一航戦、五戦隊、十戦隊
　乙部隊　二航戦、長門、最上、四駆逐隊、二十七駆逐隊、浜風
前衛　　第二艦隊、三航戦
補給部隊

それにさきだち、午後三時、小沢は、

であろう。

「機動部隊ハ今ヨリ進撃敵ヲ索《もと》メ之《これ》ヲ撃滅セントス　天佑《てんゆう》ヲ確信シ各員奮励努力セヨ」

という信号を全軍に発している。小沢は米機動部隊に勝つ自信を持っていたということであろう。

艦隊は針路六十度、速力二十ノットで進撃を開始した。

午後九時十九分、連合艦隊旗艦大淀から、

「大本営海軍幕僚長ヲ経テ天皇陛下ヨリ次ノオ言葉アリタリ、謹ミテ伝達ス。コノ度ノ作戦ハ国家ノ興隆ニ関スル重大ナルモノナレバ日本海海戦ノ如キ立派ナ戦果ヲ挙グルヨウ作戦部隊ノ奮励ヲ望ム」

という電報がとどいた。大本営海軍幕僚長とは軍令部総長のことで、このときは嶋田繁太郎大将であった。中沢作戦部長の回想からすれば、天皇のこのお言葉は、自発的なものであった。しかし、国家の興亡を賭《と》す大海戦といっても、日本海海戦の東郷連合艦隊司令長官とちがい、豊田連合艦隊司令長官は安全な内地にいてかけ声をかけるだけであった。

六月十八日午前五時、小沢艦隊は第一段索敵機を発進させ、ついで午前十一時と十一時三十五分に第二段索敵機を発進させた。午後二時十五分、午後三時、午後三時四分に各機がそれぞれ米機動部隊を発見し、米機動部隊は三群あることがわかった。位置はサイパンの西南西三百カイリ、小沢艦隊から東南東三百八十カイリであった。

敵は小沢艦隊を発見していなかった。小沢は攻撃すべきか否かを考えた。日没までに三時間しかなく、攻撃隊がこれから発進すれば、帰艦が夜となり、着艦できない搭乗員が多かったからである。

ところが大林第三航空戦隊司令官（前衛部隊）は、敵発見とともに攻撃隊の発進を開始していた。報告をうけた小沢は、いつもの小沢に似合わず即決ができず、考えつづけたが、やがて、

「発進中止」

を命じた。空母千代田から発進していた六機は、ふたたび母艦にもどった。しかし、小沢のこの判断が、日米両軍の運命を変えたかもしれなかった。

参謀長の古村は、遺稿でこう述べている。

「今から発進しても目標に達するのは夕刻となり、帰艦は夜間となるので、夜間着艦訓練が十分できていない点などを考えられて、翌朝を期し、機動部隊の全攻撃隊の大編隊をもって敵を攻撃することに決心されたのである。そのとき参謀長以下全幕僚も、長官の判断処置を適当と思っていた。

しかし戦後調査したところによると、大林司令官の処置に軍配をあげたいと思う。即ち、このとき発進した攻撃隊が目標に近づく夕刻には、敵上空の直衛戦闘機はすべて着艦帰投していて、敵の上空は無防御の情況であったから、予想外の戦果があったと思われる。そして攻撃を終えた飛行機はロタ、テニアンまたはグアムの味方基地に着陸し、翌早朝基地を発進、敵を攻撃し、母艦に帰投する戦法をとっていたら、この海戦も異った結果となったかも知れない。しかしこれは、あくまでも結果論で、当時は正々堂々全力をあげて、アウト・レンジ

戦法で敵を撃滅することしか考えていなかった」

敵の意表を衝《つ》くのを得意とする小沢が、そのチャンスを捨て、正々堂々のアウト・レンジで勝てるという自説をえらんだのだが、それが運命の分かれ目になった可能性はある。

この夜、索敵機が一機帰らなかったときの様子を、古村は、つぎのように述べている。

「十八日の索敵機一機が、帰投に際し、母艦を発見することができず、刻々の無線連絡はありながら遂に夜となり、刻々燃料の欠乏を伝えるので、長官は、作戦上の不利を忍んで探照灯の点灯を命じたのである。しかし探照灯をつけても、その飛行機は遂に母艦を発見できずに連絡を断ってしまった。小沢長官の泣きだしそうな顔は未《いま》だに忘れることができない」

午後八時に前衛を分離した本隊は、針路を百九十度（南々西）にとり、いったん敵との距離をひらいた。十九日午前三時、本隊はふたたび反転、針路五十度で敵に向かった。

一方ミッチャー艦隊は、十八日午後七時三十分と十九日午前零時十五分の二回、高周波方向探知機で、電波を発した小沢艦隊を発見した。ミッチャーは、十九日午前一時ごろ、無線電話でスプルーアンスに、直ちに西進して翌朝午前五時にこれを攻撃してよろしいかと許可を求めた。しかし、「サイパン、テニアン、グアムを奪取し、占領し、防備せよ」と命じられているスプルーアンスは、ミッチャー艦隊がおびき出されて米上陸部隊が奇襲されるのをおそれ、「ご提案の変更（注・マリアナ列島線から離れ過ぎること）は望ましくないように思われる」と、これをしりぞけた。このスプルーアンスの判断は、米軍に圧倒的な勝利をもたらすことになる。

昭和十九年（一九四四年）六月十九日は月曜日で、雲はあるが晴だった。小沢艦隊は強力な前衛を本隊の前方百カイリに配置し、針路五十度で進撃をつづけた。

午前三時四十五分、暗闇《くらやみ》のなか、前衛部隊から第一段索敵機水偵十六機が発進した。午前四時十五分、おなじく前衛部隊から第二段索敵機九七艦攻十三機、水偵一機が発進した。つづいて午前四時二十分、本隊から第三段索敵機彗星艦爆十機、天山艦攻二機、水偵二機が発進した。

午前六時三十四分、前衛部隊重巡熊野の第一段索敵機（水偵）から、

「サイパンノ二百六十四度百六十浬ニ敵空母大型一、戦艦四ソノ他十数隻『七イ』針路西ヲ発見」

の電報が入った。この目標は位置名どおり「七イ」と名づけた。

午前七時十八分、つづいて同機から、

「敵兵力ニ大型空母四ヲ追加ス」

という電報が入った。

第一機動艦隊戦闘詳報によると、「七イ」発見後の第一機動艦隊司令部の判断と処置はつぎのようであった。

「敵との間合前衛約三百カイリ　本隊約三百八十カイリ（注・前衛の位置は本隊の五十度百カイリ前方、敵の位置は本隊の東北東三百八十カイリ）

処置の概要

一　『七イ』発見後甲部隊（注・一航戦など）は敵との間合を概《おおむ》ね四百カイリに保ち得る如く一時反転（注・針路百八十度で南下）攻撃隊発進後一二〇度に変針せり（注・二航戦などの乙部隊は甲部隊の左舷《さげん》十五キロを進んだ）

二　〇七三〇第一段索敵機概ね端末に達したる時機、攻撃距離内に他の母艦群を認めざりを以て、一航戦第一次攻撃隊を発進せり

〇七三〇　三航戦第一次攻撃隊発進」

この処置のうち、「甲部隊は敵との間合を概ね四百カイリに保ち得る如く一時反転」というのが大災害をもたらすことになる。それはのちに述べる。

午前七時三十分、前衛部隊三航戦（第三航空戦隊）六五三空第一次攻撃隊の天山艦攻七機、戦闘爆撃機（二百五十キロ爆弾搭載の零戦、戦爆と略す）四十三機、零戦十四機、計六十四機が発進した。目標は「七イ」である。

戦爆については、六五三空の木村聰大尉（第六十八期・艦攻）が、戦後につぎのように回想している。

「爆戦（注・戦爆とおなじ）隊は空戦訓練を実施していない。戦死したら二階級特進すると司令部で聞いたことがあり、特攻と同じ考えであった。すなわち爆撃前後の空戦能力、単機での帰投航法で相当の損耗を考慮されていた。爆戦隊は降爆訓練で終始した」

元上等兵曹の小倉正高は、当時第一航空戦隊を護衛する防空駆逐艦若月の操舵長《そうだちょう》をしていたが、こういっている。

「六月十七日、フィリピン東方海上で燃料補給をしているとき、鈴木艦長の全乗員にたいする訓示があった。そのとき艦長が、
『こんどの戦いでは、飛行機隊が超人的威力を発揮するんだ』
という意味のことをいわれた。爆弾を抱いたゼロ戦が敵空母の飛行甲板に突入して、飛行機の発着艦を不能にする。そのあとわれわれが敵艦隊に突っこみ、これを撃滅する。体当りした搭乗員は二階級特進する。というような説明があったと記憶している」

これらの話からすれば、戦爆（または爆戦）特攻については、小沢も承知していたものと思われる。「一部兵力の犠牲も辞せない」というタウイタウイでの訓示のなかには、これもふくまれていたのではなかろうか。

ただし、マリアナ沖海戦で戦死して、二階級特進した搭乗員は出ていない。

『戦史叢書　マリアナ沖海戦』によると、午前九時三十五分にヘルキャット戦闘機隊の要撃をうけてから米艦隊に突撃した三航戦第一次攻撃隊の戦果と損失は、つぎのとおりであった。

「この攻撃で空母一、巡洋艦一に対し二五〇キロ爆弾各一の命中が確認され、その他空母三隻に命中弾を得たものと認められた。また空戦で六機（内　不確実一）を撃墜したが、わが方も戦爆三二、天山二、零戦八機が未帰還となった（注・六十四機のうち四十一機が未帰還）」

ハーバード大学歴史教授モリソン博士の『モリソン戦史』第八巻によると、米軍の損害は、艦爆一機による戦艦サウス・ダコタに直撃弾一発、他の艦爆一機による重巡ミネアポリスに

至近弾一発で、空母には被害がなかった、となっている。

午前七時四十五分、本隊甲部隊一航戦六〇一空第一次攻撃隊の天山艦攻二十七機、彗星艦爆五十三機、零戦四十八機、計百二十八機が発進した。

ところが、大鳳から発進した彗星一機が、その直後に大鳳の右舷約千メートルに敵潜水艦を発見し、それに急降下体当たりしようとして、その付近海面に自爆した。小松咲男兵曹長であった。しかし、敵潜水艦が発射した六本の魚雷のうちの一本が大鳳の右舷前部のガソリンタンク付近に命中した。午前八時十分で、魚雷を発射した米潜水艦はアルバコアであった。

(大鳳航海士藤井伸之少尉＝第七十二期＝の目撃談)

発進した百二十八機中、こうして一機が犠牲となったが、八機はエンジン故障で着艦した。進撃した百十九機は、午前八時四十分、味方前衛部隊上空にさしかかったとき、味方艦艇から射撃され、二機が墜落、一ないし二機が被弾故障でひき返すという被害をうけた。原因は不明だが、お粗末な事故であった。

同攻撃隊は、午前十時五十三分、おなじくヘルキャット戦闘機隊の要撃をうけてから米戦艦、空母に突撃した。その戦果は、『モリソン戦史』第八巻によると、雷撃機一機が戦艦インディアナに衝突したが魚雷が不発、空母ワスプに至近弾一発、空母バンカーヒルに至近弾一発で小被害、となっている。なお同戦史は、戦艦アラバマが爆弾二発を逃れ、戦艦アイオワ、空母エンタープライズ、プリンストンがそれぞれ魚雷を回避したと書いている。

損失は『戦史叢書　マリアナ沖海戦』によると、つぎのとおりであった。

「未帰還　天山二四、彗星四一、零戦三一、自爆　彗星一、大鳳に帰着後戦死　零戦二、前衛に不時着　彗星二」

出撃百二十八機のうち九十九機が失われ、帰還した零戦の搭乗員二人が戦死したのである。

このように戦果が少なく、損失が大きいことについて、千早正隆はその著『連合艦隊始末記』で、

「攻撃隊（注・三航戦第一次）が敵部隊の二百七十キロに差しかかったとき、早くも敵のレーダーによって発見されていた（注・『戦史叢書　マリアナ沖海戦』によると、低空ではなく高度六千メートル）。そして敵の艦隊の九十キロ手前で敵の約四十機の戦闘機におそいかかられた。

（中略）第二波（注・一航戦第一次攻撃隊）は、（中略）敵の手前約百キロに差しかかったとき、敵の戦闘機の猛烈な攻撃をうけた（注・『戦史叢書』によると、米戦闘機約四十機）。約七十機がこの戦闘で失われた。

（中略）第一波（注・三航戦）および第二波（注・一航戦）がこのように無残この上ない敗戦をした原因の一つは、両波の攻撃の間隔があきすぎて各個に攻撃されるようになったことにあったが、それはその後の攻撃にもそのままあてはまった」

と述べている。

本隊から発した第三段索敵機の一機は、午前八時四十五分、グアム南西七十カイリ、「七

イ」の南々東約百カイリに敵機動部隊の一群を発見した。この目標は「十五リ」と名づけた。ついでおなじく本隊を発した第三段索敵機の別の一機が、午前九時、「七イ」の北方五十カイリに、さらに一群を発見した。この目標は「三リ」と名づけた。

午前九時、本隊乙部隊二航戦六五二空第一次攻撃隊の天山艦攻七機、戦爆二十五機、零戦十七機、計四十九機が発進し、「七イ」に向かった。午前九時三十分、同隊は、電命をうけて目標を「三リ」に変更し、午前十一時四十五分に目標地点に達した。しかし敵はいなかった。索敵機が発見位置を誤認して報告していたからであった。同隊はふたたび目標を「七イ」に変更したが、正午、米戦闘機四十機以上に攻撃されて避退、何もできずに帰還した。戦果は敵戦闘機四機撃墜で、損失は零戦一機、戦爆五機、天山一機、計七機であった。

小沢は、午前八時四十五分に発見した目標「十五リ」にたいして、各航空戦隊第二次攻撃隊の全力を攻撃に向かわせた。しかしこれもすべてカラ振りに終わった。その情況はつぎのようであった。

午前十時二十分、甲部隊一航戦第二次攻撃隊の天山艦攻四機、戦爆十機、零戦四機、計十八機が発進したが、目標地点に敵がいず、ひき返した。だが天山二機、戦爆八機、計十機を失った。

午前十時十五分、乙部隊二航戦第二次攻撃隊の九九艦爆二十七機、零戦二十機、天山艦攻三機、計五十機が発進したが、おなじく目標地点に敵がいず、第一航空艦隊のグアム基地に向かった。ところが、飛行場に着陸しようとしたとき米戦闘機三十機に襲撃され、九九艦爆九機、零戦十四機、天山艦攻三機、計二十六機が撃墜された。その他、不時着水や大破もあり、可動機は九九艦爆八機しかのこらなかった。五十機中四十二機が失われたのである。午前十時三十分に発進した彗星艦爆九機、零戦六機、計十五機も目標地点に敵がいず、その後北東に進み、一群の空母部隊を発見して攻撃したが、戦果不明で、零戦四機、彗星五機、計九機が未帰還となった。

前衛部隊の三航戦は帰投してきた飛行機隊を収容するために第二次攻撃はやらなかった。第二次攻撃隊のすべてが「十五リ」の目標を発見できなかったのは、「三リ」とおなじく、索敵機が発見位置を誤認して報告したからであった。

「三リ」「十五リ」の目標位置誤認について、『戦史叢書　マリアナ沖海戦』は、
「この誤差は自差等による航法誤差に起因することもあるが、主として偵察員の錯誤によるものといわざるを得ない」

と書いている。正しい米機動部隊の位置はどこであったかというと、「七イ」に全群が結集していたのである。

グアムの基地航空部隊一二一空の陸偵一機は、午前八時八分に米機動部隊を発見したが、通信状況が悪く、基地に帰り、午前十時四十五分に、午前八時八分の敵主力位置は「七イ」の百二十五度六十カイリであったこと、午前十時五十分に、そのとき敵機動部隊の三群が結集していたことを、小沢艦隊司令部へ打電した（六五三空戦闘詳報と六一航戦戦闘詳報）。ところが、小沢はこれを取りあげず、小沢艦隊本隊一航戦の索敵機二機の報告を取りあげたの

であった。

　この敵情判断を、第一機動艦隊先任参謀の大前敏一は、つぎのように回想している。

「基地航空部隊からの敵三群集結の報告は取り上げなかった。これは基地航空部隊に対する信頼が少なかったからである。長官も基地航空部隊の索敵には不満であった」

　三段索敵で敵を発見したのはいいが、誤った位置に攻撃隊を向かわせるのでは、むしろ敵を発見しない方がよかったことになる。

　ミッドウェー海戦では敵発見が遅れて敗北したが、マリアナ沖海戦では、目標位置誤認のために敗北したとまではいえないが、大きな失敗をしたのであった。

　一方、ミッチャー艦隊の索敵機は小沢艦隊を発見せず、そのために小沢艦隊は、敵からの攻撃をまったくうけなかった。ただし小沢は、戦果と味方の損害をつかめないでいた。

自分は死に場所をなくした

　午前八時十分に魚雷一本が命中した大鳳は、何事もなかったように走っていた。午前十一時二十分、翔鶴《しょうかく》が米潜水艦の魚雷三本をうけて火災となり、午後二時十分に沈没した。米潜水艦はカバラであった。カバラの艦長は、

「日本側は全然気がついていなかった。潜望鏡を露出すること四回、千メートルまで近づいて魚雷六本を発射した」

といったという。

　それからまもない午後二時三十二分、とつぜん大鳳に大爆発が起こり、重装甲の飛行甲板は破れずに山のようにふくれ上がり、艦側が裂けた。被雷で損傷を生じたガソリン庫から洩《も》れ出したガスが艦内に充満し、それに何かから引火して爆発を起こしたものであった。大鳳は、搭載機数八十一機、三万四千二百トン、速力三十三・三ノットの新鋭空母であったが、午後四時二十八分、数十機の飛行機とともに沈没した。二千五百余名の乗員のうち、救助さ

れたのは五百名にすぎなかった。

この海域には米潜水艦四隻が配備されていたが、米海軍は小沢艦隊が出現しそうな海域と見ていたようである。ところが小沢艦隊は、味方飛行機隊の発着艦と対空見張りに気をとられ、対潜警戒機も出していなければ、「対潜警戒」も発令していなかったのであった。

正規空母二隻沈没という凶運を招いた直接の原因は、前記した、「七イ」発見後の「敵との間合を概ね四百浬に保ち得る如く一時反転」という処置であった。反転せずにそのまま前進していれば、これらの米潜水艦の攻撃はうけなかったわけである。

副官であった麓はこういっている。

「夜明けごろ索敵機から敵発見の報告があったとき、私は小沢さんや大前さんたちとともに作戦室にいた。古村さんは艦橋で艦隊行動のコントロールをしていたと思う。

敵との距離が三百八十カイリだとわかると、小沢さんは激しい口調で、

『大前！　お前どうするか』

といわれた。大前さんが黙っていると、

『間合いを四百カイリまで開きなさい』

と、たてつづけるようにして命じた。それで艦隊は反転して南下したのだが、そのために敵潜水艦が待つところへ踏みこんでいったのだ」

アウト・レンジ戦法に徹しようとして取った処置が仇《あだ》になったというのである。

大鳳爆発後の小沢の様子を、古村は遺稿でつぎのように述べている。

「火災は全艦を包み、艦は左舷に傾き艦尾から静かに沈みかけた。心配していたガソリンの爆発であることは、すぐにわかったが手の施しようがない。艦橋にあった私どもも一度放《ほう》り上げられ尻餅《しりもち》をついて倒れた。私はこの有様をみて長官に旗艦変更を進言した。長官は悲壮な形相で、無言のまま唇をかんでおられ、仲々きき入れなかったが、艦長や幕僚が、かわるがわるすすめるので、遂に旗艦変更を決意された。

しかし火は全艦を蔽《おお》い艦は左に傾き駆逐艦は横付けできない。救助艇として艦橋後部にあったカッターを卸してこれに乗る外なく、火災のため顔面が焼けそうな中での作業は容易ではない。『カッター卸し方』の号令をかけても固有配置の生存者などいる筈《はず》はなく、艦橋にいた信号兵をつれてきてボートホールを解いてカッターを卸させ、私が先頭に立って模範を示し（注・縄梯子《なわばしご》で降りる）長官、幕僚がこれに乗り込み、付近の駆逐艦若月に乗り移り、更に大巡羽黒に移乗し、艦隊の指揮をとった。翌二十日正午旗艦を羽黒から瑞鶴に変更した」

第一機動艦隊軍医長であった元海軍軍医大佐の中野義雄は、

「やがて長官は一人作戦室に這入《はい》られた。私も又長官について作戦室に這入った。そして長官の斜め横に腰を下ろした。その時の長官は本当に満足そうであった。（注・第一次、第二次攻撃隊のすべてを無事に発進させたことで）

それから一時間二時間と長い時がたった。しかし何の吉報ももたらされなかった。その時旗艦大鳳はさきに命中した敵魚雷によって艦内に流れ出た燃料のガスに点火し自ら爆発した。

此《こ》のとき長官が腰をおろしておられた作戦室は粉々に飛び散った塗装塗具のため一寸先も見えなくなった。長官は静かに作戦室を出られた。私も長官に続いて室《へや》を出た。艦は至るところに亀裂《きれつ》を生じその裂け目から炎を吹いた。

でも長官は艦橋にあって泰然として指揮をとられた。然し此の時作戦に支障ありとみた古村参謀長は長官に旗艦を他に移すことを進言した。しかし長官は頑として之を聞き入れられなかった。参謀長は他の参謀と共に抱くが如くにして横づけのボートに、そして駆逐艦に、そして巡洋艦に案内移乗した。それから空母瑞鶴に移った。

マリアナ沖海戦後我が艦隊は一応内地に帰った。司令部は一時呉鎮守府内に移った。この呉滞在中ある時、長官と二人きり向かい合っていたとき、

『自分は死に場所を無くした』

としみじみとした口調でもらされたのが、私には強く強く印象づけられ、今なお忘れることが出来ない」

と回想している。

先任参謀の大前は、『回想の提督小沢治三郎』に「あ号作戦、台湾沖航空戦、捷《しょう》一号作戦の頃」という回想記を出しているが、そのなかで、「あ号作戦（マリアナ沖海戦）について」と題して、つぎのように書いている。

「戦闘一段落直後の昭和十九年六月二十一日夜、長官私室（注・空母瑞鶴内）に呼ばれた筆者は小机を間にして対座した。

提督は物静かな口調で次の要旨のことを述べられた。

㈠ 小沢は大鳳爆沈後、艦と運命を共にするつもりで一切の幕僚提言を拒否し続けたが、貴様に巧く口説かれて無理強いに大鳳を去る羽目になった。

㈡ 今次の戦闘不首尾の責めは一切小沢の計画指導の誤りに発し、天運も裏目に出た。連合艦隊長官宛《あて》の親書を口伝するから書いてもらいたい。（後略。のちに述べる）」

第一機動艦隊司令部が最初に移った駆逐艦若月の操舵長であった小倉は、

「長官は第三種軍装（注・緑色、折襟の略装）で、軍帽をかぶっていた。略帽をふっとばされて、主計長の軍帽を借りたということだった。古村さんは略帽をかぶっていた。

若月の艦橋は人がいっぱいなので、長官には旗甲板で椅子《いす》に腰かけてもらった。誰《だれ》もかまう者がいなかった。チェリーを置いといて喫《す》ってもらったが、何べん火をつけてもすぐ消えてしまった。そうとうショックをうけていたように見うけられた。

心境は判《わか》らなかったが、あのときが小沢さんの気持の転機だったのではないだろうか。

戦後お目にかかったとき、あのときのことを話したところ、

『感無量だな』

とだけいわれた」

といっている。小沢は、プリンス・オブ・ウエルズとともにフィリップス中将が海に沈んだという報告を聞いたとき、涙を浮かべながら野村軍医長に、

「自分もいつかは彼と同じ運命を辿《たど》らねばなるまい」

とこたえた。大鳳爆発後、それを思い出していたのではなかろうか。

午後三時五十分、小沢司令部は若月から重巡羽黒に移り、午後四時六分、将旗をかかげた。大鳳が沈んだのはその二十分後であった。

午後五時、小沢は艦隊各指揮官に、「戦果至急知ラセ」と命じたが、各指揮官も攻撃隊から戦果報告をうけていないらしく、返事がなかった。ただ一つ、五時二分に瑞鶴からとどいた。

「第一次攻撃隊前路一索機ガ三航戦特攻隊大型空母ニ一命中　大巡ニ一命中ヲ確認セル外帰着機何《いず》レモ戦果ヲ確認シアラズ」

というものだけであった。戦果があれば、攻撃隊からすぐ報告があるはずである。それがほとんどないというのはどういうことか。

夕刻における判断処置は、つぎのようになった。

「特に『一五リ』に対し攻撃を実施し得ざりしこと並に我方残存航空兵力約一〇〇機（母艦に収容せる艦上機全数戦闘機四四、戦爆一七、艦爆一一、艦攻三〇、計一〇二機）に過ぎざる情況に於《お》いては急速基地にある航空兵力の復帰並に兵力の整理を行う要ありと認め、取敢《とりあ》えず西方に避退し補給の上、基地航空兵力と呼応し、二十二日を期し再決戦を行うことに決意し下令せり」

午後五時十分、小沢は、

「全軍北上セヨ」

と電命し、ついで午後六時四十分、つぎの電命を発した。

「明二十日〇七〇〇第八警戒航行序列ニ占位セヨ、甲部隊ノ位置ヘチチ〇〇（一五度二〇分北一三四度四〇分東）針路九〇度速力一六ノット」

この処置について大前は、つぎのように回想している。

「十九日夕刻、二十日の戦闘序列を下命したが、この命令は相当の戦果を考慮のうえ出したものである。『羽黒』ではまだ負けたとは思っていなかった。残存兵力は十分に把握できておらず、また母艦に帰投した機数は少ないが、相当基地にいっているであろう。戦果の報告も少ないが、相当あったものと考えていた。従って夕刻の処置はできたら再決戦の含みであった」

六月二十一日夜、小沢は大前に、

「貴様に巧く口説かれて無理強いに大鳳を去る羽目になった」

といった。


六月十九日にミッチャー艦隊に向かって出撃した小沢艦隊の飛行機数は、偵察機四十七機、戦爆七十八機、天山艦攻四十八機、九九艦爆二十七機、彗星艦爆六十二機、零戦百九機、合計三百七十一機であった。そのうちの損失機数は偵察機十三機、戦爆四十四機、天山艦攻三十二機、九九艦爆十九機、彗星艦爆四十九機、零戦五十八機、合計二百十五機であった。そして残存機が偵察機三十四機、戦爆三十四機、天山艦攻十六機、九九艦爆八機、彗星艦爆十三機、零戦五十一機、合計百五十六機となった。このうち、彗星一機がロタ島、おなじく一機がグアム島、九九艦爆八機がグアム島に着陸しているので、小沢艦隊に帰ったものは百四十六機である。

これらの飛行機の戦果は、戦艦サウス・ダコタに直撃爆弾一発、巡洋艦ミネアポリス、空母ワスプ、バンカーヒルに至近弾各一発、戦艦インディアナに雷撃機体当たり（魚雷不発）、戦闘機三十機撃墜（搭乗員戦死二十七名）という僅少《きんしょう》なものであった。（『モリソン戦史』参照）

小沢艦隊の完敗というほかない。

それにしても、ミッチャー艦隊の飛行機隊は、なぜ防御一方で、小沢艦隊を攻撃しなかったのであろうか。

E・B・ポッター著『提督ニミッツ』にはつぎのようなことが書いてある。

「米艦隊がその艦載機の行動半径内に日本艦隊を捕えようと西進していれば、日本空母数隻を沈めたかもしれないが、米空母も幾隻か撃沈されたろう。なぜなら、ミッチャーは航空兵力を攻撃と防御に二分して使わなければならなかったからである。しかし、六月一九日、ミッチャーはもっぱら防御に専心し、保有する戦闘機ぜんぶを使って『マリアナの七面鳥狩り』という途方もない成功を収めたのである。

十九日にあれだけの敵機を撃墜していなかったならば、二十日の戦闘は困難となったろう。また、マリアナ近くに留まっていたため、ミッチャーはロタとグアムの敵機を撃破し、島の飛行場を破壊して、往復爆撃を実施しようとする小沢の夢を打ちくだいた」

スプルーアンスは、十九日午前一時ごろ、ミッチャーから、無線電話で、「直ちに西進して翌朝五時にこれを攻撃してよろしいか」と許可を求められた。しかし、「ご提案の変更は望ましくないように思われる」と、これをしりぞけ、ミッチャー艦隊をマリアナ列島線から三百カイリ以内にとどめ、日本艦隊の奇襲に備えたのである。スプルーアンスは、ニミッツに指示されたサイパン上陸作戦の支援に重点をおいたこともあるが、小沢艦隊、角田艦隊の兵力と飛行機隊の練度を、「Z作戦計画」によってよく知っていたし、ミッチャー艦隊の防御力もよく知っていた。このようなことから邀撃戦法を取ったとも思われる。

ミッチャー艦隊のレーダーは、「高度六、〇〇〇米で編隊進撃中」の三航戦第一次攻撃隊六十四機を二百七十キロ前方でとらえ、米戦闘機隊約四十機が九十キロ前方で待ち伏せ、「七面鳥狩り」にかかった。後続の日本軍攻撃隊も、すべてこの手にかかって大損害をうけた。

同艦隊の対空無線電話機（戦闘情報センター＝ＣＩＣを通じて艦と空中飛行機間で話をする）は性能がよく、レーダーが日本軍攻撃隊を発見すると、空中の戦闘機隊に知らせ、攻撃に向かわせる。そのために日本軍攻撃隊は米艦隊に奇襲をかけられないばかりか、逆に米ヘルキャット戦闘機隊に奇襲されたのであった。

米戦闘機隊の網の目をくぐり、米艦隊に突入した日本軍攻撃機は、こんどは米艦隊が張りめぐらしたＶＴ信管付弾丸の防御弾幕にゆく手を阻まれ、被害を増加させられた。

ミッチャー艦隊は、珊瑚海《さんごかい》海戦、ミッドウェー海戦、南太平洋海戦などでの教訓を十分に活かして、このような戦備をととのえていたのである。

小沢艦隊でミッチャー艦隊よりすぐれていたのは、索敵力と新鋭艦攻天山、同艦爆彗星であったが、索敵では「十五リ」「三リ」という重大な敵位置誤認をやり（このため、計百三十二機が敵を発見できず、攻撃ができなかった）、新鋭機は搭乗員が訓練不足で使いこなせずに事故を続出させていた。

小沢は、自分の機動艦隊がほとんどの点で米艦隊より劣弱というハンディキャップを克服できるのは、アウト・レンジ戦法による先制攻撃しかないとして、そのとおりを実行した。だが、それは誤算で、完敗した。

しかし、それよりもっと根本的な敗因は、ミッチャー艦隊のレーダー、無線電話、VT信管、米戦闘機隊の兵力・練度などが、そこまで強化されているとは知らなかったことであろう。

前に触れたが、ミッチャー艦隊の空母機は合計八百九十一機で、そのうち四百七十五機が戦闘機であった。それにたいして小沢艦隊の空母機は合計四百三十機で、戦闘機は二百二十二機であった。そのうち戦爆八十三機（十九日に出撃したのは七十八機）の搭乗員は、爆撃訓練だけうけていて、空戦訓練はうけていなかったというのである。

戦爆四十三機をふくむ三航戦第一次攻撃隊六十四機を要撃した空母エセックスのヘルキャット戦闘機隊は、空中戦で日本軍機を四十二機撃墜したというが、ブリューワー隊長は、

「敵は組織的な防御戦法を持っていない」

と報告している。小沢艦隊の飛行機隊は、レーダー・無線電話機と連動した圧倒的な米戦闘機隊によって潰滅させられたといっても過言ではない。

元軍令部航空参謀の源田実がアウト・レンジ戦法に反対で、「発進距離は二〇〇浬、多くとも二五〇浬以内が適当である」と語ったことと、第二航空戦隊航空参謀の奥宮正武が「大鳳の打ち合わせでアウト・レンジに対する反対意見を述べた。それは当時の練度では自信がなかったからである」と語ったことは前記した。奥宮は、財団法人水交会の『水交』昭和五十六年七月号に、「あ号作戦を思う　名将の条件とは?」という論文を書いているが、そのなかで、つぎのようなことも述べている。

「わが空母の飛行隊が、米軍側のそれに比べて、格段に優秀であった頃でも、空母機の望ましい進出距離は距離にして約二百浬前後、飛行時間は一～一時間半くらいであった。そうして、そうできるようにするのが空母の作戦を指導するものの常識であると筆者は考えていた。

(中略)

こうして、アウト・レンジ戦法は、わが方の得点がほとんど無かったにもかかわらず、翌二十日の戦闘による被害とも合わせて、失点のみが著しく大きいという、この戦法の支持者たちですら予想しないほどのみじめな結果に終った。そして、それは客観的に見ても、彼我の兵力の差やわが方の不運というよりは、自ら招いたものという方が適当であると筆者は考えざるをえなかった。

（中略）いま一つ問題と思われるのは、空母二隻が失われたのちに、タウイタウイでの決意表明（注・各級指揮官と幕僚にたいして、小沢が古村参謀長に、『来るべき作戦が成功しなければ、その後にたとえ艦船部隊が残っても、その存在価値はない』と言明させた）にもかかわらず、それとは相容《あいい》れない行動をしていることである。（注・相容れない行動とは何か、もう一つ不明）

当時筆者は指揮官の言葉を信じ、技量不足ながらも力戦敢闘して散華した数多くの霊に、どう説明してよいかと思い悩んだことであった。それでも、小沢中将を、いまもなお、名将とたたえる人が多い。筆者にはその理由がわからない。

（中略）比島《フィリピン》沖海戦で、小沢中将の率いる空母四を基幹とする艦隊が、囮《おとり》作戦に成功したとの見方があるようであるが、空母がそのような目的のためにつくられたものでないことは言うまでもない。

もし、『あ』号作戦が別な戦法で戦われていたら、神風特別攻撃隊や大和の出撃はなかったかも知れない。（中略）

自分の能力をはるかに越えた任務を与えられながらも、命のままに、勇躍それぞれの空母から飛び立って、再び帰らなかった搭乗員を偲《しの》びつつ筆をとった次第である」

「散華した数多くの霊」を盾にして小沢を責めているわけだが、要するにアウト・レンジ戦法などやらずに、米艦隊との距離二百カイリぐらいから攻撃隊を発進させるべきであったということのようである。しかし、それほど帰らなかった搭乗員を思うなら、なぜ当時職を賭しても反対しなかったのか、まことにふしぎな気もする。また、二百カイリの距離で戦えば勝てると考えていたのかどうか、そこが書かれていないのがきわめて残念である。

ミッチャー艦隊との距離二百カイリで航空戦をやったらどうであったか。

米機動部隊よりも兵力が大きく、練度の高い搭乗者が多かった昭和十七年十月の南太平洋海戦でも、日本軍攻撃隊が撃沈できたのは空母一、駆逐艦一で、日本軍攻撃隊の損害はきわめて大きかった。その後の航空戦では、ほとんど戦果が僅少で、損害が甚大だった。

それが航空兵力は米軍の半分以下、訓練不足の搭乗員が大部分、米軍の防御力は格段の進歩というマリアナ沖海戦で、望む戦果を挙げられたであろうか。

E・B・ポッターは、「日本空母数隻を沈めたかもしれないが、米空母も幾隻か撃沈されたろう。なぜなら、ミッチャーは航空兵力を攻撃と防御に二分して使わなければならなかったからである」と、勝者の余裕で書いているようだが、じっさいには小沢艦隊はミッチャー艦隊に歯が立たず、二百カイリの航空戦でもやはりだめという結果にしかならなかったであろう。それは、つぎの台湾沖航空戦やフィリピン沖海戦ではっきりする。けっきょく、航空戦で日本が米国に勝てる時代は、南太平洋海戦までで終わっていたのである。

ではどうすればよかったかだが、どうしようもなかったというほかない。だから、マリアナ沖海戦に敗北した時点で終戦するのがよかった。そうすれば、奥宮元参謀が「神風特別攻撃隊や大和の出撃はなかったかも知れない」ということもなかったわけである。

ただ、小沢のアウト・レンジ戦法で、ふしぎに思うことが一つある。

「㈣　有力なる前衛部隊（第二艦隊、第三航空戦隊）を主隊の前方一〇〇浬に配備し、飛行機隊の攻撃に策応し、大和、武蔵の砲戦力と優秀なる魚雷戦力を発揮して敵を撃滅する」

としていることである。これは、飛行機隊が米各空母の飛行甲板をたたき、飛行機の発着艦を不能にしたところで、大和・武蔵以下の日本艦隊が米艦隊に突撃し、これを撃滅する、ということである。もっとかんたんにいえば、アメリカに飛行機がなければ、日本の戦艦・重巡・水雷戦隊がミッチャー艦隊を撃滅できるということであろう。さらにつきつめれば、米軍機のうちの爆撃機と雷撃機をつぶせば、ミッチャー艦隊に勝てるということになろう。

それならば、小沢艦隊も角田基地航空部隊も、艦攻・艦爆のかわりに零戦だけにして、ミッチャー艦隊のヘルキャット戦闘機隊が日本軍攻撃隊をたたいたように、小沢艦隊に向かってくる米雷・爆撃機隊をたたけばよかった。戦爆・艦爆・艦攻で米空母十五隻の撃破を狙《ねら》うより、ヘルキャット戦闘機隊がついていても、米爆撃機二百三十二機、同雷撃機百八十四機を、小沢艦隊四百五十機、角田部隊五百機の零戦がたたく方が成功したであろう。

そして小沢艦隊がマリアナ群島沿いにサイパンの米輸送船団と米上陸軍部隊の撃滅をめざして進撃すれば、スプルーアンス、ミッチャーも、これと決戦せざるを得ないわけだ、そうすれば面白かった。

しかし、当時それだけの零戦と搭乗員をそろえることはできなかったろうから、これも手おくれであった。

ふしぎというのではなくて、不可解なことも一つある。この十九日の戦闘では、戦爆特攻が出撃しているはずだが、それが公式には記録されていないことである。この日の戦果からすると、敵艦に体当たりしたのは、雷撃機が一機だけであった。それは一航戦の雷撃機だが、搭乗員が誰々なのか不明である。直撃弾を戦艦サウス・ダコタに命中させたのは、三航戦の戦爆だが、これは体当たりではないようだ。

このように、搭乗員が不明であり、体当たりでの戦果といえるものもないというので、うやむやにしたのであろうか。しかし、戦果がなくても、特攻隊が出撃したのであったら、それは公式に記録にのこすべきであろう。

搭乗員思いの奥宮元参謀だが、これについては発言がないようである。

六月二十日、マリアナ群島西方海面上空は、昨日にひきつづき、雲はあるが晴れていた。正午、小沢は旗艦を羽黒から瑞鶴に移した。この日は、夕刻から、日米双方が攻撃隊をくり出す航空戦となった。

小沢は、午後五時二十五分、夜間雷撃のために一航戦から索敵機三機、天山艦攻七機を発進させた。だが、この雷撃隊は敵を発見できず、天山三機未帰還、同四機不時着水となり、不時着水の搭乗員は駆逐艦に救助されたが、全機を失う結果に終わった。

雷撃隊発進直後の午後五時三十分ごろから、米空母機が一航戦に約五十機、二航戦に約四十機、遊撃部隊（第二艦隊、十戦隊、最上）に約二十機、補給部隊に約三十五機と、つぎつぎに来襲した。小沢艦隊の防空戦闘機四十二機がこれを迎撃し、二十機を撃墜したが、日本側は二十五機を失った。
小沢艦隊の艦船の被害はつぎのようになった。
沈没　空母飛鷹、魚雷一本命中、誘爆
損傷　瑞鶴、隼鷹、千代田、榛名、摩耶、それぞれ航海に支障なし
大破、味方砲雷撃で処分　玄洋丸、清洋丸
約一時間にわたる攻撃を終えて帰途についた米飛行機隊は、夜間着艦に失敗するのが多く、八十機が海上に失われた。撃墜された二十機と合わせて百機の損失となった。しかし事故機搭乗員二百九名のうち百六十名は救助された。ミッチャーは、夜間帰投の飛行機隊のために、日本潜水艦を恐れず、艦隊の全艦に煌々《こうこう》と点灯を命じ、照明弾を射ち上げさせ、探照灯を夜空に照射させたのである。
元海軍大尉（第六十七期）、戦後海上幕僚長をつとめた中村悌次は、昭和五十七年に『上級指揮官の統率に関する若干の研究』というレポートを書いているが、そのなかで、ミッチャーのこの処置を、
「マリアナ沖海戦の第二日薄暮攻撃を行った際も攻撃機の帰投を容易にするため全艦隊の点灯を命じ、全搭乗員の感謝と乗組員の崇敬を集めたのである。彼が救助を重視したのは、攻撃に先立つ搭乗員の心情は助かる率が高いか低いかによって大きく左右され、比較的に確実に救助されると思えば落ち着いて発艦できるものであり、しかも敵の防空砲火や空中戦闘で死ぬものはあってもその率は少なく、多くは海上で漂流することを心配していると考えたか

らであった」

と書いている。

午後九時四十五分、小沢は、連合艦隊司令長官と第二艦隊司令長官（栗田中将）にたいして、

「明朝前衛ニ協力スベキ機動部隊航空兵力殆ド消耗セリ」

と報告、通報し、ついで九時五十五分、

「瑞鶴二二〇〇ノ位置一六度四二分北一三三度東、針路三二〇度、速力二〇節《ノット》」

と打電した。小沢艦隊は乾坤一擲《けんこんいってき》の戦いに敗れ、航空兵力の大部分を消耗し、機動部隊としての戦力を喪失して、祖国に引き揚げねばならないのであった。残存機数はつぎのとおりになり果てていた。

一航戦　零戦四、天山一、九九艦爆一、彗星一、計七機
二航戦　零戦十二、戦爆五、九九艦爆八、彗星五、艦攻三、計三十三機
三航戦　戦爆四、零戦五、天山五、九七艦攻七、計二十一機
　合計　六十一機
二艦隊、永偵四、観測機六、基地派遣水偵二、計十二機

小沢が大前先任参謀を長官私室によび、打ち明けた話をしたのは、翌日、六月二十一日の夜であった。話のなかで、「連合艦隊司令長官宛の親書を口伝するから書いて貰《もら》いたい」といった内容を、大前はつぎのとおり書いている。

「附記――それは三隻の空母と搭乗員及び飛行機の大部を喪失した罪一切は、小沢の指揮不良に因由し、万死に値する。速かに更迭し敗因を精査して断罪されたい。当面の急務は新長官司令部による次期作戦準備完整であり、速かに着手されたいというものであった。

筆者（大前）はそれを書き物にして連合艦隊の豊田長官に手交したが、大本営海軍部も連合艦隊も小沢長官更迭を預かりにして、次期作戦（捷号）に移行することになった」

大前はまた、『提督小沢治三郎伝』に、「あ号作戦直後の思い出」として、つぎのように書いている。

「あ号作戦は当時における日本海軍の決戦兵力をあげて戦ったが、殆んど戦果を得ることなく失敗に終わった。小沢長官の胸中、察するに余りあるものがあった。私は海戦の翌日（六月二十一日）長官室に招致された。長官は静かに『敗戦の罪、万死に値いす、ついては辞表を起案せよ』と命ぜられた。『辞表』の代わりに『進退伺い』の案をしたため提出した。

そのとき長官は、

『訓練を中断させたことが命取りになった。そして部下にむずかしい戦法をやらせ、戦死させ、誠に申し訳ないことをした』（注・米艦隊の防御力がどういうものかは、まだ知っていないようである）

『旗艦大鳳の爆発と同時に全軍の指揮を栗田第二艦隊司令長官に委《まか》すべきであった』

『若し自分が連合艦隊司令長官として現場に来ていたのなら、二十日夜全部隊を率いて徹底的夜戦をやったであろう』（注・勝つ自信は不明）

など、しみじみした口調で二時間あまり話されたことは、いまも忘れることができない。

内地へ帰ってから小沢長官は『進退伺い』を、豊田連合艦隊司令長官に提出したが、豊田長官は、

『自分も同罪である』

とし、

『進退伺いは預かるが、最後まで頑張るように』

と申された。その後台湾沖航空戦、本土決戦に進んでしまって、辞表どころではなくなってしまった」

さらに同書中の「小沢提督の兵術」に、大前が「小沢長官の直話中、特に記憶に残っているものを羅列すると次の通りである」と述べているものがある。

「㈠最高の海軍司令長官（連合艦隊司令長官）は独立旗艦に座乗し決戦海域に進出し全艦隊の大局的指揮に任ずべきである。（マリアナ、レイテ海戦をいう）

㈡機動艦隊司令長官は航空母艦に座乗して、平素から熟知の搭乗員の報告を直接詳知することが極めて重要である。

㈢あ号作戦に際し、機動艦隊が『タウイタウイ』島へ進出前同島に航空基地の存否確認のため幕僚派遣その他確認措置を採らなかったこと、及び旗艦大鳳被害直後に栗田第二艦隊司令長官に指揮継承させることを電報しなかったことは一生の不覚である」

敗残の小沢艦隊は、ミッチャー艦隊の追撃を逃れ、六月二十二日午後、沖縄の中城湾《なかぐすく》に入

港した。ついで翌二十三日同港を出港、二十四日、瀬戸内海西部の柱島《はしらじま》に帰着した。

昭和十九年（一九四四年）七月五日、

「我等玉砕、以ッテ太平洋ノ防波堤タラントス」

という訣別《けつべつ》電を発したサイパン防衛の中部太平洋艦隊司令長官南雲忠一中将、第四十三師団長斎藤義次《さいとうよしつぐ》中将などは、翌六日に自決し、残存兵力約三千名は七日未明、最後の突撃を決行して全滅した。

サイパンで潜水艦隊を指揮していた第六艦隊司令長官高木武雄中将も玉砕した。あ号作戦に参加した潜水艦は二十一隻であったが、米海空部隊のレーダーに捕まり、戦果もないまま十三隻が未帰還となった。

連合軍は七月二十一日グアム島に、二十三日テニアン島に上陸した。テニアンの第一航空艦隊司令長官角田覚治中将も八月二日に戦死した。同島の日本軍は八月三日、グアム島の日本軍は八月十一日に玉砕した。これでマリアナ群島は米軍の支配下に入ったのである。

敵と耦刺《ぐうし》を期す

小沢は、マリアナ沖海戦の責任にたいして嶋田海相に辞表を提出したが、嶋田はこれを却下し、小沢はひきつづき、第一機動艦隊司令長官兼第三艦隊司令長官として留まり、第一航空戦隊を直率した。

マリアナ沖海戦後、数回の改編ののち、昭和十九年八月十五日現在の第一機動艦隊の編制はつぎのとおりとなった。

第一機動艦隊
　司令長官小沢治三郎中将、参謀長古村啓蔵少将
　第三艦隊
　　司令長官小沢治三郎中将（兼務）、参謀長古村啓蔵少将（兼務）
　　第一航空戦隊（　）は予定
　　　空母雲龍・天城・（葛城）・（信濃）

六〇一空
　小沢治三郎中将直率
第三航空戦隊
　空母瑞鶴・瑞鳳・千歳・千代田
六五三空
　司令官大林末雄少将
第四航空戦隊
　航空戦艦伊勢・日向、空母隼鷹・龍鳳
六三四空
　司令官松田千秋少将
第十戦隊
　軽巡矢矧、第四・第十七・第四十一・第六十一駆逐隊
　司令官木村進少将
付属
　重巡最上
第二艦隊
　司令長官栗田健男中将、参謀長小柳冨次少将
第四戦隊

重巡愛宕・高雄・摩耶・鳥海
栗田健男中将直率、参謀長小柳冨次少将（兼務）
第一戦隊
戦艦大和・武蔵・長門
司令官宇垣纒中将
第三戦隊
戦艦金剛・榛名
司令官鈴木義尾中将
第五戦隊
重巡妙高・羽黒
司令官橋本信太郎少将
第七戦隊
重巡熊野・鈴谷・筑摩・利根
司令官白石万隆少将
第二水雷戦隊
軽巡能代、第二、第二十七・第三十一・第三十二駆逐隊、駆逐艦島風
司令官早川幹夫少将

サイパン失陥によって、昭和十九年七月十八日、東条内閣は総辞職した。二十二日、小磯《こいそ》、米内連立内閣が成立し、陸相には杉山元大将、参謀総長には梅津美治郎《うめづよしじろう》大将、海相には米内光政大将が就任した。八月二日、嶋田大将にかわり及川古志郎大将が軍令部総長となり、八月五日、岡敬純中将にかわり井上成美中将が海軍次官となった。海軍は、この八月末から、米内、井上のイニシャティブによって終戦工作を開始する。

昭和十九年七月八日、栗田は、第二艦隊と第三艦隊の十戦隊や最上をひきい、燃料が窮乏した内地から、リンガ泊地に向かった。

八月四日、豊田連合艦隊司令長官は、「連合艦隊捷号《しよう》作戦要領」を発令した。「捷号」とは、「あ号」では米軍に完敗したが、つぎの米軍との決戦には勝利を得ようと念願して名づけた作戦名で、一号から四号まであった。捷一号はフィリピン、捷二号は台湾・南西諸島（沖縄・奄美《あまみ》）、捷三号は九州・四国・本州、捷四号は千島・北海道という各方面の作戦である。しかし、日本海軍は、米軍のつぎの来攻はフィリピンと見て、とくに捷一号作戦に力を入れていた。

「連合艦隊捷号作戦要領」は要旨つぎのようなものである。

「一航艦（第五基地航空部隊）と二航艦（第六基地航空部隊）の全力を比島に集中する。

第一遊撃部隊（第二艦隊基幹）はリンガ泊地、第二遊撃部隊（第五艦隊）と機動部隊本隊（三、四航空戦隊）は瀬戸内海西部に待機し、敵の来攻を予期するにいたったなら、第一遊撃部隊はブルネイ方面に、第二遊撃部隊は瀬戸内海西部または南西諸島にそれぞれ進出待機する。機動部隊本隊は瀬戸内海西部において出撃準備をととのえ、特令によって出撃する。

敵の来攻を見たならば、比島に集中した基地航空兵力をもって、空母と輸送船に対して総攻撃をおこない、一方、第二遊撃部隊と機動部隊本隊は敵を北方に牽制《けんせい》誘致し、この間、第一遊撃部隊は敵の上陸地点に突入する」

このなかで、第五艦隊というのは、司令長官志摩清英《しまきよひで》中将（第三十九期）がひきいる第二十一戦隊重巡那智・足柄、第一水雷戦隊軽巡阿武隈、第七・第十八・第二十一駆逐隊である。ブルネイはボルネオ島北西岸にある。

機動部隊本隊を直率する小沢の急務は、航空兵力の再建であった。しかし、一航戦は十二月末にならなければ戦備がととのわず、それまでに戦となると、三航戦で戦わねばならなかった。それにしても問題は、ふたたび米機動部隊と戦うとき、アウト・レンジ戦法がだめならばイン・レンジ戦法しかないわけだが、それをどう戦うかであった。

小沢は八月十日に、自分自身の「機動部隊捷号作戦要領」を下令した。ただし、一航戦ぬきのものである。まず第一機動艦隊全体については、

「現配備の全力を挙げて決戦に参加し　最悪の場合敵と耦刺《ぐうし》を期す」

とした。耦刺とは二人が刺しちがえて死ぬことである。第一遊撃部隊については、「連合艦隊捷号作戦要領」とほぼおなじだが、

「先《ま》ず我を阻止せんとする敵水上部隊と決戦して之《これ》を撃滅したる後、上点地点に於《お》いて敵船団及上陸軍を攻撃撃滅す」

と、より具体的に定めた。機動部隊本隊である第三艦隊と第二遊撃部隊については、「第一遊撃部隊に呼応して出撃し、敵機動部隊を北東方に牽制して第一遊撃部隊の突入を容易ならしめつつ、敵機動部隊の一翼に対し攻撃を加ふ。

敵補給部隊の動静を明らかにするを得、且《かつ》之に対する奇襲攻撃に成算ある場合には、敵の補給部隊に殺到して之を撃滅す」

と規定した。これらは、「連合艦隊捷号作戦要領」に従ったものだが、小沢がひきいる機動部隊本隊（第三艦隊）は、まともに米機動部隊と戦うのではなくて、敵を自分にひきつけることを主任務とするものである。日本機動部隊は米機動部隊に歯が立たないので、ワキ役的なオトリ役にまわらざるをえないということであろう。といっても、敵主力機動部隊を自分にひきつけるのだから、捨身になるだけではなく、駆引もうまくなければできない大仕事であった。

しかし、捨身というならば、栗田艦隊もおなじで、米艦隊に護衛された米輸送船団に、護衛戦闘機もなしに突入するのだから、現実的に水上特攻隊であり、むしろ小沢機動部隊本隊よりも生還を期し難いものかもしれない。

小沢は、栗田の困難を察したためか、連合艦隊付属艦となっている戦艦山城、扶桑で第二戦隊を編成し、栗田の第一遊撃部隊に編入するよう、軍令部と連合艦隊に意見具申をした。その結果、九月十日、そのとおりの第二戦隊が編成され、司令官には西村祥治《にしむらしょうじ》中将（第三十九期）が就任した。西村は九月二十三日に呉《くれ》を出撃し、栗田艦隊がいるリンガ泊地に向かった。

連合艦隊が定めた兵力部署によると、小沢は次期作戦で第一、第二遊撃部隊を指揮するよう定められていた。だが小沢は、米機動部隊を第一遊撃部隊からひきはなして自分の方にひきつける作戦をしながら第一、第二遊撃部隊を指揮するのは無理だとして、豊田が第一、第二遊撃部隊を直率すべきであると主張した。

すると豊田は、九月中旬ごろ、小沢が訓練ずみの空母群を率いて南方に進出し、マリアナ沖海戦のときのように、機動部隊指揮官として第一遊撃部隊をも合わせて指揮し、次期決戦に当たるようにのぞんだ。訓練ずみの空母群とは三航戦のことである。

このことについて野村実は、「軍令部作戦室より見たる捷一号作戦」に、

「小沢さんは、右の豊田大将の考え方に強く反対した。微力の一部空母群を率いて南方に進出しても、全水上部隊の中核とはなり得ず、第一遊撃部隊の偵察か上空警戒を担当するに過ぎない。いたずらに指揮系統に屋上屋を重ねることとなる。第三航空戦隊を南方に進出させる場合、同戦隊司令官は栗田中将より後任者とし、栗田中将の指揮下に入れるべしとした。小沢さんは、第一機動艦隊司令長官として全海上機動部隊を指揮するのは、第一航空戦隊の訓練整備が完了してからであるとした。

しかし豊田大将は、捷号作戦の生起が迫っているとし、小沢さんが前線に出ることを希望した。そして軍令部に対し、戦時編成の改定を求めた。軍令部は豊田大将の考え方に同意し、及川軍令部総長は九月二十九日参内のうえ裁可を得、十月一日付で、小沢さんが第三航空戦

隊を直率するよう、戦時編制を改めた。

この改編は結果的に、小沢さんが比島沖海戦において、おとり艦隊の指揮官として、歴史に名を留める直接的な原因となった」

と書いている。

豊田が小沢にそれを望んだ理由は何なのか、また小沢の反対理由が小沢のことばどおりだけのものであったのか、そこまでは書いてない。それはきわめて難しい問題で、また重要なポイントだが、不明である。ただ、考えられるのは、豊田は小沢に、「栗田に指図し、栗田と一緒に死んでくれ」と望み、小沢は豊田に、「死ぬのはいいが、栗田にしても、自分の思いどおりに第二艦隊を動かして死にたいだろう」といったのではないかということである。

「小沢さんは頭がいいから、そのような死ぬに決まっているところへはゆきたくなかったんじゃないか」

という某元少佐もいるが、それはうがちすぎのように思われる。

それにしても栗田は、護衛戦闘機もなしに長い道中を敵陣に突っ込んでゆけというのには、尋常一様ではない抵抗を感じたにちがいない。三百機の護衛戦闘機が栗田艦隊につき、小沢の機動部隊本隊が米機動部隊をひきつけるぐらいのことをしてもらいたかったであろう。栗田は小沢のように、思ったことをずばずばいえないし、いっても下手な人物のようである。

栗田について、元重巡鳥海砲術長・海軍中佐の仲繁雄（第五十二期）は、つぎのような逸話を『日本海軍風流譚《ふうりゅうたん》　三』に書いている。

「昭和十三年、栗田が大佐で戦艦金剛艦長、仲が大尉で副主砲指揮官のころのことである。ある夜栗田は、士官室のドンチャン騒ぎに顔を出したあと、艦長室にもどったところ、ベッドの上に真新しい人間の糞《くそ》があるのを見て怒りに燃えた。翌日、事件の糾明を命ぜられた航海長は仲に調査を依頼した。調べてみると、酔っぱらって艦長室に入りこみ、ベッドに寝たのはK中尉だとわかった。Kは泥酔して前後不覚だったとこたえたが、犯人はかれにまちがいなかった。

仲はKを連れて艦長室にゆき、栗田に会い、Kは栗田にありていに白状して、深く詫《わ》びた。栗田は凄《すご》い眼で二人を睨《にら》んだ。とくにKにたいしては凄かった。大男のKも身の置きどころがなく縮み上がった。とつぜん栗田がわれ鐘のようにどなった。

『酒飲んでしたというなら、仕方がないーっ』

あとはひと言もいわなかった。Kの眼《め》から涙が溢《あふ》れ出て、ボロボロこぼれ落ちた。艦長室を出たとき、Kは、

『おれは艦長のためなら命は要らん』

といって、右の拳《こぶし》で両眼をごしごしこすり、たくましい両肩をふるわせていた」

だからといって栗田はまちがいをやらないというわけではない。ただ、豊田が、栗田では心もとないというなら、栗田を更迭して、西村祥治でも宇垣纒でも、頼もしい人物を、この際の第二艦隊司令長官にすればよかったのではなかろうか。それでなければ、豊田自身が、東郷平八郎のように第二艦隊の旗艦に乗って全軍を指揮すべきであったろう。

九月十五日、ハルマヘラ北端の小島モロタイが米軍に占領され、十七日には西カロリン群島のアンガウル島も占領された。しかし、北のパラオとアンガウルの中間のペリリュー島では、九月十五日に上陸した米軍が、日本軍守備隊一万名の猛反撃に会い、大損害をうけていた。激戦は十一月二十五日までつづき、中川州男《なかがわくにお》陸軍大佐指揮の守備隊は玉砕したが、米軍も戦死二千名、重軽傷八千名を出した。

小沢艦隊の改編が裁可となった九月二十九日、連合艦隊司令部は、木更津沖の大淀から、横浜市港北《こうほく》区日吉の慶応義塾構内に移動した。

改編によって小沢は、十月一日、旗艦を瑞鶴に定めた。同日、第一機動艦隊・第三艦隊参謀長の古村は第一航空戦隊司令官となり、呉在泊の空母天城に着任し、後任参謀長には三航戦の大林末雄少将が就任した。第三航空戦隊は小沢が直率することになった。

小沢艦隊を破り、サイパン占領を決定づけた米第五艦隊司令長官のスプルーアンス大将は、マリアナ沖海戦後、司令長官をウィリアム・F・ハルゼー大将と交代した。スプルーアンスが「絶対に勝利を得られるみこみのないかぎり、きわめて用心深い」指揮官であったのにたいして、ブル（猛牛）というアダ名のハルゼーは、どちらかといえば「猪突《ちょとつ》猛進を好む」指揮官であった。それにハルゼーは、ミッドウェー海戦で、フランク・J・フレッチャー少将やスプルーアンス少将が南雲部隊に大勝したときは病気入院中であったし、マリアナ沖海戦でスプルーアンス大将が大勝したときは、つぎの作戦計画を立案中であった。つまり武運に恵まれていなかった。後輩で自分がひき立てたスプルーアンスが赫々たる武勲を立てたあと、ふたたび米主力機動部隊最高指揮官にカム・バックしたハルゼーは、つぎの作戦では、スプルーアンスをはるかに凌《しの》ぐ武勲を立てようと、意気込んでいた。

ハルゼーが司令長官となると同時に、第五艦隊の名称は第三艦隊と改称され、その基幹空母部隊であるミッチャー中将指揮の第五十八機動部隊は第三十八機動部隊と改称された。ミッチャーはそのままである。

七月二十六日、二十七日、米大統領ルーズベルトはハワイのホノルルで、マッカーサー、ニミッツと会合し、つぎの上陸作戦はフィリピンのレイテ島、上陸予定日は十二月二十日と取り決めた。総指揮官はマッカーサーで、ニミッツがこれを全面的に支援し、とくに日本軍の航空兵力を無力化するのは海軍の任務となった。

こうして日本軍の航空兵力と海上兵力を無力化するのはハルゼーの第三艦隊で、マッカーサーの指揮をうけて米上陸部隊を直接支援するのはトーマス・C・キンケード中将の第七艦隊となったのである。

九月十五日、日本軍の反撃力が少ないと見た統合参謀本部は、レイテ上陸日を二ヵ月早めて十月二十日と決定した。提案者はハルゼーであった。九月十五日は、米軍がハルマヘラ北端のモロタイ、西カロリンのアンガウル、ペリリューなどに上陸した日であった。

源田実の「戦闘機無用論」

昭和十九年（一九四四年）十月十日、ハルゼーの第三艦隊（ミッチャーの第三十八機動部隊が基幹）は延べ九百機で沖縄方面を空襲し、日本軍は飛行機百十一機、米軍は二十一機を喪失した。翌十一日、ハルゼー艦隊はルソン島北部を襲い、日本軍は飛行機十八機、米軍は七機を喪失した。

同艦隊は、十月十二日、十三日、十四日の三日間、台湾の日本軍航空基地と陸上施設に大空襲をかけた。十二日は延べ千三百七十八機、十三日は延べ九百七十四機、十四日は延べ二百六十四機と中国大陸からのB29百四機、という驚くべき出動機数であった。

これらもセブ島で入手した日本海軍の「Z作戦計画」を利用した攻撃であった。

ハルゼー艦隊にたいして、日本陸海軍航空部隊は、十二日から十六日にかけ、総力をあげて反撃した。

南九州、台湾に展開した福留中将指揮の第六基地航空部隊（第二航空艦隊）、同部隊に連合艦隊命令で派遣された小沢艦隊三航戦・四航戦空母機二百五機、九州鹿屋《かのや》基地の最精鋭「T攻撃部隊」百五十機、陸軍航空部隊などであった。

なかでも頼みの綱はT攻撃部隊と六五三空空母機隊の戦力であった。T攻撃部隊は台風のシーズンの悪天候や夜間を利して敵艦隊を奇襲雷撃する電探装備の飛行機隊で、TはTyphoon（台風）である。

同隊は陸海合同で編成され、指揮官は海軍の久野修三大佐（第四十九期）、参加飛行機は海軍の紫電（戦闘機）、銀河（陸上中型爆撃機）、天山（艦攻）、一式陸攻、陸軍の四式重爆、搭乗員は陸海とも粒よりのベテランであった。T攻撃部隊を編成して米艦隊を撃滅すべしと提唱したのは、「航空主兵、戦艦無用論」の軍令部航空参謀源田実大佐である。

十月十二日から五日間にわたる日本航空部隊とハルゼー艦隊の戦闘は、「台湾沖航空戦」とよばれ、十月十九日午後六時の大本営発表によると、日本軍の戦果と損害はつぎのとおりであった。

「戦果
轟撃沈《ごうげきちん》　空母十一隻、戦艦二隻、巡洋艦若しくは駆逐艦一隻
撃破　空母八隻　戦艦二隻　巡洋艦四隻　巡洋艦若しくは駆逐艦一隻　艦種不詳十三隻
其《そ》の他火焔《かえん》火柱を認めたるもの十二を下らず（以上合計五十四隻）
撃墜百十二機（基地に於ける撃墜を含まず）

損害

飛行機未帰還三百十二機

（注）本戦闘を台湾沖航空戦と呼称す」

これを知らされた日本陸海軍将兵と国民は、文字どおり歓喜し、陸海軍航空部隊の精強さに驚嘆し、マリアナ群島を奪われての絶望からいっきょに明るい希望をとりもどした。

ところが、この戦果と損害は、じつはまったくの錯覚にすぎなかった。ハルゼー艦隊の艦艇で撃沈されたものは一隻もなく、重巡キャンベラと軽巡ヒューストンが大破されただけであったし、飛行機の撃墜は、基地における撃墜をふくめて大本営発表ぐらいだったのである。

一方、日本軍の飛行機の損失は、約五百五十機から六百機にものぼった。それについて、T攻撃部隊の提唱者であった源田実は、その著『海軍航空隊始末記　戦闘篇』に、つぎのように書いている。

「T部隊は実施に入った時、

『大成功だ、これで敵の進撃を喰止《くいと》めることが出来た』

とも考えた程であるが、台湾沖海戦後も敵の進撃歩調に弛《ゆる》みは見えなかった。（中略）十九年の末期になって、私はつくづく考えた。戦争に負けているのは、海軍が主役をしている海上戦に負けているからである。海上戦に負けるのは航空戦で圧倒されているからである。航空戦が有利に展開しない原因は、わが戦闘機が制空権を獲得できないからだ。つまり、戦闘機が負けるから戦争に負けるのだ。私は海軍戦闘機隊の出身であり、今は航空作戦の主務参謀として大本営に勤務している。敗戦に関して二重の責任が自分に懸っている。何とかして精鋭無比な戦闘機隊を作り上げ、仮令数《たとえ》は少くても良いから、見つけた敵を片端しから射落して、敵の航空部隊に対する脅威となるような部隊を持って見たい。（後略）」

つまりT攻撃部隊が戦果を挙げられなかったのはアウト・レンジ戦法のせいではなくて、戦闘機が制空権を獲得できなかったからだ、といっているのである。米機動部隊にたいしては、イン・レンジ戦法でも歯が立たないと認めたものといえる。

源田は昭和二十年一月十五日に四国松山基地の三四三空司令に着任し、新鋭戦闘機紫電改とえりぬきの搭乗員によって米軍機撃墜にめざましい戦果を挙げ、有能ぶりをみせる。しかしそれは、艦爆、艦攻、中攻などによる米艦攻撃では戦果がすくなく、損害が大きいだけと見ての変わり身の早さでもあったようである。

源田の同期にやはり戦闘機乗りで、元海軍大佐の柴田武雄という人がいる。柴田は昭和四十六年に『源田実論』（思兼書房《おもひかね》）という新書判の本を出しているが、そのなかに、「戦闘機無用論を主唱した源田」という項があり、つぎのようなことを書いている。

「この『戦闘機無用論』に関しては、時事通信社発行の『日本海軍航空史・第一巻（用兵篇）』に、かなり詳しく載っているが、昭和四十三年夏、私の最終的意見聴取が、防衛庁防衛研修所戦史室において角田求士氏（元海軍中佐）立ち合いのもとに、右航空史編纂《へんさん》委員会代表・山本親雄氏（元少将）によって行なわれた際、源田の言として、〝『戦闘機無用論』は攻撃機側から出た〟という話が、山本氏によって紹介された。

しかし、『柴田君の意見に全面的に賛成する』という高橋千隼先輩（元海軍大佐・第四十七期）の強力な支持や、源田以外の、『戦闘機無用論』を知っている全員の意見の一致するところにより、『戦闘機無用論』を主唱したのは、戦闘機パイロットであった源田実と小園安名（元海軍大佐・第五十一期）である、と決定され、右航空史に明記されることになった」

源田の「戦闘機無用論」の根拠は、⑴「目標の速度が速くなったので、タマがあたらない」⑵「たとえあたっても、跳ねかえる」⑶「攻撃機に追いつけない戦闘機などは役に立たない」などで、事実とはちがったものであった、と柴田は述べている。それにつけ加えて、「源田が現有主力艦の活用法を知らなかったことを実証する資料として、源田が海軍大学の学生のとき、『対米作戦遂行上、最良と思われる海軍軍備の方式に関して論述せよ』、という趣旨の対策課題に対して提出した論文の論旨を、次に紹介しておく。

『海軍軍備の核心を基地航空部隊と母艦群航空部隊に置き、潜水艦部隊をしてこれを支援せしむる構想により、海軍軍備を再編成し、これら部隊の戦力発揮に必要な駆逐艦、巡洋艦等の補助艦艇は、必要の最小限度保有するも、戦艦、高速戦艦等の現有主力艦はスクラップにするか、或《あるい》は繋留《けいりゅう》して桟橋の代用とすべし』」

ということも書いている。参考までにいえば、アメリカの飛行機生産力と搭乗員の育成力は日本の十倍と見られている時代であった。

なお柴田は、「戦闘機無用論者」と「戦艦無用論者」との関係をつぎのとおりの一覧表にして、説明を加えている。

氏名	官位	配置	年代	記事
山本五十六	中将	海軍航空本部長	昭和十一年	戦闘機無用論の賛成採用者
大西瀧治郎	大佐	航本教育部長（前配置、横空副長）	昭和十一年末期から	右に同じ（戦艦無用論の主唱者）
三和　義勇	少佐	横空戦術教官	昭和十一年	戦闘機無用論の支持者
源田　実	少佐	海軍大学生	昭和十一年	戦闘機無用論の主唱者
小園　安名	大尉	横空分隊長	昭和十年	右に同じ

「右の表の記事で、山本五十六中将（後元帥）と大西瀧治郎大佐（後中将）を、『戦闘機無用論』の賛成採用者としたわけは、当時の海軍航空界における実力『権力』ナンバーワンである山本五十六中将とナンバーツーである大西瀧治郎大佐（右の二人は、源田をも含めて、特に深く互いに信頼し合っていた）が賛成しなければ、昭和十二年初頭の兵力配備において、実際に戦闘機が削減されるようなことはなかった（山本中将と大西大佐が賛成したからこそ削減された）という私の判断によるものである。

いや、大西大佐は、『戦闘機無用論』と密接な関係のある『掩護《えんご》戦闘機無用論者』であったことだけは、昭和十一年、私が横空分隊長時代に、同副長であった大西中佐からハッキリ聞いているので確かである。（中略）

しかし、大西大佐は、航空主兵主義者であったことと、太平洋戦争が始まってから、戦闘機をどんどん作れと言っていたことは確かである。

（中略）英国は、優秀な防空戦闘機スピットファイアーによる百日の防空戦によって、ドイツの爆撃機を追い払い、勝利をおさめたが、反対に日本は、源田の主唱した『戦闘機無用論』および真に戦闘機および戦艦の活用法を知らない、源田の作戦計画指導の愚劣・拙劣さによって大敗した。（中略）

最後に一言申し添えておきたいことがある。昭和十七年二月下旬、わが第三航空隊がチモール島クーパンに進出して間もない三月頃《ころ》、私は、『ことの起こるは、すべて起こるべくして起こる。現在まで作戦は、零戦の大活躍によってきわめて順調に進んで来たが、アメリカが間もなく零戦よりも強い戦闘機を作れば形勢は逆転する。それよりも更に強い戦闘機を早く作れ』という趣旨のことを戦訓所見として提出したが、残念ながら、『柴田の言うことは全部間違っている。たとえ正しくとも、オレの気にくわぬ奴《やつ》の言うことなど絶対にきくもんか』と言っていた。（中略）源田をはじめ零戦の目先の大戦果に陶酔していた中央当局には、直ちに通じなかったことが、ぶざまな負け方をした一因である」

太平洋戦争開始以来、日本海軍は山本五十六の作戦指導により、戦艦、重巡などの水上兵力はほとんど無用の長物とされ、つまり源田のいうスクラップ同然とされ、航空主兵で米海軍と戦ってきた。そのゆきついたところがマリアナ沖海戦であり、台湾沖航空戦であり、神風特別攻撃隊をはじめとする特攻隊であり、源田参謀の戦闘機への鞍替《くらが》えだったようである。

小沢のアウト・レンジ戦法も誤算であったが、根本は、航空主兵の戦いの必然的な結果であった。

まじめに戦ったのは西村ひとり

十月十九日、司令長官トーマス・C・キンケード中将の第七艦隊に護衛されたマッカーサー軍二十万名の輸送船団がレイテ島北東岸のタクロバン沖に現われた。

米軍のレイテ上陸日と上陸時刻は十月二十日午前十時で、米国はこれを「Aデイ・Hアワー」といっていた。ヨーロッパの連合軍がフランス北部のノルマンジーに上陸した一九四四年六月六日の「Dデイ」にならったものである。

マッカーサー軍が乗船した輸送船は四百二十隻、それを護衛する第七艦隊は戦闘艦百五十七隻、哨戒《しょうかい》掃海艇八十四隻、補給船七十三隻であった。戦闘艦のなかには、戦艦六隻、護衛空母十八隻がふくまれていた。合計七百三十四隻の大攻略部隊である。

それをさらにハルゼーの第三艦隊がルソン東方海面を遊弋《ゆうよく》しながら支援していた。同艦隊は空母十八隻、戦艦六隻、巡洋艦十七隻、駆逐艦六十四隻、計百五隻である。

十月二十日、第七艦隊、第三艦隊の空母機による空襲と、第七艦隊の戦艦、駆逐艦による艦砲射撃に掩護されて、米第一次上陸軍が乗船した舟艇約三百隻は、予定どおり午前十時、レイテ島に上陸した。損害は戦死四十九名であった。

十月十八日午後五時半に「捷一号作戦発動」を下令していた豊田連合艦隊司令長官は、十月二十日午前八時十三分、つぎの決戦要領を発令した。

「一　敵ハ一部ヲ以テ印度洋方面ニ我ヲ牽制シツツ　ソノ主力ヲ以テ中比ニ上陸ヲ敢行シツツアリ

二　連合艦隊ハ陸軍ト協力　全力ヲ挙ゲテ中比方面ニ来攻スル敵ヲ殲滅《せんめつ》セントス

三　第一遊撃部隊ハ二十五日（X日）黎明《れいめい》時『タクロバン』方面ニ突入　先ヅ所在海上兵力ヲ撃滅次イデ敵攻略部隊ヲ殲滅スベシ

四　機動部隊本隊ハ第一遊撃部隊ノ突入ニ策応『ルソン』海峡東方海面ニ機宜行動シ　敵ヲ北方ニ牽制スルト共ニ好機敵ヲ攻撃撃滅スベシ

五　南西方面艦隊司令長官ハ比島ニ集中スル全海軍航空部隊ヲ指揮　第一遊撃部隊ニ策応敵空母並ニ攻略部隊ヲ併セ撃滅スルト共ニ　陸軍ト協同速ニ海上機動反撃作戦ヲ敢行敵上陸部隊ヲ殲滅スベシ

六　第六基地航空部隊ハ主力ヲ以テ二十四日（Y日）ヲ期シ　敵機動部隊ニ対シ　総攻撃ヲ決行シ得ル如ク比島ニ転進　南西方面艦隊司令長官ノ作戦指揮下ニ入ルベシ

七　先遣部隊ハ既令ノ作戦ヲ続行スベシ」

南西方面艦隊は、第十六戦隊、第一航空艦隊（可動機数約三十機の第五基地航空部隊、司

令長官大西瀧治郎中将）、第三南遣艦隊（韮島部隊、司令長官三川軍一中将）などで編成され、司令部はマニラにあって、司令長官は三川軍一中将（第三十八期）であった。

可動機数約二百四十機の第六基地航空部隊は第二航空艦隊、陸軍飛行第九十八、第七戦隊などで編成され、マニラふきんから作戦に参加し、司令長官は福留繁中将であった。先遣部隊は潜水艦隊である。

決戦要領発令とともに、豊田長官は同日午後六時二分、連合艦隊電令作第三六七号をもって、第一遊撃部隊（栗田）を機動部隊本隊指揮官小沢の指揮下から除き、連合艦隊司令長官（豊田）直率とした。

前記元海軍主計中尉の福田幸弘は、その著『連合艦隊　サイパン・レイテ海戦記』で、決戦要領の問題点を、つぎのように指摘している。

「『レイテ上陸点への突入、上陸軍の撃滅』を至上命題として疑問の余地がないようにしておくことが、本作戦の最も重要なポイントであった。（注・『先ヅ所在海上兵力ヲ撃滅次イデ』を削除すべきである）

このような作戦目的に関する命令の不明確さと、第二艦隊の底流である『艦隊決戦第一主義』の伝統が、レイテ湾口における『栗田艦隊の反転』の原因となったといえよう」

また、第六基地航空部隊（第二艦隊）の問題点についても、つぎのように指摘している。

「基地航空部隊の『空母撃滅第一主義』は、第二艦隊の『艦隊決戦第一主義』と共通する思想であり、また『空母撃滅第一主義』は、味方の水上部隊である第一遊撃部隊に対する直接的な掩護協力を顧みない考え方でもあった」

　二つの指摘は的を射たものであり、だからこそ豊田は内地を出て栗田艦隊とともにいて、全般の作戦指導をやるべきであった。

　十月十九日夕刻、出撃を明日にひかえ、小沢は旗艦瑞鶴に各級指揮官を集め、つぎのような主旨の訓示をした。

「友軍の協力のもとに、極力敵情を明らかにしつつ自隊の存亡を賭《と》し、旺盛《おうせい》なる犠牲的精神の発揮により敵機動部隊を比島、南西諸島東方海面から北方ないし北東方に牽制誘出して、わが遊撃部隊の敵上陸点に対する突入作戦の必成を期するとともに、好機に敵分力を撃滅する」

　かつて小沢は、陸軍のマレー半島コタバル上陸作戦にたいし、

「コタバルには第二十五軍の考え通り上陸作戦を実行されたい。私は全滅を賭しても責任完遂に邁進《まいしん》する」

といって陸軍の指揮官、参謀たちを感奮興起させ、上陸作戦の直接指揮官である佗美陸軍少将には、

「海の方は大丈夫引き受けるから、どうかシッカリやって下さい」

といって勇気づけた。それとおなじように、だがはるかに困難なことを、決死の栗田艦隊にたいしてやろうというのであった。

　十月二十日午前、小沢は直率の第三航空戦隊各空母を大分《おおいた》沖に集め、飛行機隊を収容した。

飛行機は、零戦五十二機、戦爆（爆装零戦）二十八機、天山二十五機、彗星七機、九七艦攻四機、計百十六機であった。
小沢艦隊は、十月二十日午後五時　豊後《ぶんご》水道《すいどう》を出撃し、フィリピン東方海面に向かった。
兵力はつぎのとおりである。
第三航空戦隊　瑞鶴・瑞鳳・千歳《ちとせ》・千代田
第四航空戦隊　日向《ひゅうが》・伊勢《いせ》
巡洋艦戦隊　軽巡多摩・五十鈴《いすず》
第三十一戦隊　軽巡大淀、駆逐艦桑・槙《まき》・桐・杉、第六十一駆逐隊初月・若月・秋月、第四十一駆逐隊霜月
四航戦には空母隼鷹・龍鳳が所属していたが、積む飛行機がなくて、二艦は瀬戸内海西部にのこした。
台湾沖航空戦のまえまでは、一航戦、三航戦、四航戦合わせて二百三十六機の飛行機があった。そのうち二百五機が同航空戦に参加させられ（『提督小沢治三郎伝』中の大前先任参謀の手記）、ほとんど戦果らしいものを挙げることができず、半数以上が失われたのであった。
陸上基地から発進した空母機が敵艦を攻撃して戦果を挙げられなくて、空母から発進して敵艦を攻撃すれば戦果を挙げられるとも思えないが、それにしてもこの機数では、いよいよもって飛行機隊は出撃しない方がましというものでしかなかった。
豊後水道を出て約一時間後、豊田からの電報で、栗田艦隊は小沢の指揮下からはなれて豊

田の直率となり、第二遊撃部隊の志摩艦隊はおなじようにして三川南西方面艦隊司令長官の指揮下に入ることになった。小沢はこれで、囮《おとり》作戦に専心できると思った。

十月二十四日、午前十一時十五分、索敵機から敵発見の報告が入り、小沢は、午前十一時四十五分、各空母から攻撃隊を発進させた。

敵はルソン島中東部ラモン湾東方海面の第三十八機動部隊第三群シャーマン（少将）隊で、小沢艦隊からは南々西百八十カイリにあった。

瑞鳳、千歳、千代田から発進した三十二機の攻撃隊は敵空母を捕らえることができず、三機だけが空母に帰投し、あとは撃墜されるか、ルソン島基地に着陸した。

瑞鶴から発進した二十二機は、午後一時五十分、正規空母二、軽空母二その他数隻の敵艦隊を発見し、これに急降下爆撃を加えた。しかし命中弾は得られなかった。攻撃後に空母に帰投したものはなく、これも撃墜されるかルソン島基地に着陸した。

小沢は、これらの攻撃隊の発進に当たり、

「攻撃機隊は、天候の状況によって母艦への帰着困難と判断したならば比島の陸上基地へ着陸せよ、同時に本艦にその旨連絡せよ」

と指示していたのである。

そのころ、シャーマン隊のちかくに、第六基地航空部隊（二航艦）の彗星に爆撃されて損傷した、軽空母プリンストンが浮かんでいた。同空母は、その後弾薬庫が爆発し、午後六時、米巡洋艦の魚雷で処分された。ハルゼーは、プリンストンを攻撃したのは北方の小沢艦隊の空母機と誤断した。

同二十四日午後二時ごろ、栗田艦隊は、フィリピン中部のシブヤン海で、ミッチャー艦隊雷・爆撃機隊の大空襲をうけていた。

午後三時四十九分、小沢は松田千秋少将の前衛部隊（第四航空戦隊、日向・伊勢、駆逐艦初月・若月、秋月・霜月）にたいして、

「南方ニ進出、好機ニ乗ジ残敵ヲ攻撃撃滅スベシ」

と命じた。松田部隊は午後三時十五分、主隊から分かれ、敵を求めて南下した。

午後四時四十一分、瑞鶴はようやく米艦上機の触接をうけ、四時四十五分、同機が小沢艦隊の位置を報告し、それにたいして敵艦隊が「了解」符を発したのを傍受した。

報告を聞いたハルゼーは、小沢艦隊こそ主力艦隊にちがいないと判断した。また、栗田艦隊を空襲した飛行機隊が、同艦隊の被害は甚大で潰滅《かいめつ》にちかいと報告したことで、栗田艦隊はレイテ湾の米上陸部隊の脅威ではなくなったと判断していた。

米索敵機が小沢艦隊発見を打電したのを知った小沢の様子を、先任参謀の大前は、こう述べている。

「恰《あたか》も午後四時半過ぎ、待望の敵偵察機が囮艦隊に近づき、その報告電波も受信できた。恐らく敵機動部隊を北に吸い上げることが出来るとの期待で、長官の顔は無性に明るかった。しかし幕僚として、その傍にいた筆者自身としては『明日愈々《いよいよ》戦死』の悲壮感が去来したこ

とも否めないだけに、長官の偉大さに大きな感銘を受けたことを今さらながら想《おも》い出《だ》すのである」

午後七時十分、豊田から栗田にたいする、

「天佑《てんゆう》ヲ確信シ全軍突撃セヨ」（一八一三番電、午後六時十三分発信）

の電令が傍受され、小沢は予定どおり作戦を続行した。ところが、午後八時、栗田から反転を伝える午後四時発信の電報がとどいた。小沢は、午後四時に西に反転した栗田艦隊が、午後六時十三分過ぎに豊田の電令をうけ、ふたたび東進しても、四時間以上のズレが生じ、距離にして八十カイリから百カイリの遅れとなり、小沢艦隊がこのまま南下すれば孤軍となるおそれがあると判断した。

午後九時二十七分、小沢は松田に、

「速ニ北方ニ離脱セヨ」

と電令し、主隊も北上をはじめた。その間豊田から栗田へふたたび突撃の電令があり、小沢は、

「機動部隊本隊は自隊の存亡を賭し飽くまでも牽制作戦の必成を期し、第一遊撃部隊の突撃に策応、南東に進出翌朝の作戦に備うるを要す」

と判断し、松田部隊に、二十五日午前六時の、本隊との合同地点を電令した。

小沢艦隊四空母にのこっている飛行機は二十九機（うち零戦十九機）にすぎなかった。

午後十時十六分、小沢から「北方ニ離脱セヨ」という電令をうけた松田は、十時三十分、

北に向かった。

じつはそのころ、正規空母二隻・軽空母二隻・戦艦二隻・軽巡三隻・駆逐艦十六隻のシャーマン隊が南方至近距離にいたのであった。

松田はつぎのようにいっている。

「おたがいにまったく知らなかったが、もしあのまま南下していたら、私の周りは敵だらけで、おそらく全滅していたでしょう。（中略）北上しはじめてまもなく夜が明けたんですが、水平線上で、敵機が空母に着艦しているのが見えました。

だから、栗田さんが反転の電報を打たなければ、私はそのまま突っこんでいたわけです。

これは私としては悪運ですよ。戦というものは、ほんとうに面白いものだと思いましたよ」

ハルゼーの命をうけたミッチャー艦隊の第二群（ボーガン少将、ハルゼーの旗艦ニュー・ジャージーをふくむ）と第四群（デビソン少将）はシャーマン隊に合同するために、午後八時二十二分、北上を開始した。いわゆる「牡牛《おうし》の暴走」（ブルズ・ラン）がはじまった。

三空母群は午後十一時四十五分に合同し、二十五日午前零時四十分、空母部隊と砲戦部隊の二部隊に新編成された。ミッチャー指揮の空母部隊は正規空母五隻・軽空母五隻・巡洋艦一隻・駆逐艦二十三隻、計三十四隻である。W・A・リー中将指揮の砲戦部隊第三十四任務部隊は戦艦六隻・巡洋艦七隻・駆逐艦十八隻、計三十一隻で、空母部隊の前方を進んだ。

これにたいする小沢艦隊は十七隻であった。

ハルゼー艦隊が北上したため、フィリピン中東部のサンベルナルジノ海峡東方はガラ空きとなり、栗田艦隊は二十五日午前零時三十五分、同海峡を音もなく通過し、フィリピン東方海面をレイテに向かって南下した。

西村艦隊（第一遊撃部隊第三部隊。本来は第二戦隊）は、十月二十五日黎明、レイテ島タクロバン泊地に突入殺到、所在敵部隊を撃滅すべしという命令をうけていた。戦艦山城・扶桑、重巡最上、駆逐艦満潮・朝雲・山雲・時雨の七隻で、司令官は西村祥治中将（第三十九期）であった。

同艦隊は十月二十四日夜、レイテ島南方のスリガオ海峡に西から進み、待ちかまえていた米艦隊にまっすぐ突入していった。

この夜タクロバン泊地には、二十八隻のリバティ型輸送船がおり、総指揮官のダグラス・マッカーサー元帥は軽巡ナッシュビルに座乗していた。第七艦隊司令長官トーマス・C・キンケード中将は、輸送船団をナッシュビルと護送駆逐隊などに護衛させ、あとの艦隊で西村艦隊とそれにつづく第二遊撃部隊の志摩艦隊を邀撃《ようげき》させることにした。

邀撃艦隊は指揮官がジェシー・B・オルデンドルフ少将で、戦艦六隻（そのうち真珠湾で大破、あるいは沈没したものが五隻）・重巡四隻・軽巡四隻・駆逐艦二十八隻、計四十一隻と魚雷艇多数であった。

西村艦隊のあとには志摩艦隊がつづいていたが、その兵力も重巡二隻・軽巡一隻・駆逐艦四隻、計七隻であったから、西村、志摩合わせてもオルデンドルフの三分の一で、これでは最初から勝敗が明らかであった。スリガオ海峡の東から栗田艦隊が突入してきて、マッカーサー、キンケード、オルデンドルフを挟撃すれば、日本軍が勝てるというものであったろう。しかし、連合艦隊司令部も、栗田艦隊司令部も、西村にたいしては、そのような配慮はせず、予定どおり突撃することを命じただけであった。

西村は、命令どおり突撃すればどうなるかを知っていたが、命令どおり突撃することが正しいとして、黙って火ぶすま槍《やり》ぶすまの中に入っていった。

日本艦隊は、昼は米軍機の大群、夜は米艦の高性能のレーダーによって深刻な打撃をうけた。西村艦隊は、昼の空襲でかなりの損傷をうけたが、ひるまずに進んだ。しかし、西村が得意とする夜戦も米艦隊には通じず、むしろ昼戦よりも不利な戦いをしなければならなかった。オルデンドルフ艦隊の戦艦は「マーク８・ファイター・コントロール・レーダー」というセンチメートル方式の精密な射撃指揮用レーダーを使い、無照準、無観測で、非常に正確な射撃ができるという。西村艦隊のレーダーは性能が低く、射撃をするには双眼鏡と探照灯が必要であった。

米水雷戦隊の雷撃にも性能のよいレーダーが使われ、西村艦隊はその雷撃によってとどめを刺された。十月二十五日午前三時すぎから午前七時二十一分の間に、西村艦隊は、戦艦二隻、駆逐艦三隻を、米水雷戦隊の雷撃で撃沈されたのである。

第二遊撃部隊の志摩艦隊（第五艦隊）は、重巡那智・足柄、軽巡阿武隈、駆逐艦曙《あけぼの》・潮・不知火・霞で、司令長官は志摩清英中将（第三十九期）であった。志摩は、同期の西村から、二十四日午後八時十三分発の「二十五日〇四〇〇ダラグ沖ニ突入ノ予定」(注・ダラグはタクロバンの南方)という電報をうけ、午後十時四十五分、西村に、「第二遊撃部隊〇三〇〇スリガオ水道南口通過　速力二〇ノットニテ突入ノ予定」と返電し、二時間遅れで突入することを知らせた。

二十五日午前三時二十五分、阿武隈が左舷《さげん》前部に魚雷をうけて脱落した。午前四時二十四分、島を敵艦とまちがえた参謀長松本毅大佐は那智と足柄に各四本ずつの魚雷を発射させた。同時に松本以下の幕僚は、志摩に反転して情勢を見るよう進言し、志摩はそれをうけいれて、志摩艦隊は反転した。ところが、四時三十分、那智は大破炎上中の西村艦隊の重巡最上と衝突し、両艦とも艦首を大破させる事故を起こした。

志摩艦隊は、連合艦隊の命令どおりには進まず、反転したために、阿武隈以外は米艦の攻撃をうけず、無事に引き揚げることができた。そのかわり、米艦に一撃も加えることはできなかった。

この夜の戦いで、日本側は西村艦隊の五隻が沈没し、最上と阿武隈が大破し、西村はじめ約四千名が戦死した。それにたいして米側は、魚雷艇一隻沈没、約四十名戦死というだけであった。

ただオルデンドルフ艦隊は、上陸掩護のための陸上砲撃と、西村艦隊にたいする砲・雷撃のために、砲弾、魚雷を消耗し、栗田艦隊が突入してくれば、太刀打ちできない状態になっていた。

ジェイムス・A・フィールドは、その著『レイテ湾の日本艦隊』で、西村を、

「彼の戦闘行動は全然、無益であり、彼の艦隊は忽《たちま》ち圧倒された。そして彼が生命を捧《ささ》げた唯一の栄誉は進撃することだけであった。目標の敵艦を外れて海中に突入し自滅する特攻隊搭乗員の場合と同様に、その決意は尊敬されるが、その行動は尊敬することが出来ない」

と評している。

福田幸弘の『連合艦隊　サイパン・レイテ海戦』には、当時山城主計長で生き残った元海軍主計大尉の江崎寿人（海経第二十八期）の手記が載っているが、江崎はこう述べている。

「西村司令官はひたすら機動部隊指揮官〔第一遊撃部隊指揮官の意と思われる〕の意図に沿うよう行動したものと思います。最後の機動部隊指揮官宛《あて》報告も『我レイテ湾に向け突撃、玉砕す』でありました。（残念ながらこの報告は栗田長官にとどいていないようでありま す）西村司令官のその時の心境は『私は作戦打ち合せどおり誤りなく確実に任務を完遂しました。長官御安心下さい』という事ではなかったろうかと推察します」

江崎によると、西村艦隊で「生きて日本に帰った数」は、「山城一〇、扶桑一〇、駆逐艦三艦計四十数名」だけであったという。

同書にはこういうことも書かれている。

「小沢機動艦隊司令長官は戦後、

『あのとき、まじめに戦争したのは西村一人だったよ』と、元副官の麓中佐に語ったという」

寺崎隆治は、小沢から聞いたこととして、つぎのようにいっている。

「小沢さんは、西村さんについて、

『西村は私心のない知勇兼備の指揮官だ。もし西村をレイテ湾突入部隊の総指揮官にしたなら、様相は全く違っていたろう』

といっていた」

フィリピン沖海戦のポイントは、栗田艦隊がレイテ湾に突入し、米攻略部隊を撃滅することであった。その観点からすると、豊田の指揮統率はまるでだめ、福留の支援もだめ、志摩もだめ、小沢も囮作戦に甘んじて全作戦の成功に力を尽し足りなかったことでだめ、栗田ももちろんだめ、となりそうである。

麓は、小沢について、

「小沢さんは、戦をうまくやろううまくやろうとして、近接突撃をしようとしない人だった。将というより参謀という感じがした」

といっているが、アウト・レンジ戦法を考えれば、あるいはそういうこともあったかもしれない。

しかし、

「といっても、あの当時、小沢さん以上の司令長官はいなかった」

と、つけ加えている。

ハルゼー艦隊を釣り上げる

小沢艦隊の主隊は、昭和十九年（一九四四年）十月二十五日の午前六時、前衛松田部隊との合同地点の北西約十キロ、北緯十八度三十九分、東経百二十六度十八分にいた。快晴で雲は少なく、視界は五十キロ、東からの微風で、海は穏やかだった。

前日の午後四時四十一分以来の米偵察機の触接状況からすれば、今日こそ敵空母機が来襲すると見た小沢は、まず、空襲まえに上空直衛機以外の可動機を、すべてフィリピンの基地に逃がすことにした。彗星一機、爆装零戦七機は直接、天山四機は索敵終了後、九七艦攻二機は対潜哨戒終了後、マニラ近くのニコルス基地に向かうように指示し、午前六時十五分までに全機を発進させた。母艦がやがて破壊されるからである。残ったのは直衛の零戦十九機（可動機十八機）だけであった。

午前七時、主隊と前衛は合同し、「第四警戒航行序列」で針路零度へ向かった。第四警戒航行序列とは、瑞鶴と瑞鳳を基幹とする部隊（第五群と称した）を小沢が直率し、千歳と千代田を基幹とする部隊（第六群と称した）を松田が率いて第五群の後につづく陣形である。

日向と瑞鶴のレーダーが午前七時十三分に西百七十キロに敵機多数を探知し、小沢は七時三十二分に連合艦隊司令長官と関係各部にあて、

「機動部隊本隊敵艦上機ノ接触ヲ受ケツツアリ　地点『ヘンホ41』〇七一三」

の第一報を発信した。「ヘンホ」はルソン島北端エンガノ岬の東方二百四十五カイリふきんである。

その直後、栗田から、午前七時発信の、

「空母三ニ対シ砲撃開始」

という電報が小沢にとどいた。栗田艦隊はサマール島（レイテ北東）南東海面で、護衛空母六隻を基幹とする米機動部隊と交戦中であった。小沢艦隊の南方約三百九十カイリふきんである。

ところが、小沢が発した重要な第一報が、なぜか栗田にとどかなかった。栗田がこれを読めば、米正規機動部隊は小沢艦隊にひきつけられつつあると判断できるはずであった。第四航空戦隊旗艦の日向は、この電報を午前八時一分に受信している。日向艦長、海軍少将の野村留吉（第四十六期）は、

「日向ではこれをはっきりと受信していますし、日向の戦闘詳報にも記載されて残っています。大和に電報が届かなかったということは考えられないのですがねえ。距離だって、そんなに遠いわけじゃないし。

時間的には、ちょうどそのころ、大和はサマール島沖で、敵空母群に攻撃をかけているときですしね。やはりあれは、電報を艦橋に持っていかなかったのではないかと思うんですがね」

と、のちにいっている。（佐藤和正著『艦長たちの太平洋戦争』潮書房光人社、参照）

午前八時八分、瑞鶴は百六十度方向六キロに米機群約百三十機を発見した。小沢は、各艦から直衛零戦合計十八機を発進させ、瑞鶴の檣頭《しょうとう》にZ旗を掲げ、全軍に決意をしめした。これについて野村留吉は、つぎのようにいっている。

「小沢司令長官が攻撃隊発進にあたって、旗艦瑞鶴の檣頭高くZ旗をかかげ、全軍にそのご決意をしめされたご心中には、思わず武者ぶるいを感じ、私のうしろに立っていた艦長付の進藤一大尉に命じて、この情況を艦内各部署に通報させたのを思い出します」

午前八時十五分、小沢は友軍全般にあて、

「敵艦上機約八〇機来襲我之《これ》ト交戦中　地点『ヘンニ13』〇八一五」

と、第二報を打電した。「ヘンニ13」はエンガノ岬の八十五度、二百四十カイリである。

しかし、この電報もまた、戦艦伊勢が九時十二分に受信した以外は、関係各艦隊のどこにもとどかなかった。

ミッチャー艦隊から来襲した第一次空襲隊は戦闘機六十機、急降下爆撃機六十五機、雷撃機五十五機、計百八十機であった。これを迎え撃つ零戦は十八機にすぎない。

しかし、いまや小沢の念願どおり、米主力機動部隊は小沢艦隊にひきつけられ、栗田艦隊を攻撃する飛行機は、弱小な護衛空母部隊からのものだけとなった。あとは栗田艦隊がレイテに突入してくれることだけであった。大鳳爆沈のとき、「死に場所」をなくした小沢であったが、ここに「死に場所」ができたと思っていた。

小沢艦隊の将兵たちは、来襲する米空母機にたいし、捨身で大砲、高角砲、機銃、ロケット砲（四空母と伊勢、日向に新装備、一基二十八発装塡《そうてん》）を撃ちまくり、敵機の攻撃針路を誤まらせ、あるいは多数を撃墜した。

伊勢艦長、海軍少将の中瀬泝《のぼる》（第四十五期）は、

「第一次空襲がはじまって、いよいよ敵機が上空に現われたとき、伊勢もすさまじい対空射撃をやったんですよ。ところが、見ていると、ちっとも当たらんのです。

その空襲が終わって静かになったとき、ぼくは大声で叱《しか》ったんです。

『何だ、その撃ち方は、もっと腰をすえて冷静に撃て！』

と怒鳴りつけましてねェ。そしたら、第二次空襲のときから、敵機をばたばたと気持のいいほど撃ち落とすようになったんです」

と、のちにいっている。

百八十機の米軍機に立ち向かった十八機の零戦は、米戦闘機六機、艦爆四機、艦攻七機、計十七機を撃墜した。しかし零戦も九機撃墜され、のこる九機は燃料切れとなっても母艦の飛行甲板が敵機に破壊されていて着艦できず、午前十一時ごろ不時着水をした。

小沢が指揮を執る旗艦瑞鶴は、午前八時三十五分、左舷発着甲板に三発の二百五十キロ爆

弾をうけ、八時三十七分、左舷真横に魚雷一本をうけた。八時四十分には送信不能となり、その後は軽巡大淀が旗艦通信を代行した。

午前十時から第二次空襲がはじまり、十時五十一分、瑞鶴での指揮が不能になった小沢司令部は、マリアナ沖海戦のときとおなじように駆逐艦若月にうつり、すぐ軽巡大淀にうつって将旗を掲げた。


小沢艦隊撃滅の執念に燃えるハルゼーに、午前八時三十分、キンケード第七艦隊司令長官から、サマール島（レイテ島北東）沖の護衛空母群が栗田艦隊から砲撃されているので、高速戦艦部隊（リー中将指揮の第三十四任務部隊）の緊急派遣を頼むという電報がとどいた。ハルゼーは、栗田艦隊は昨日の空襲で大打撃をうけているから、わざわざ第三十四任務部隊などを派遣することはないと、第三十八機動部隊（ミッチャー艦隊）第一群のマッケーン（少将）隊（正規空母ワスプ、ホーネット、ハンコック、軽空母二隻が基幹）だけを、サマール島沖に派遣することにした。マッケーン隊はレイテ湾の北東四百カイリの洋上で燃料補給中であった。

午前九時、ふたたびキンケードからハルゼーへ、第三十四任務部隊の急速レイテ派遣と高速空母による即時攻撃を頼むという電報がとどいた。ハルゼーは要求に応じなかった。ハルゼーが指揮する第三十四任務部隊と第三十八機動部隊は小沢艦隊まで四十カイリと迫っており、あとすこしで日本の海軍力を永久に破壊することができると、ハルゼーは固く決意していた。

ところが、つづくキンケードの電報は、第七艦隊は弾薬が欠乏し、栗田艦隊に太刀打ちができそうもないと訴えていた。

午前十時になると、ハワイのニミッツ太平洋艦隊司令長官から、

「第三十四任務部隊はいずこにありや？　全世界が知らんと欲す」

という電報がきた。ハルゼーはのちに、この“The world wonder”の一句について、

「顔をぶん殴られたように呆然《ぼうぜん》となった。手の中で紙片がわめいている感じだった。わたしは帽子をひっつかむと甲板にたたきつけ、思い出すのも恥ずかしいようなことをわめいた。……ニミッツがこんな侮辱した通信を送ってくるとは、まったく信じられないことだった」

と語っている。ニミッツの原文は「第三十四任務部隊はいずこにありや？」だけだったが、通信担当少尉が、“The world wonder”を、暗号文のあとにつける無意味な引用句として、何という考えもなしにつけたのであった。しかしこれは、世界の海戦史にのこる名電文となった。

ハルゼーは頭にきて、容易におさまらなかったが、ようやく午前十一時十五分に、リー中将の第三十四任務部隊（高速戦艦アイオワ、ニュー・ジャージー、マサチューセッツ、サウス・ダコタ、ワシントン、アラバマの六隻ほか巡洋艦七隻、駆逐艦十八隻）と、これを護衛するボーガン隊（正規空母イントレピッド、軽空母二隻が基幹）を自ら率い、無念の思いを嚙《か》みしめながら反転、レイテへ向かった。ハルゼーが反転せず、そのまま進み、小沢艦隊と決戦

すれば、小沢艦隊は全滅したであろう。
ハルゼーが南下したあとは、ミッチャーがシャーマン隊とデビソン隊を指揮して、小沢艦隊にたいする攻撃を続行した。

ミッチャー艦隊の空母機延べ五百二十七機による空襲は午後五時四十五分までつづいた。その間に小沢艦隊では、瑞鶴、瑞鳳、千歳、千代田、駆逐艦秋月が撃沈された。零戦十八機と対空砲火で全力を尽くして戦ったが、その損失を食い止めることはできなかった。だが、特筆したいことがあった。戦艦伊勢の目が覚めるような爆・雷撃回避運動であった。とくに午後五時すぎからの第四次空襲での回避運動は鬼神のようであった。『戦史叢書 海軍捷《しょう》号作戦(2)』は、その情況をつぎのように書いている。

「伊勢は一七二六から約三分間に、右舷《うげん》方向から約三五機、左舷方向から約五〇機の急降下爆撃を連続して受け、またその間右舷艦首方向から七本、同じく左舷艦首方向から四本の魚雷攻撃を受けた。爆弾の命中は無かったが、三、四発が至近弾となった。魚雷は全部回避した。（中略）この全力運転には支障なかった。この戦闘中、伊勢のあげた戦果は、撃墜二二機（うち不確実七機）と報じられた」

伊勢艦長だった中瀬は、このときの爆・雷撃回避運動について、つぎのように語っている。

「米軍機は単機で急降下するということがほとんどなくて、数機またはそれ以上の密集編隊が急降下してくるんですよ。（中略）急降下するとき、太陽の反射でキラキラするのですぐわかるんです。

この瞬間に急速転舵《てんだ》して回避にうつり、弾着と同時に、急速、舵《かじ》をもどして旧針路に復したわけです。つまり敵編隊が急降下に入ったとき、こっちが転舵すると、それに即応して進入針路を修正することができないんですね。編隊を組んでいるから、修正すると、たがいに接触する危険があるわけです。やむなくそのまま突っ込んで爆弾を落とすんですが、まるで命中しないわけです。

敵機は、高度八千メートルくらいから下がりはじめて、四千メートルぐらいで投弾していましたね。しかし、三千メートル以下に降下すると、こっちの機銃弾が確実に当たりますからね。敵もこわいから、あまり下がりませんよ。

回避運動で、取舵ばかりとっていたのは、とくに理由なんかありません。あれは、むしろ私のクセですね。〝トーリカージ〟と言った方が、言いやすかったからです。

（中略）魚雷回避については、時間的余裕もありましたので、面舵転舵も、もちろん採用しましたけどね。（中略）

第四次空襲（注・午後五時二十六分から）がはじまったのですが、このときは空母はみんないないものですから、伊勢が集中攻撃をうけるハメになったのです。

約八十五機ぐらいが、つぎからつぎへと伊勢を襲ってくる。たてつづけに上がる水柱と砲煙で、外がまるで見えない。艦橋の中が真っ暗になるほどでしたよ。とにかく凄《すご》い戦闘でした。

出てこられてね。中城湾《なかぐすく》に帰ったとき、大淀に報告にいったところ、小沢長官がわざわざ舷門まで出迎えに

『伊勢を遠望していたが、じつに壮絶だった。長時間にわたり、何回も艦体が見えなくなって、もうダメかと思ったが、まことにみごとな回避だった。君は以前、回避運動の経験があったのかね』

と聞くから、『今回がはじめてです』と言ったら、驚いていました。

ハルゼーも『老練なる艦長の回避運動により、ついに一発の命中弾を得ず』と言って残念がっていましたけど、ぼくは老練な艦長どころか、新米艦長だったんですがね」（『艦長たちの太平洋戦争』参照）

中瀬の上司であった松田千秋は、伊勢の爆・雷撃回避運動に関連して、こういっている。

「比島（フィリピン）沖海戦に参加した全艦が、伊勢の善戦に倣《なら》うことができたら、捷一号作戦は十分にその目的を達することができたと思います。

各艦が、これは小沢艦隊の空母もだが、敵機の雷・爆撃回避能力を欠いていたことが、比島沖海戦に敗れた主因であると私は断言して憚《はばか》りません。

私は昭和十六年九月から開戦までの三カ月間、爆撃標的艦摂津の艦長で、連日、連合艦隊空母機の爆撃回避を体験しました。その結果、『水平爆撃はもちろん、急降下爆撃にたいしても、操艦によって十分に回避できる』、つまり、『爆撃回避運動のうまい下手が今次海戦の勝敗を決する要因である』という結論をえたのです。

とりあえず要点をまとめ、海軍省教育局長に提出したところ、さっそく印刷物にして、作戦部隊各艦に配布してくれました。

その後作戦部隊艦長の幾人かに会ったとき、教育局からの教育図書どおりに操艦して、敵の爆撃を完全に回避できたと聞かされたこともありました。

しかし、比島沖海戦当時には、艦長の多くは交替し、爆撃回避にたいする艦長の関心がうすらぎ、『艦上機の爆撃は回避できない』というのが一般艦長の通念ではなかったかと思われます。

そのために比島沖海戦に敗れ、日本海軍はついに海上決戦の好機を逸したのだが、かえすがえすも残念に堪えません」

小沢艦隊の損害は大きかった。しかし、釣り上げた獲物も大きかった。これを釣り上げていなければ、栗田艦隊が、潰滅《かいめつ》的な損害をうけていたにちがいなかった。

それより、ハルゼーの第三艦隊が小沢艦隊をたたいている隙《すき》に、栗田艦隊がレイテ湾に突入し、マッカーサー上陸部隊とそれを掩護《えんご》する第七艦隊、護衛空母部隊を粉砕すれば、小沢艦隊や西村艦隊の犠牲に十分報いられるわけであった。

ところが、栗田艦隊は、一時はレイテ湾まで二時間の地点まで迫りながら、なぜか突入を中止し、来た道をひき返したのであった。

午後零時三十六分、栗田は豊田連合艦隊司令長官あてに、つぎのとおり打電した。

「第一遊撃部隊ハ『レイテ』泊地突入ヲ止メ『サマール』東岸ヲ北上シ　敵機動部隊ヲ求メ決戦爾後《じご》『サンベルナルジノ』水道ヲ突破セントス　地点『ヤモニチ』針路零度」

ヤモニチはスルアン島灯台の北四十五カイリの地点である。

栗田には小沢の電報がとどいていず、栗田は、小沢がハルゼーを釣り上げたことを知らなかったという。

反転の決定は、

「反転の決定は、大谷作戦参謀（注・藤之助中佐）の進言がきっかけとなった。同参謀はレイテ突入を中止して北方の敵機動部隊に向かうのが今後作戦上有利である旨を、首席参謀山本祐二大佐の同意を得て小柳参謀長に進言、栗田長官、参謀長、作戦参謀の三人は作戦室に退いて検討した結果、北方の機動部隊に挑戦することが決定された」（『戦史叢書　海軍捷号作戦⑵』）

ということであった。しかし、レイテ突入中止の理由は依然として不明であり、栗田には栗田の判断があったのだろうというほかない。ただ、つぎのようなことも、事実としてあった。

一つはハルゼーが小沢に釣り上げられていた。

二つは、第七艦隊の艦砲の弾薬が乏しくなっていた。

三つは、レイテ泊地の輸送船はカラ船ではなかった。また、デニス・ウォーナー、ペギー・ウォーナー著、妹尾作太男訳『神風　上』には、つぎのようなことが書いてある。

「彼ら（注・栗田や幕僚たち）が想像したことのいくつかは、きわめて見当違いであった。彼らのところからちょうど二時間、南に走った海面を七五隻からなる船団が、フリゲート一隻と歩兵揚陸艇（ＬＣＩ）若干の護衛のもとに、レイテ湾めざして、速力わずか五ノットで航海中であった。もし栗田があくまで前進をつづけていたら、これらの船団は彼らにとって、いいかもとなっていたことだろう」

四つは、栗田艦隊が午前九時二十分まで戦っていた空母部隊は低速の護衛空母部隊で、近接砲・雷撃すれば撃破できた。

五つは、北上して決戦しようとした「敵機動部隊」はまぼろしにすぎなかったということである。

栗田艦隊が反転し、フィリピン沖海戦は、マリアナ沖海戦につづき、日本海軍の完敗に終わることになった。

十月二十五日夜、小沢艦隊では、艦隊から離れて沈没艦乗員の救助をしていた駆逐艦初月が、午後七時五分から、重巡をふくむ十五隻のミッチャー艦隊の水雷戦隊につかまり、これと戦ったが、めった打ちにされ、午後八時三十分に沈没した。また、昼間の戦闘で損傷し、単艦で呉《くれ》に向かった軽巡多摩は、午後十一時三十分すぎ、米潜水艦ジャラオに雷撃されて沈没した。

小沢は初月が米艦隊と交戦中という知らせを聞き、米艦隊との夜戦を決意し、午後九時半に全艦をひきいて南下したが、敵を見ず、十月二十六日午前零時、ふたたび北に針路を変え、帰途についた。

米潜水艦多数の襲撃を逃れ、十月二十七日正午、残存の小沢艦隊は、ようやく奄美《あまみ》大島の薩川湾に入泊した。午後五時、小沢は、豊田連合艦隊司令長官から、機動部隊本隊解体の電命をうけた。

翌二十八日午後一時、小沢は内地に回航する日向・伊勢・五十鈴・霜月・桑・槙をひきいて薩川湾を出港し、二十九日午後十時三十分、灯火管制下の呉に入港した。この日、大淀と若月は奄美大島を出撃してマニラへ向かった。

十月二十四日、二十五日のエンガノ沖海戦をふり返って、小沢は自分の作戦指揮をどう思ったであろうか。大前敏一（第一機動艦隊先任参謀）は、それをつぎのように述べている。

「比島沖から内地に帰投の途次（注・十月二十六日から二十九日の間）、一夕『大淀』の長官室に呼ばれ、報告書の内案起草を命ぜられた筆者に対し、最後に長官は全般所見を求められた。

『あれより外、やり方がなかったと思います』

という筆者の言葉に頷《うなず》き、

『そうか』

といいながら、独特の笑顔を示された長官の姿が今も（注・昭和四十五年ごろ）まざまざと眼底に灼《や》きついている」

松田千秋は小沢の作戦指揮について、

「あの人は立派でした。栗田艦隊が出撃するというので、小沢さんは私に艦隊を半分くれましてね、お前突撃しろという（注・基地航空部隊が撃破した米戦艦三隻が残っているはずだから、それを撃破せよという命令）。十月二十四日の午後三時十五分、私は日向、伊勢と駆逐艦四隻を率いて南進した。命がけだが、いい機会だと思いましたね。南の栗田艦隊とこちらで米機動部隊を挟み打ちにすることになり、成功の公算が強くなったと思ったんです。ところが、栗田艦隊が反転したという知らせが入り、小沢さんは松田部隊だけではだめだというので、私にもひき返させたんです。

小沢さんは戦がうまいですね。二十五日の囮《おとり》作戦もよくやったと思います」

といっている。

小沢は、栗田を批判するようなことはいっていないようだが、栗田が第一遊撃部隊の指揮官としては適材ではなかったと思っていたように思われる。前記したが、寺崎に、

「もし西村をレイテ湾突入部隊の総指揮官にしたなら、様相はまったく違っていたろう」

といっているからである。栗田が取った処置そのものについては、昭和三十四年に死亡した小沢の長女富士子の長男、昭和二十一年生まれの神戸正一、つまり孫は、つぎのように聞いている。

「栗田が、そのときいちばんいいと判断してやったことだから、しょうがない。それは現場

にいる指揮官だけしか判《わか》らない。まわりでとやかくいえるものではない。

小柳（注・参謀長）が自己弁護するというのはもってのほかだ。その場で意見具申をして、それでも小柳が栗田を気に入らなければ、職をはずしてもらえばいい。司令部は一体だ。だから栗田は黙っている。小柳も黙っているべきだ」

だが、マリアナ沖海戦後の小沢と、フィリピン沖海戦後の栗田では、だいぶちがうようである。小沢は、「罪一切は、小沢の指揮不良に因由し、万死に値する。訓練を中断させたことが命取りになった。そして部下にむずかしい戦法をやらせ、戦死させ、誠に申し訳ないことをした」と、いうことがはっきりしているが、栗田ははっきりしない。日本中が気にしているのだから、はっきりするべきであったろう。

小沢は昭和四十一年十一月九日に死んだが、その数日まえ、栗田は病床を見舞った。兵学校第七十八期の大岡次郎は、栗田からそのときのことを聞き、月刊誌『丸』昭和五十三年四月一日号に「栗田艦隊レイテ沖反転の真相」という手記を書いた。そのなかに、

「『小沢がな、枯木のような手を出して、オレの手をにぎってな、離しよらんのだよ。何もいわない。じっとオレの顔を見ているだけだった。泣いとったなあ』

レイテの海で戦ったものの心は、レイテの海で戦ったものだけが知っている。

『小沢から電報がこなかったからなあ』」

という箇所がある。小沢からの電報が栗田にとどかなかったから反転した、と栗田はいっているみたいである。しかし、小沢からの電報が唯一の決め手であったならば、反転までに

八方手をつくして小沢艦隊の情況を調べたらよさそうだが、そうした様子もない。やはりもうひとつはっきりしないのである。

栗田が小沢を病床に訪問したとき、玄関に出て、小沢に取りついだのが、前記の神戸正一であった。神戸は、そのときのことを、こういっている。

「栗田さんは、息子さんに連れられてきました。『栗田です』といわれ、あの栗田さんかなと思いましたが、問いただざずに、寝ている祖父のところに行き、『栗田さんという方がお見えになったけど、会いますか』と聞いたんです。そのころは、ほとんど面会を断っていましたから。ところが黙っているので、私が、『じゃ、ちょこっとだけ』といって、栗田さんを案内しました。

祖父の枕元《まくらもと》に坐《すわ》った栗田さんが二言、三言挨拶《あいさつ》したみたいでしたが、あとは二人で目を見合わせ握手しただけで何ともいいません。それでさっさと帰られました。栗田さんが来たのははじめてでした」

小沢が昭和十六年に第三戦隊司令官だったときに参謀をしていた前記有田雄三は、『提督小沢治三郎伝』の中の手記で、つぎのように書いている。

「ご逝去後間もないとき栗田中将から、

『亡くなる一寸前小沢さんのお見舞いに行ったら、この間久し振りに有田が来てくれてね、と嬉《うれ》しそうにお前のことを話していたよ』

と承りいつまでも私のことを心にとめておって下さったかと感無量であった」

小沢は、栗田の心情を理解し、お前さん一人のせいではないという慈悲心で栗田に接したような感じである。

フィリピン沖海戦の結果、日本海軍がどうなったかは、千早正隆がこう書いている。

「その動かしうるすべての艦艇、航空機を注《つ》ぎこみ、しかも世界の戦史でその比を見ない特別攻撃（注・神風特別攻撃隊が昭和十九年十月二十日、公式に編成され、以後相ついだ）や、海軍兵力の主力である航空母艦をすら惜しみなく犠牲にしたにもかかわらず、レイテ湾頭に上陸した敵軍に一指をも触れることができなかった。

しかも日本海軍の損害は甚大であった。瑞鶴・千歳・千代田・瑞鳳の四空母、武蔵・山城・扶桑の三戦艦、愛宕・摩耶・鳥海・鈴谷・最上・筑摩の六重巡、多摩・阿武隈・鬼怒・能代の四軽巡、十二隻の駆逐艦、四隻の潜水艦（注・以上沈没）。残ったものも多かれ少なかれ損害を受けていた。なかには熊野・高雄・那智・妙高（注・以上重巡）のようにほとんど戦闘力を失ったものすらあった。クラークフィールド基地群（注・マニラ北西）を中心に展開していた第一、第二航空艦隊の基地航空部隊も、連日の戦闘でその兵力の大部分をすりつぶしていた。

もはや日本海軍は堂々の艦隊戦闘を試みることは不可能であった。（中略）『捷号』作戦はその名称とは正反対に、日本海軍に関するかぎりでは、『敗号』作戦となったことを、遺憾ながら認めないわけにはいかなかった」（『連合艦隊始末記』）

大和の沖縄特攻は自分に責任あり

昭和十九年（一九四四年）十一月十八日、小沢は軍令部次長兼海軍大学校長に就任した。昭和十六年九月から次長をつとめていた伊藤整一中将（第三十九期）は、十二月二十三日付で栗田にかわり第二艦隊司令長官に親補され、旗艦大和に着任した。栗田は昭和二十年（一九四五年）一月十五日に海軍兵学校長となる。

小沢の上司の軍令部総長は、八月から嶋田繁太郎大将にかわった及川古志郎《おいかわこしろう》大将である。海軍大臣は昭和十年当時小沢が摩耶艦長のとき第二艦隊司令長官だった米内光政大将で、海軍次官が小沢と同期の井上成美中将であった。小沢の軍令部次長就任は、米内、井上がしめし合わせたものらしい。

小沢の娘孝子の夫、大穂利武によると、小沢は、米内を非常に高く評価していたというが、井上についても、

「とにかく井上って奴は智慧《ちえ》の多い奴だ」

といったというし、昭和四十一年五月ごろ、妹尾作太男が小沢を訪ねたときは、

「戦争に負けたのは人事だよ」

といってから、

「人事がよかったか悪かったかについては井上のところへいって聞け」

といったというから、やはりそうとう高く買っていたのであろう。

次長となった小沢は、硫黄島、フィリピン、台湾は現地戦力で戦うにとどめ、昭和二十年三月か四月に米軍の来攻が予想される沖縄に全戦力を集中して決戦をやり、米軍に打撃を与え、戦争終結のいと口をつくろうと構想した。陸軍参謀本部は本土決戦を主張したが、陸軍も小沢には一目置いていたので、ついに沖縄決戦方針をのんだ。昭和二十年二月ごろであった。ところが参謀本部は、沖縄本島防衛三個師団のなかで、最高指揮官の第三十二軍司令官牛島満中将が最も頼りにしている第九師団をひきぬき、台湾へ転出させたために、沖縄防衛戦力はガタ落ちとなった。

昭和二十年（一九四五年）三月十日、陸軍が海軍に、公式に「陸海軍統合」を申し入れてきた。海軍はマリアナ沖、フィリピン沖海戦で大敗し、連合艦隊は潰滅同然となった。その海軍の残存兵力を陸軍に吸収し、陸軍の指揮で本土決戦をやり、連合軍にひと泡ふかせようというのであった。

米内と井上は、陸軍に指揮権をわたせば本土決戦となり、皇室も国民も国土も粉砕されて、天皇制をひっくるめて日本民族が滅亡する、だから本土決戦まえに終戦にしなければならな

いが、そのためには「陸海軍統合」をしてはならない、と考えていた。しかし、それは口にせず、米内は、三月三日に天皇の下問にたいして、

「本土のみに立てこもるとなれば、さらに海軍の立場は考えねばならぬと存じますが、それはそのとき研究すべきことであります。今日戦局が不利であるから、陸海軍を統合するということは適当ではないと存じます。

これを要するに大本営が同一場所において勤務するということ以外は、今日これを為《な》すべき時機ではないと存じます」

とこたえていたし、陸軍にもおなじようにこたえた。

天皇は、鈴木貫太郎内閣が昭和二十年四月七日に成立した直後、「陸海軍統合」について、

「朕の発意だと思っている向きもあるが、そんなことはないから」

と、鈴木にわざわざ言明したというから、「陸海軍統合」には反対だったわけである。

このころ、軍令部作戦部長・海軍少将であった富岡定俊（第四十五期）は、小沢が「陸海軍統合」にどのような態度であったかを、

「当時、陸軍側の統帥一元化の意見に対し、小沢次長は陸海軍統帥部の同一場所勤務を主張した。そして同一宿舎に起臥《きが》するため山王ホテルがこれに当てられ、陸海軍の幕僚間の提携友誼《ゆうぎ》が増進された」

と述べている。とすれば、このころすでに小沢は、米内、井上の「本土決戦前の終戦」に同意していたのであろう。ただ小沢は井上とちがい、陸軍を毛嫌いせず、マレー方面作戦と

おなじように協調的で、またいうべきことはいったので、陸軍から好感を持たれていたようだ。あるいはそこがまた、米内、井上のツケ目だったかもしれない。

小沢は沖縄決戦の構想をすすめるほかに、「ＰＸ作戦」というものをすすめていた。さきごろ作家森村誠一の記録小説で有名になった細菌戦である。直接の担当は小沢直属の軍令部参謀榎尾義男大佐（第五十一期）であった。榎尾は、それをつぎのように語っている。

「この話は海軍では山本（親雄）作戦課長、富岡（定俊）作戦部長、小沢軍令部次長、及川軍令部総長、陸軍では服部（卓四郎）作戦課長、梅津参謀総長、田中陸軍軍医学校長（注・石井四郎陸軍軍医中将が正しいと思われる。石井は同校長に就任する直前まで、北満ハルビン郊外で細菌戦研究の人体実験を実施した『七三一』部隊長であった）しか知られていないと思う。なかんずく、これが経過、内容については私の外は小沢次長と服部作戦課長、梅津参謀総長以外は殆《ほとん》ど知っていない。（中略）

次長直属参謀の任務は次長の命を受けて作戦計画に参与することであり、それはさきに次長が私にいわれた『敵に勝つ作戦計画』を一意専心に創意工夫、立案することであった。昭和十九年十二月末より作戦室の奥の一室を特に私のために供与され、且《か》つ海軍は勿論《もちろん》、陸軍の秘密工場（これは海軍大臣、軍令部総長といえども出入を許可されない）にも榎尾に限り自由に出入許可の権限を付与された。これはＰＸ作戦計画立案のためであった。（中略）

ＰＸ作戦計画は田中（注・石井）陸軍軍医学校長以下軍医官の決死的協力、服部作戦課長の了解と終始不変の小沢次長の救国懇願の熱意に支えられて当時残存せる潜水艦及び航空機の大部を動員し、敵が使用中の航空基地は勿論、米、中国の重要軍事施設を目標としてPX作戦を実施するもので、昭和二十年三月中旬計画を完了し、海軍側は軍令部総長の決裁を得、陸軍側は参謀総長の裁断を待つばかりとなっていた。私は再三、再四、服部作戦課長に対し日本の敗戦を救うものはこの方途あるのみであることを力説して梅津参謀総長の裁断を促した。

然《しか》るに梅津総長は、

『PX作戦実施は人類と細菌との戦となり、天皇陛下の御稜威《みいつ》を汚すこととなる』

との理由で不採用の決断を下した。服部課長は参謀本部を追われ支那前線の連隊長に転出され、海軍においては一部潜水艦を改造してまで準備しつつあったのに、PX作戦は日の目をみずに終わり、私も三月二十六日第五航空艦隊への転出となった。（後略）」

昭和五十二年八月十日のサンケイ新聞社会面に、――「細菌戦」海軍も計画――という見出しで、八段抜きの記事が出た。この記事の最後には榎尾の談話があり、記事は榎尾からの取材が中心と思われる。それによると、要点はつぎのようなことである。

「発案者は小沢治三郎中将、作戦案がまとまったのは昭和二十年三月二十六日、主な内容は、ペスト、コレラ、チフスなどの細菌を『七三一部隊』から調達、培養し、菌を媒介するネズミ、蚊などにつけ、アメリカ本土や南方の米軍占領下の島に、伊四〇〇潜などを使い、決死的上陸をさせたり、搭載機で散布する、というもので、すでに海軍大臣の内諾も得ていた」

これらの話は事実であろう。だが事実とすると、良識の海軍、なかでもその代表と見られ

る米内、小沢も良識家といえず、この場合は陸軍の梅津の方が良識家であり、偉かったということになるようである。榎尾は、

「前総理、参謀総長の東条さんもPX作戦は陛下の御稜威を汚すと強く反対された。東条さんを悪くいう人もあるが実に偉い人だ」

ともいったという。「実に偉い人だ」というのは、「この点については」と前置きをつければ、そのとおりであろう。

しかし、PX作戦は、実は日本海軍だけでなく、細菌戦と同等かそれ以上に悪質な原爆を使ったアメリカでも、米陸軍が、昭和二十一年一月一日（一九四六年）に実施すべく、準備を整えていたのである。前記デニス・ウォーナー、ペギー・ウォーナー著、妹尾作太男『神風下』には、ワシントン国立公文書館の秘書文書をもとにしたその詳細が書かれ、サンケイ新聞は昭和五十七年六月十六日から十九日までの四日間、それを大きく連載した。これもまた、事実のようである。

現代では、米ソの大量の核兵器が目立っているが、両国とも化学兵器戦の研究もすすめており、土壇場になれば、米ソも何をするか分からないというのが実情ではなかろうか。

昭和二十年（一九四五年）四月七日、鈴木貫太郎内閣が成立した、鈴木は天皇に拝謁したとき、天皇は無言であったが、

「すみやかに終戦に導くようにせよ」

と、鈴木は感得したという。

同日、第二艦隊司令長官伊藤整一中将にひきいられ、沖縄突入をめざした海上部隊十隻のうち、戦艦大和・軽巡矢矧・駆逐艦四隻が、九州南西海面で、米空母機延べ約三百機に攻撃されて沈没し、伊藤以下数千人が戦死した。二百機の護衛戦闘機がついていれば、あるいは突入して戦果を挙げたかもしれないが、このときも一機もなかったのである。

この作戦は、二日まえの四月五日午前、日吉の連合艦隊司令部作戦会議の席上、先任参謀神重徳《かみしげのり》大佐（第四十八期）がにわかに提案し、豊田が必要な燃料を調べさせ、一時間半か二時間ぐらいののちに、必要な燃料があると判明し、午後三時に出撃を下令したのであった。

これにたいする小沢の態度を、軍令部作戦部長であった富岡は、

「小沢次長は、連合艦隊の作戦に容喙《ようかい》する立ち場にはなかったが、及川総長諒解《りょうかい》の下に、燃料不足の当時の実情に鑑《かんが》み、その中止を強く連合艦隊に要望した。蓋《けだ》し成算乏しい自殺的作戦になるとの判断に基づいたものである。（中略）結局、片道燃料でも決行するという連合艦隊側の意向が明白となった四月五日の朝の小沢次長の顔には苦悩の色が濃かった」

と述べている。

作家の吉田満は、『提督伊藤整一の生涯』（文藝春秋）のなかで、つぎのように書いている。

「さて小沢中将は戦後になって、沖縄特攻は、『軍令部次長たりし自分に一番の責任あり』と言い切っている。そして――連合艦隊から海上特攻の計画をもってきたとき、『連合艦隊長官がそうしたいという決意なら、よかろう』と了解を与えた。その時は軍令部総長も聞い

る。

時も今日も出撃は当然と思う。多少の成算はあった』と、短い感想をもらしているだけであ
も強く抵抗したにもかかわらず、一言の釈明もしていない。ただ『全般の空気よりして、当
沖縄特攻について自分の責任を公言しているのは、この人だけであり、しかも実際には最
ていた――とのべている。

ここに出てくる『全般の空気』というのは、きわめて重要な、かつ興味ある捉《とら》え方であり、のちにくわしく考えることとしたい。（中略）

本作戦発動の一週間前、及川軍令部総長が沖縄方面の戦況を奏上した際、陛下から、『天一号作戦（敵沖縄上陸軍邀撃作戦）は帝国安危の決するところであり、挙軍奮闘、もってその目的達成に遺憾なきよう』という趣旨のお言葉があった。そこで及川総長は、『航空機による特攻攻撃を激しくやります』と奏上した。すると陛下から重ねて、『海軍にはもう艦《ふね》はないのか。海上部隊はないのか』と御下問があった。これは、『水上艦艇は何をしているのか』という叱正《しっせい》の言葉であり、及川総長は非常に恐懼《きょうく》して引き下った。（中略）

及川総長からその旨の連絡を受けた豊田連合艦隊司令長官は、さっそく同じ日の夜、天一号作戦に関係する全部隊にたいし、『畏《おそ》レ多キオ言葉ヲ拝シ、恐懼ニ堪ヘズ、云々《うんぬん》』にはじまる緊急電を発し、あくまで天一号作戦の完遂を期すべし、と呼びかけている。海軍の上層部が水上部隊について、温存第一の考え方を一変させ、その活用を焦るようになった一つの背景が、この陛下と及川総長との一問一答にあったとされているのは事実に近いであろう」

ただ、天皇の下問にたいし、及川、豊田が取った処置の結果は、天皇に不忠を重ねるものでしかなかった、ということも事実である。

『戦史叢書　大本営海軍部・連合艦隊・(7)』では、

「小沢次長は、『連合艦隊長官がそうしたいという決意ならよかろう』と了解を与えた。このとき及川軍令部総長は『黙って聞いていた』（小沢治三郎中将の戦後の回想）」

となっていて、了解を与えた相手は、

「どうも連合艦隊首席参謀神重徳大佐のようである」

となっている。また、

「具体的に沖縄に突入させるという計画は、草鹿参謀長が鹿屋に出かける以前にはなかった（注・四月五日の連合艦隊司令部作戦会議のとき、草鹿龍之介参謀長と三上作夫参謀は鹿屋出張中で不在）。神参謀から海上特攻計画について電話してきたとき（注・日吉から鹿屋へ）、三上参謀（注・中佐、第五十六期）は『全く寝耳に水のことで驚いた』という。『日吉と鹿屋の間ではげしく論議した』。その際、神参謀は『総長が米軍攻略部隊に対し航空総攻撃を行う件について奏上した際、陛下から航空部隊だけの総攻撃かとの御下問があったことであるし』ということを強調したという（三上作夫中佐の戦後の回想）」

と書いてある。

大和ほかの沖縄特攻にかかわる軍令部、連合艦隊司令部の首脳者たちがどういうものか、よく判る逸話である。それはまた、開戦直前の海軍首脳者たちが、天皇や陸軍にいうべきことをいわなかったこととも似ているのである。

昭和二十年（一九四五年）四月十四日、当時在野の吉田茂《よしだしげる》が、軍令部に小沢を訪ねてきた。秋月左都夫《あきづきさつお》の紹介という。秋月は高鍋《たかなべ》藩主秋月家の一門、家老秋月種節《たねよ》の長男である。外交官、読売新聞社社長、京城日報社社長などを経歴している。小沢の妻石蕗《つわ》の伯父であり、小沢夫妻の仲人でもある。秋月の妻は、吉田の妻の母（牧野伸顕夫人）の姉であった。また秋月は外交官として吉田の先輩でもあった。

吉田の用件は、「和平工作のため英国と交渉したいから飛行機か潜水艦で、英国圏内のどこかの海岸にほうり投げてもらえないか」というものであった。

小沢は、吉田の無謀な計画にあきれもしたが、感心もした。しかし、飛行機も潜水艦もないし、あっても、軍に内証で出せるわけがなかった。小沢はざっくばらんに吉田に話し、「とても望みはない」と伝えた。吉田は失望して、秋月に報告するのが辛《つら》いといった。小沢は、秋月老人には自分が説明するといい、吉田にひき取ってもらった。

ところが、表に私服の憲兵が二、三人いて、翌日吉田は横浜憲兵隊に拉致《らち》された。二、三日後にそれを知った小沢は、東郷茂徳外相に会い、「吉田氏のような身分ある人物を、あのように拘禁するのはなにごとか」と抗議をした。だが東郷も事情を知らず、閣議の席上で阿南《あなみ》陸相に激しく抗議をし、やがて吉田が釈放されたのである。

戦後吉田は、『回想十年』という本を出版した。そのなかで、この一件を、

「私は早速大本営に小沢軍令部次長を訪ね、翁（注・秋月）の話をしたところ、そんな計画（注・海軍が英国を通じて和平交渉を進めているという）はないとにべもない返事である。翁が私を担いだとは思わない。問題になるのを警戒しての返事であろうと考えたから、それなら私は大磯《おおいそ》の自宅へ帰るから、このことを秋月翁に伝えておいて貰《もら》いたいといって、さっさと帰ってきた。私が憲兵隊に連行されたのはその翌日であった」

と書いた。書かれた小沢は、人に聞かれれば、ありのままにこたえたが、吉田に抗議はしなかった。ところが、秋月の養嗣子の秋月捷五が、「にべもない返事」とか「問題になるのを警戒しての返事であろう」とか「私が憲兵隊に連行されたのはその翌日である」というのはおかしいではないかといい、弁護士の竹田誠に相談して、吉田の誤解を解いてもらうことにした。

しかし、当の捷五は昭和四十年十一月に死亡し、四十一年十一月には小沢も死んだ。翌四十二年二月二十一日、小沢が生存中に口述した文書（元海軍中佐宮崎勇が筆記）を、元海軍大将の山梨勝之進《やまなしかつのしん》（第二十五期）が大磯の吉田に持参して（宮崎が同行）、その確認を求めた。しかし、吉田からは返事がなく、同年十月二十日、吉田も死に、この一件はそのままとなった。

昭和二十八年、小沢の娘孝子は都立桜町高校を出て日清紡に入り、会長宮島清次郎の秘書となった。宮島は吉田茂と旧制高校、大学以来の親友である。ある日、小沢が会社に来て、宮島に挨拶《あいさつ》をした。宮島は吉田と小沢の話を持ち出し、小沢にさかんに質問をした。小沢が

帰ったあと、孝子は宮島から、

「お前のおやじがいったことは確かだったんだ」
といわれた。孝子はよく判らなかったし、家に帰ってからも、「話なんかするどころではないおそろしいおやじ」に聞く気もしなかったが、それは非常に印象に残ったといっている。

昭和二十年五月ごろ、敗戦のドイツからスイスに移っていた駐ドイツ海軍武官補佐官藤村義朗中佐（第五十五期）から軍令部に、極秘電報がきた。米国大統領の特使と称するアレン・ダレス（のちの情報部長官）という人物が対ドイツ工作で欧州にきていたが、藤村に会い、米側は、どこか中立地帯に日本の海軍大将を送ってもらい、米側と和平条件を話し合いたい、といっているという。

だが、当時、軍令部では、アレン・ダレスといっても誰《だれ》も知る者がなく、果たして米大統領の特使かどうかも判らないうえに、陸海軍間の離間の手とも考えられ、藤村電報を米内海相に移した。

米内もこれを信用しなかったらしく、部内で討議せず、外務省に移牒《いちょう》した。東郷外相は、陸海軍をはばかってか、これを握りつぶした。

小沢は、どんな相手でもないがしろにせず、注意深く検討する性格の人物であったが、米内は取るに足らない相手として、取り上げなかったようである。（富岡定俊の手記より）

戦やめるらしいぞ

昭和二十年（一九四五年）四月二十八日、イタリアのにムッソリーニが処刑され、三十日、ドイツのヒトラーが自殺し、五月七日、ドイツが連合軍に無条件降伏をした。ソ連は四月五日に、昭和二十一年四月に期限切れとなる日ソ中立条約不延長を通告していた。日本は孤立無援となった。だが日本陸軍は強気で、本土決戦に賭《か》けていた。

五月二十九日、豊田副武《とよだそえむ》は及川古志郎の後任として軍令部総長となり、小沢が豊田の後任として海軍総司令長官兼連合艦隊司令長官・海上護衛司令長官に親補された。小沢の後任には大西瀧治郎中将が就任した。この人事は米内海相によるものだが、米内は小沢で戦局を挽《ばん》回《かい》しようとしたわけではなく、終戦に当たり実戦部隊を統制できるのは小沢である、と見たからのようであった。そのとき米内は、小沢を大将に進級させようとしたが、陸軍との釣り合い上それができず、小沢も望まず、中将のまま最後の連合艦隊司令長官となった。

海軍は本土決戦を「決号作戦」と称していたが、要するに特攻一本槍《やり》であった。人間爆弾桜花、橘花、人間魚雷回天、海龍、人間機雷伏龍、体当たりモーターボート震洋、体当たり赤トンボ（九三中練）などで敵輸送船団に殺到し、なるべく多数の米兵を殺そうというのである。

海軍総隊（内戦部隊の各鎮守府、警備府をふくむ）参謀兼連合艦隊参謀の淵田美津雄大佐は、かつて第一航空戦隊当時の上司であった小沢にいった。

「これは地獄絵図ですよ。戦いはきびしいものでしょうが、無制限にやらなければならないものでもないでしょう。神州不滅とは一億玉砕の阿鼻叫喚《あびきょうかん》ではないと思いますが」

「航空参謀、仕方がないんだよ。負けたことがないんでね、どう負けていいか見当がつかないんだ」

小沢は淋《さび》しく笑った。

陸軍はさらにひどかった。頭数は六十個師団であったが、兵器の粗末さは話にならなかった。九十九里浜の防備について、天皇から、小銃を持たない兵士もいるというではないか、と指摘されるほどであった。

小沢は、このような状況下で、実情を把握しようとして、全国各地の航空部隊、水上部隊、水中特攻部隊、陸戦部隊などを丹念に視察してまわった。

一方、陸軍の第二総軍（畑俊六元帥、西部防衛担当、広島に司令部）、第一総軍（杉山元元帥、東部防衛担当、東京に司令部）と連絡をとり、本土決戦準備に手を尽くした。小沢は、マレー方面作戦のとき、陸軍の辻政信参謀の意見をよく聞いたが、今回は陸軍から派遣された連合艦隊参謀瀬島龍三中佐の意見をよく聞いていた。

　沖縄の陸海軍と沖縄県民は、圧倒的な米軍にたいして死闘をつづけたが、六月十四日に太田実海軍少将（第四十一期）指揮の海軍部隊が全滅し、六月二十三日に牛島陸軍中将指揮の陸軍部隊が全滅して、沖縄は米軍の手に落ちた。四月はじめ以来の戦闘で、陸海軍将兵六万六千名、沖縄県民軍人軍属二万八千名、沖縄県民戦闘参加者五万五千名、沖縄県民九万五千名が戦歿《せんぼつ》した。

　Ｂ29による日本本土空襲が日増しに激化するなかで、小沢はサイパン、テニアン、グアムの航空基地にたいし、空挺《くうてい》部隊による特攻攻撃をかけることにした。剣作戦といい、第一剣部隊と第二剣部隊が編成された。

　第一剣部隊は海軍の山岡大二少佐（第六十三期）指揮の呉第一〇一特別陸戦隊三百名で、一式陸攻三十機に分乗、テニアン、グアム飛行場に強行着陸して、地上からＢ29を焼き打ちしようというのであった。青森県三沢基地で訓練をしていた。

　第二剣部隊は陸軍の園田直大尉指揮の陸軍空挺部隊三百名で、一式陸攻三十機に分乗、第一剣部隊と同時にサイパン、テニアン飛行場に強行着陸して、おなじく地上からＢ29を焼き打ちしようというのである。北海道千歳《ちとせ》基地で訓練をしていた。

　剣作戦を支援するのが烈作戦であった。乙種飛行予科練習生出身の野口克己大尉指揮の銀河（陸上中型爆撃機）三十機（各機二十ミリ機銃二十基を下方攻撃用に装備）で、第一、第二剣部隊が敵飛行場に着陸する直前に地上掃射をかけるのである。宮城県松島基地で訓練をしていた。

そのころ、四国松山を基地とする源田実司令の三四三空紫電改戦闘機隊は、本土西部に来襲する米機動部隊の空母機を片っぱしから撃墜し、日本海軍が米海軍より強いのは、この戦闘機隊だけといえるくらいの頼もしさであった。搭乗員も機材もえりすぐられていたためであった。紫電改の最大の強味は二十ミリ機銃四梃を装備していたことであった。またこの当時は、単機で戦うのではなく、二機協同で戦い、効果を上げていた。

それほどの三四三空にも、特攻参加の指令がかかってきた。ある日、司令長官宇垣纒中将の第五航空艦隊司令部から帰ってきた源田司令が、飛行長の志賀淑雄少佐（第六十二期）にいった。

「うちからも特攻を出せというんだ」

「はあわかりました」

「どうする？」

「参謀は誰がいいましたか？」

「…………」

「いいですよ、私が先にゆきましょう。あとは毎回、兵学校出身を指揮官にしてください。鴛淵《おしぶち》（注・孝大尉・第六十八期）、菅野《かんの》（注・直大尉・第七十期）、みんなゆきます。兵学校ぜんぶゆきます。

そのかわり、私が最初ゆくときに、後の席に、その参謀を乗せてゆきましょう。敵のフネは沈めます。

司令、最後にあなたゆきますね、紫電改で。どうぞ、やりましょう」

源田は黙していた。

「その話は、そのまま結論が出ていません。源田さんが五航艦にうまく説明されたんでしょう」

以上は、昭和五十九年三月十六日、私と妹尾が、五反田《ごたんだ》駅ちかくの志賀の会社にいったとき、志賀から聞いた話である。

ここに出てくる菅野は、神風特別攻撃隊指揮官関行男大尉と同期で、名戦闘機乗りといわれているが、やはり同期の宮崎富哉に松山で会ったとき、特攻隊編成にたいして、

「ある幹部は『もし特攻にゆきたくないという者がおれば、ぶった斬《ぎ》ってやる』といっていたが、あれはいかんよ」

といったという。

昭和二十年（一九四五年）八月六日、この日は広島に原爆が投下された日だが、小沢は第三航空艦隊司令長官の寺岡謹平中将（第四十期）、大西軍令部次長、軍令部員の高松宮大佐ほかと三沢基地にゆき、第一、第二剣部隊の実戦的訓練を視閲した。そのときの様子を、第一剣部隊の指揮官だった山岡大二は、こう述べている。

「指揮官以下総員が空挺作戦実施時と同一の爆薬を携行しチョッキを着し、全部実弾装備で、各機毎《ごと》に整列し、分隊点検を受けたのでした。私は長官を先導いたしました。
長官は、各機毎の先任者の申告をうなずく様に聞かれて、ゆっくりと念入りに一人一人をみつめて点検して行かれました。私は非常に歩度をゆるめて先導しましたが、しばしば立ち止まらなければなりませんでした。あの時、長官の慈顔から受けた隊員各自の感銘が、自分にも膚《はだ》に感じられたように印象に残っております。（中略）
剣作戦は、八月十八日以降の月明期（八月二十三日が満月）にサイパン、テニアン、グアムの三島に在る敵航空基地を奇襲し、飛行場に着陸、主として陸戦兵力を以《もっ》て所在B29を爆破焼打ちをする作戦であります。（中略）
小沢長官はいよいよ剣作戦部隊の出撃も間近になったので、部隊員を激励に来られたものです。（中略）
視閲訓練も終了し、水交社での夕食会がありました。宴が始まってややしばらく経《た》った頃《ころ》小沢長官はやおら席を立上がられて座の中央をのっしのっしと歩いて私の前に参られどっかりとあぐらをかかれました。偉人の風貌《ふうぼう》にやさし味をたたえた長官は私が正座に直そうとするのを制しながら杯に酒をついで下さいました。
『今日の演習はよく出来た。大事な作戦だから、しっかり頼むぞ』
と大きな掌《てのひら》で握手を賜わりました。長い腕でした。身体全体から包み込まれる様な感じを受けました。そうして、ぽつりぽつりと語りかけられました。

『君の隊員が頭髪を伸ばしているのを奇妙に思って、難じたように云う人がいたが、山岡部隊がどんなことをやろうとしていたかを知らぬからの発言で、その由来を教えてやったよ』と言われました。私はびっくりしました。そんな細かいことまで長官が知っておられるのかと、驚嘆と一種の誇らしい感激を覚えたのでした。

これはわが呉一〇一特陸が、潜水艦搭乗の特陸（S特）として昭和十九年二月編成発足、館山砲術学校を中心とした地域でいわゆるレンジャー作戦を研究しつつ訓練をつづけ、昭和二十年正月以来、潜水艦約三隻をもって、米本土カリフォルニヤ海岸に奇襲攻撃をすることを目的として訓練していた為《ため》の、当時としては型破りの全員が長髪をして、敵地潜伏に便利な様に計っていたことを長官は、ちゃんと知っておられた訳なのです。こういう最高指揮官の下なら、勇んで必死特攻の作戦に征《ゆ》けると、我が心を振るい立たせたものです。（中略）

あの時の長官が整列隊員の一人一人を見つめて行かれた顔、それを受ける隊員一人一人の顔、宴会で握手を戴《いただ》いた長官の手の温みが今も強く記憶に残っております」

昭和二十年（一九四五年）八月九日、ソ連軍が「満州国」に侵入を開始した。同日、長崎に原子爆弾が投下された。

八月十日、小沢は目黒の海軍大学校内の海上護衛総司令部に出かけた。同司令部先任参謀であった元海軍大佐の大井篤（第五十一期）は、昭和五十三年十一月九日、小沢の十三回忌を記念して原宿の水交会で開かれた「小沢提督を偲《しの》ぶ会」の席上で、そのときの小沢をつぎのように語った。

「長官が来るというので、どんなことをいうのかなと思って待っていましたが、われわれのところに入ってくると、

『戦《いくさ》やめるらしいぞ、そのつもりでみんなしっかりやれ』

というんですな。それが非常に落ち着いていて、『今日は天気がいいらしいぞ』というみたいないい方なんですよ。広島原爆、長崎原爆のあとで、みんな暗くなっていたときでしたから、私は感心して聞いていました。

最後の御前会議（注・八月十四日）で天皇が、必要ならば陸海軍将兵に私が親しく説きさとしてもよいといわれたとき、阿南さん（注・惟幾《これちか》陸相）は『お願いします』と申し上げましたが、米内さんは『ご心配いりません、海軍は私が統制します』とこたえました。米内さんは、『小沢が海軍をがっちり握っているから大丈夫だ』と思ったのではないでしょうか。海軍の指揮統制に自信がなければ、ああはいえないと思います。

将には、智信仁勇厳というような型がありますが、私は小沢さんは智の人であったと思っています」

八月十二日、小沢は軍令部から日吉の海軍総隊司令部に帰り、司令部員一同に、八月九日深夜から十日にかけての御前会議で、天皇が終戦を決意された経緯をつたえた。天皇が身をもって国土と国民を救うため最後の決断をされたというくだりでは、小沢も幕僚たちも泣いた。

海軍総隊司令部での終戦直前の逸話を、千早正隆は、つぎのように述べている。

「終戦をすることに決定した日であった（注・八月十二日か十四日か）と思うが、その日の昼さがり、大西軍令部次長が血相をかえて長官に会いに来られた。そして長官とほんの短時間会われただけで、来られた時よりも悲痛な顔色であたふたと司令部の建物を辞された。

それから間もなく何かの用で長官室に行ったところ、長官は、

『今日、大西が徹底抗戦を説きに来たよ。それで、今さら抗戦を説いて何になると言ってやったら、えらい顔して帰っていったよ』

と言われた。私はハッとした。長官は大分前から終戦になることを見抜いておられたなと思った。（中略）

終戦処理の一つとして私が長官から直接命ぜられたことに、『終戦の命令に従わなかった部隊に対する対策の立案』があった。長官から直接そのことを命ぜられたとき、私は『一旦《いったん》詔勅が出された以上、そのような心配は必要がないと思う』と答えた。すると長官は、『お前の考えは甘い。そのようなことの起らないことを望むが、最悪の場合に対する計画だけはたてておけ』と言われた。

ことがことだけに立案に気が進まず、一日のばしにしているうちに、厚木航空隊の問題が起きてきた。私は自分の不明を恥じるとともに、長官の先見の明をいまさらながら見直さざるをえなかった。（後略）」

おなじく八月十二日午前八時二十分、豊田軍令部総長は梅津参謀総長とともに参内し、天

皇に戦争継続の進言をした。米内に無断でおこなったものであった。米内は豊田を大臣室によびつけ、上奏の理由をただした。豊田はこたえなかった。

豊田を海軍総隊司令長官からはずし、小沢を就任させたのは正解だったようである。ただし、軍令部総長にしたのは米内であるから、その点、米内人事も甘いという声もある。

八月十四日午前十一時から宮中防空壕《ぼうくうごう》で御前会議がひらかれ、天皇の決断によってポツダム宣言受諾が決定された。

八月十五日正午、戦争終結の詔勅が放送され、戦争は終わった。前日からの陸軍将校らによる録音盤奪取事件が鎮定されると、陸軍は小さなところをのぞいて平静になった。ところが、数日後にマッカーサーが着陸してくる予定の海軍厚木航空基地で叛乱《はんらん》が起こった。厚木航空隊司令小園《こぞの》安名大佐が徹底抗戦を叫び、統制に服さないのである。

八月十六日、小園の上司である寺岡第三航空艦隊司令長官は、小園説得のために厚木に出かけるまえに、日吉の海軍総隊司令部に小沢を訪ねた。そのときのことを寺岡は、こう回想している。

「長官は私を見るなり、

『君、死んじゃいけないよ。きのうから宇垣中将は沖縄に飛び込んだ、大西中将は腹を斬った。みんな死んで行く、これでは誰が戦争の後始末をするんだ、君、死んじゃいけないよ』

と言われた。

最初は責任を痛感して誰も死ぬことを考えた。私自身も如何《いか》にして責任をお詫《わ》びするかに悩んだのである。『一層のこと──』と思ったことも屢々であった。然し今長官から言われて見れば『それもその通りだ』と悟ったので『私は死にません』とハッキリ約束したのであった、これで私の迷いは解けた」

寺岡はこのあと厚木基地に乗りこみ、小園を説得したが、小園は応じなかった。

八月二十一日早朝、小園は鎮静剤の注射を打たれ、昏睡《こんすい》状態のまま横須賀《よこすか》野比の海軍病院精神科病棟に収容された。精神に異常をきたしていたというのである。これで厚木の叛乱も大事に至らずにおさまった。だが、精神異常ということにして鎮静剤を注射し、厚木基地からひっぱり出す謀略だったという説もある。

厚木抗命事件とは性質がちがうが、玉音放送があったのち、第五航空艦隊司令長官宇垣纒中将が、八月十五日午後、中津留達雄大尉以下十一機の艦爆隊をひきいて沖縄に突入したことが問題となった。

十六日朝、淵田航空参謀は小沢によばれ、つぎのような問答をした。

「皇軍とはどういうことかね」

「はい、天皇の軍隊ということであります」

「皇軍の指揮統率の本義は何かね」

「はい、大命の代行であります」

「よし、だから大命を代行する以外に、私情で一兵も動かしてはならない。いわんや玉音放送で終戦の大命を承知しながら、死に場所を飾るなどとの私情で兵を道連れにすることは以ての外である。自決して特攻将兵のあとを追うなら一人でやるべきである」

　大西瀧治郎中将は、小沢がいうように、十六日未明、軍令部次長官舎で、割腹して特攻隊将兵のあとを追った。

「特攻隊の英霊に曰す　善く戦ひたり深謝す……」という遺書が残された。大西は自決しないわけにはいかない立場にあったであろう。だがそれだけではなく、大西はほかの指揮官や参謀たちの責任も背負いこみ、日本海軍の名誉を守ったといえそうである。

　陸相阿南惟幾大将は、十五日の明け方、三宅坂の陸軍大臣官邸で、割腹した。

「一死以テ大罪ヲ謝シ奉ル」という遺書を残したが、割腹の直前、「米内を斬れ」といって死んだ。

　阿南は米内とことごとく対立し、阿南にすれば、米内が天皇をまるめこみ、降伏に導いたと思っていたろうし、とくに終戦に当たり、天皇が陸海軍将兵を自ら説きさとすといわれたとき、自分がお願いしますと申し上げたところ、米内はいいかっこうをしてその必要はないといった、いま自分が腹を斬るのも、米内のため、という気持があったからかもしれない。

　阿南が自決し、陸軍の中心に穴が開き、阿南をかつぐクーデターは不可能となり、その間に終戦の作業は順調に進んだ。とすれば、阿南の自決は日本を救うものであったといってもまちがいではないようである。

　陸軍では、参謀総長の梅津美治郎大将も立派だった。八月十二日、梅津は豊田軍令部総長とともに、天皇に戦争継続を進言したが、十四日午前七時、阿南が梅津にクーデターに同意するよう迫ったとき、これを拒否し、その不心得を戒め、同日午前十一時からの御前会議を無事におこなえるようにした。クーデターは、御前会議の最中、陸軍部隊を御前会議場の隣室までひき入れ、天皇を御居間に去らせ、他の出席者を監禁しようというものであった。

（『戦史叢書　大本営陸軍部　第十巻』）

昭和二十年（一九四五年）八月三十日、マッカーサー元帥が厚木飛行場に降り立った。九月二日、東京湾内の戦艦ミズーリ号上で降伏調印式がおこなわれた。米英濠軍がぞくぞくと日本に上陸し、占領政策がすすめられ、海軍は、艦船、兵器、飛行機、弾薬、軍事施設の引き渡し、処分、軍人同胞の復員などの作業をつづけた。

小沢は海軍の終戦処理、解体のメドがついたころの昭和二十年十月十日、予備役編入となった。やるべきことが終わったのであった。海軍生活三十九年、五十九歳である。

予備役に編入されたあと、小沢は、妻の石蕗《つわ》と伊豆《いず》韮山《にらやま》に一年ぐらい隠棲《いんせい》し、その後は世田谷宮坂の自宅にひきこもり、食うにも事欠くような貧乏ぐらしをした。

寺崎隆治の話では、小沢の基本の考えは、

「敗戦の責任を痛感し、多くの部下を戦死させて相済まない」

というものであった。井上成美とよく似ている。しかし、井上が、「一等大将、二等大将、三等大将」といって、陸海軍の欠陥をこきおろしたのにたいして、小沢はまったくといっていいくらい人のワル口をいわなかった。ワル口をいわないだけでなく、「沈黙の海軍《サイレント・ネイビー》」の手本のようであった。人のことも自分のこともいえる立場ではない、ということであったかもしれない。しかし、

「七十年間の歴史と伝統を持つ日本海軍、なかでも有史以来の大戦争については、真実の記録を後世に残しておかなければならない」

という考えはつよく持っていて、昭和三十年に防衛庁に戦史室ができると、資料収集に積極的に協力し、海軍の欠点、失敗についてもまったく公正な態度であったという。

戦後のある日、寺崎は世田谷の自宅に小沢を訪ねたとき、聞いてみた。

「孫子《そんし》は部下統率に必要な資質は智信仁勇厳と教えていますが、海軍生活四十年の体験を通じてこのうち何が一番大切な徳目であると思いますか」

「それは無欲だよ」

小沢はあっさりこたえた。

小沢は若いころドストエフスキーの書を愛読し、禅や良寛について研究していたといわれている。無欲とこれらの読書や研究は、通じるものがありそうである。

しかし、小沢の読書や哲学や宗教について、孫の神戸正一（昭和二十一年生まれ）が見聞きしたところでは、つぎのようであった。

「じいさん、『罪と罰』は持っていたけど、どうも読んだ形跡ないな。パリの警視総監ジョセフ・フーシェの伝記は、これは戦前版だけど、最後まで読んでいますね。『良寛和尚の人

と歌』という本は、ぼくは記憶がありません。良寛とか一休の本を、そんなに愛読したようには見えないけどな。本は十冊も持ってなかったですよ。戦後の混乱期に売ってしまったようです。

昭和三十四年ごろ、毎週『朝日ジャーナル』を買ってきて、〝これはいい雑誌だ、読め〟といっていました。自分で単行本は買わなかったようだな。ほかの人が持ってくると読んでいました。

祖父は座禅はしませんでした。草鹿さんとか同期生の方の座禅を、〝ああいうのは野狐禅《やこぜん》っていうんだ。座禅組むより酒飲んだ方がましだ〟といっていました。

大前さんがクリスチャンになられ、誘われて、ぼくは二、三回じいさんと渋谷の教会にゆきました。キリスト教だろうと何だろうと、批判はしませんでしたね。だけど、〝すべての宗教は、けっきょくゆきつくところはおなじだ〟といっていました。自分は結論がわかっているという様子でした」

昭和四十一年十一月、死期が近づいたころの小沢を、神戸はこういっている。

「じいさんがいうんですよ、〝どうだ、ほかの部屋じゃみんな泣いているんじゃないか〟って。だからぼくが、〝そんなことないよ、大丈夫だよ〟というと〝そうか〟といっていました」

娘の孝子は、

「母にすると、ダメと思って、がっくりした表情が出るんでしょうね。そうすると、〝おれは死にやせんから、心配するな〟って、そういったと母はいうんです」

といっている。

小沢は同年十一月九日午後一時五十五分に自宅で永眠した。享年八十歳。多発性脳脊髄《せきずい》硬化症であった。戒名は「大雄院殿浄誉治濤大居士」である。

小沢が戦後に作った歌が二首だけ残っている。「酔夢」と署名がしてある。

秋風五丈原唱ひし頃の若い夢
　夢を抱いて我は生き抜く
新玉の春の海原眺めぬれば
　夢また夢のよみがえるかも
孝子の夫の大穂は、小沢のことばで、ついに判らないまま終わってしまったことが一つあるとして、こういっている。

「夕食で酒が入ったとき、二度ばかり聞きました。

『天皇様に一言《ひとこと》申し上げたいことがある』

というんです。どきっとして、何だろうと息を詰めて聞き耳を立ててるのですが、あとのことばが出てこないんですよ。

『そのうち話す』

と、二度ともそういったのですが、とうとう聞けずじまいになってしまいました」

天皇様に申し上げたい一言とは、何だったのであろうか。

　戦後のことだが、小沢治三郎は銭湯が好きで、家の五右衛門風呂《ごえもんぶろ》がわいていても、石鹸《せっけん》一つを持ち、きたない手拭《てぬぐ》いをぶら下げて、なりふりかまわず、チンチン電車の玉電線路向うの亀の湯に出かけて行ったものだ。途中に、元陸軍大将・第十六軍・第八方面軍司令官今村均の家があり、小沢と今村はいつも挨拶《あいさつ》をかわしていた（以上、小沢の次女孝子の話）。昭和十七年三月一日のジャワ上陸作戦以来の、肝胆相照らすといえば大げさだが、両人はそのような仲だった。今村は、人と会って小沢の話になると、

「小沢君は実に偉い人物だ、山本さんより偉いのではないか。私などはあの人の前では頭が上がりません」

　と、感をこめて話したという（『回想の小沢治三郎』中の芳垣良一郎記）。「山本さん」というのは、今村がラバウルで会った山本五十六元帥のことである。小沢が死んで、二年ばかりあと、寺崎隆治が『提督小沢治三郎伝』刊行のために、今村に序文を頼みに行ったところ、

「小沢提督のことは誰よりも自分が一番よく知っているから、自分の思う通りを書いて差し上げます」

といって書いてくれた。昭和四十三年九月二十五日のことであった。今村は、一週間後の同年十月三日にこの世を去った。序文の大半はジャワ上陸作戦で小沢に助けられたときの感動を書いたもので、その経緯の詳細は本文で書いたので省略するが、最後のくだりはつぎのとおりである。

——私はこの時に小沢提督より与えられた大きな感激を、今でも時々夢に見る。

不幸なる終戦におわった後、提督と私の家とは、五百米以内の隔りなので、よく訪ねあい、この海軍武人の絶対に言語容姿をかざらず、率直に性格をあらわされる言行は、私の四十年にわたる軍人生活中観察した、第一の人格者であり、こんな純真な性格であったからこそ、直接の部下でもない原少将の窮状即《すなわ》ち陸軍の危急を救われたのであり、今回同提督の一切を文にまとめられた諸氏の御努力を感謝し、本書こそ「本当の偉人、真の聖将」とは、小沢治三郎提督のような人を、申すのであることを日本の国民大衆に示すのだと信じてやまぬのである——

原少将とは、今村指揮の陸軍第十六軍四万の上陸部隊輸送を掩護《えんご》した海軍の護衛隊指揮官で、小沢とおなじ兵学校第三十七期の原顕三郎少将である。

小沢治三郎といえば囮《おとり》作戦といわれる。世界の海戦史上でも例がない超大型の囮作戦で、その成功によって、釣り上げられた米主力機動部隊の総指揮官ウィリアム・F・ハルゼー大将は、「釣り上げられたことを怒って、その後の人生を、なぜマッカーサー軍から航空直衛部隊を引き抜いて、囮部隊を追跡したか、その理由を正当化するために費した」（『ヤンキーサムライ』ジョーセフ・D・ハリントン著、妹尾作太男訳、早川書房、二百二十九ページ）という羽目におちいったのであった。

戦後、来日した米戦略爆撃調査団の質問にこたえて小沢は、

“A decoy, that was our primary mission”（囮はわれわれの第一の使命であった）

と述べているが、南太平洋海戦以後、いいところが一つもなかった日本海軍の大作戦のなかで、この囮作戦だけが光るものだったのである。

戦後小沢は「沈黙の提督」となり、公の会には一切出席せず、マスコミには一切戦争を語らなかったが、元第一機動艦隊の下士官・兵たちがつくった「潮会」には出席して、みんなとともに往時を偲《しの》んだ。元翔鶴乗組艦爆整備分隊・整備兵曹長宮下八郎は、『回想の提督小沢治三郎』のなかの手記で、つぎのように書いている。

――最初お見えいただいた（筆者注・昭和二十八年六月）場所は築地の「すずろ」（筆者注・一杯のみ屋）。ここは翔鶴戦闘機兵器分隊先任下士官の小倉正暉氏のお姉さんが経営しておられたところでささやかな店で、その時は十四～五名が集まりました。長官（筆者注・旗艦の大鳳と瑞鶴が沈没したので、ボカチン長官とアダ名されていた）はすこぶるお元気で慈顔あふれるばかりで非常に喜んで下さいました。往年と異なり酒はあまり召上がらず、私達が酔うにつれ軍歌を歌ったり、当時の流行歌を合唱したりしておるのをジーッと聞いておられ、

時たまポツリとお話される位で口を真一文字にむすんで懐しそうに見ておられ、「皆んなで元気いいのぉ」とも云っておられました。

それから毎年の六月十九日（筆者注・マリアナ沖海戦の日）前後の潮会の集まりには必ず御出席下さいました。渋谷の東急修学旅行会館、神宮外苑青年会館、水交荘などの会場にお見えになり我々を無言のうちにはげまして下さいました——

「沈黙の提督」となった小沢が、一度だけ戦争についてマスコミに語ったことがあった。雑誌『丸』昭和三十九年四月号の「敗軍の将　兵を語らざるの記」というのがそれである。

——大東亜戦争が終わってからすでに、二十年に近い歳月が、流れた。戦争中、艦隊指揮や軍令指導の立場に在った老生は、感慨まことに無量なものがある。この間、あたら多くの若人らを死地に送った老生は、終始、自責の思いでいっぱいである。

あれをしのび、これを想うて蟄居の生活をつづけてきた老生は、ご遺族や旧部下の方がたと思い出を語り合う以外、いっさい兵を語らず、かたくななまで沈黙をまもってきた。

このたび『丸』誌が、機動部隊特集号を出すに当たって、老生の思い出をつよくもとめてきた。しかし、兵を語らずの老生の素志だけは貫かせてもらうことにした——

小沢にとって、また日本海軍にとって、一世一代の戦いがマリアナ沖海戦であったが、日本海軍のエースとして出動した小沢機動部隊は、期待を裏切り、スプルーアンス機動部隊に完敗した。敗因は、小沢流のアウト・レンジ戦法が悪く、搭乗員の訓練が不足していたことであったといわれた。しかし実は、もっと根本的な敗因があったのである。そのことは本文で詳述したが、智略《ちりやく》にすぐれた小沢がそれに気づいていてくれたら、とまことに残念な気がしている。

しかし、マリアナ沖海戦に敗れたあとの小沢の出所進退と、日本の敗戦が決定的となったあと死ぬまでの小沢の態度には、見倣《みなら》うべきものがあったと思われるのである。

取材に当たって、貴重な話を聴かせていただいたみなさま方に厚く御礼を申し上げたい。また、問題点の指摘、取材協力、資料提供などに多大の尽力をしてくれた戦史研究家妹尾作太男君には深く感謝したい。

昭和五十九年七月

〈参考・引用文献〉＊『提督小沢治三郎伝』（伝記刊行会編。原書房）＊『回想の提督小沢治三郎』（伝記刊行会編。原書房）＊『海軍魂』（寺崎隆治。徳間書店）＊『マリアナ沖海戦』（防衛庁防衛研修所戦史室著「戦史叢書」。朝雲新聞社）＊『海軍捷号作戦(2)』（防衛庁防衛研修所戦史室著「戦史叢書」。朝雲新聞社）＊『沖縄方面海軍作戦』（防衛庁防衛研修所戦史室著「戦史叢書」。朝雲新聞社）＊『大本営海軍部・連合艦隊(7)』（防衛庁防衛研修所戦史室著「戦史叢書」。朝雲新聞社）＊『戦藻録』（宇垣纒。原書房）＊『レイテ湾の日本艦隊』（ジェームズ・A・フィールドJr著、中野五郎訳。日本弘報社）＊『大日本帝国の興亡―3「死の島々」』（ジョン・トーランド著、毎日新聞社訳。毎日新聞社）＊『大日本帝国の興亡―4「神風吹かず」』（ジョン・トーランド著、毎日新聞社訳。毎日新聞社）＊『提督ニミッツ』（E・B・ポッター著、南郷洋一郎訳。フジ出版社）＊『ニミッツの太平洋海戦史』（C・W・ニミッツ、E・B・ポッター共著、実松譲、冨永謙吾共訳。恒文社）『連合艦隊　サイパン・レイテ海戦記』（福田幸弘。時事通信社）＊『海の武将　古村啓蔵回想録』（伝記刊行会編。原書房）＊『連合艦隊始末記』（千早正隆。出版協同社）＊『連合艦隊参謀長の回想』（草鹿龍之介。光和堂）＊『歴史のなかの日本海軍』（野村実。原書房）＊『太平洋暗号史』（W・J・ホルムス著、妹尾作太男訳。ダイヤモンド社）＊『ヤンキー・サムライ』（ジョーゼフ・D・ハリントン著、妹尾作太男訳。早川書房）＊『神風』（上。デニス・ウォーナー、ペギー・ウォーナー著、妹尾作太男訳。時事通信社）『神風』（下。デニス・ウォーナー、ペギー・ウォーナー著、妹尾作太男訳。時事通信社）『海軍航空隊始末記』（戦闘篇、源田実。文藝春秋）＊『艦長たちの太平洋戦争』（佐藤和正。光人社）＊『四人の連合艦隊司令長官』（吉田俊雄。文藝春秋）＊『海軍特別攻撃隊』（奥宮正武。朝日ソノラマ）＊『海軍中将中沢佑』（伝記刊行会編。原書房）＊『大本営海軍部』（山本親雄。白金書房）＊『提督伊藤整一の生涯』（吉田満。文藝春秋）＊『米内光政』（下巻、阿川弘之。新潮社）＊『海軍大学教育』（実松譲。光人社）＊『源田実論』（柴田武雄。思兼書房）＊『上級指揮官の統率に関する若干の研究』（上。中村悌次、海上自衛隊幹部学校教育部）＊『上級指揮官の統率に関する若干の研究』（その2。中村悌次、海上自衛隊幹部学校教育部）＊『高木海軍少将覚え書』（高木惣吉。毎日新聞社）＊『秋月左都夫』（黒木勇吉。講談社）

文庫本　昭和六十三年八月　徳間書店刊

NF文庫

智将小沢治三郎

二〇一七年七月十二日　印刷
二〇一七年七月十八日　発行

著　者　生出　寿
発行者　高城直一
発行所　株式会社　潮書房光人社
〒102-0073　東京都千代田区九段北一-九-十一
振替／〇〇一七〇-六-五四六九三
電話／〇三-三二六五-一八六四(代)
印刷所　モリモト印刷株式会社
製本所　東　京　美　術　紙　工

ISBN978-4-7698-3017-7　C0195
http://www.kojinsha.co.jp

NF文庫

刊行のことば

第二次世界大戦の戦火が熄《や》んで五〇年——その間、小社は夥しい数の戦争の記録を渉猟し、発掘し、常に公正なる立場を貫いて書誌とし、大方の絶讃を博して今日に及ぶが、その源は、散華された世代への熱き思い入れであり、同時に、その記録を誌して平和の礎とし、後世に伝えんとするにある。

小社の出版物は、戦記、伝記、文学、エッセイ、写真集、その他、すでに一、〇〇〇点を越え、加えて戦後五〇年になんなんとするを契機として、「光人社NF（ノンフィクション）文庫」を創刊して、読者諸賢の熱烈要望におこたえする次第である。人生のバイブルとして、心弱きときの活性の糧《かて》として、散華の世代からの感動の肉声に、あなたもぜひ、耳を傾けて下さい。

＊潮書房光人社が贈る勇気と感動を伝える人生のバイブル＊

ＮＦ文庫

機動部隊出撃
空母瑞鶴戦史［開戦進攻篇］

森　史朗

艦と乗員、愛機とパイロットが一体となって勇猛果敢、細心かつ大胆に臨んだ世紀の瞬間――『勇者の海』シリーズ待望の文庫化。

諜報憲兵
満州首都憲兵隊防諜班の極秘捜査記録

工藤　胖

建国間もない満州国の首都・新京。多民族が雑居する大都市の裏側で繰りひろげられた日本憲兵隊VSスパイの息詰まる諜報戦。

幻のソ連戦艦建造計画
大型戦闘艦への試行錯誤のアプローチ

瀬名堯彦

ソ連海軍の軍艦建造事情とはいかなるものだったのか。第二次大戦期から戦後の戦艦の活動や歴史など、その情報の虚実に迫る。

台湾沖航空戦
T攻撃部隊　陸海軍雷撃隊の死闘

神野正美

史上初の陸海軍混成雷撃隊、悲劇の五日間を追う。敵空母一一隻轟撃沈、八隻撃破――大誤報を生んだ洋上航空決戦の実相とは。

伊号潜水艦
深海に展開された見えざる戦闘の実相

荒木浅吉ほか

隠密行動を旨とし、敵艦撃沈破の戦果をあげた魚雷攻撃、補給輸送等の任務に従事、からくも生還した艦長と乗組員たちの手記。

写真　太平洋戦争　全10巻
〈全巻完結〉

「丸」編集部編

日米の戦闘を綴る激動の写真昭和史――雑誌「丸」が四十数年にわたって収集した極秘フィルムで構築した太平洋戦争の全記録。